Newport C[
an[

D1151444

DYDDIADUR

DEWI
LLWYD

Er cof am fy rhieni

DYDDIADUR
DEWI
LLWYD

PAWB A'I FARN

Argraffiad cyntaf: 2017

© Hawlfraint Dewi Llwyd a'r Lolfa Cyf., 2017

Mae hawlfraint ar gynnwys y llyfr hwn ac mae'n anghyfreithlon
llungopïo neu atgynhyrchu unrhyw ran ohono trwy unrhyw
ddull ac at unrhyw bwrpas (ar wahân i adolygu) heb gytundeb
ysgrifenedig y cyhoeddwyr ymlaen llaw

Dymuna'r cyhoeddwyr gydnabod cymorth ariannol
Cyngor Llyfrau Cymru

Llun y clawr: Tom Jackson, gyda diolch i BBC Cymru
Cynllun y clawr: Y Lolfa

Rhif Llyfr Rhyngwladol: 978 1 78461 511 6

Cyhoeddwyd, rhwymwyd ac argraffwyd yng Nghymru gan
Y Lolfa Cyf., Talybont, Ceredigion SY24 5HE
gwefan www.ylolfa.com
e-bost ylolfa@ylolfa.com
ffôn 01970 832 304
ffacs 832 782

Rhagair

OES YNA'R FATH beth â llais radio? Oes, a llais cyfoethog Dewi Llwyd yw hwnnw. Dim ond iddo yngan gair neu ddau yn glir a phwyllog ac ry'n ni'r gwrandawyr yn gwybod pwy sydd 'na – Dewi Llwyd, yr angor, y llais anhepgor yna sy'n ein harwain ni ar ein pennau i ganol straeon y dydd.

I genhedlaeth o wylwyr y newyddion ar S4C, dim ond un cip ar y sbectol a'r tei lliwgar, y ddelwedd ddigyfnewid yna, boed yn y stiwdio neu ym mhen draw'r byd ac roedden ni'n gwybod ein bod ni mewn dwylo cwbl gadarn – dwylo'n dyn ni, Dewi Llwyd. Sôn am bresenoldeb awdurdodol.

Y gwir yw ei bod hi'n anodd dwyn i gof etholiad, refferendwm, drychineb neu ddathliad o bwys dros y degawdau diwethaf heb ddychmygu Dewi wrth y llyw. Pwy oedd yno'n holi ar ein rhan ni? Dewi. Bodiwch drwy hen sgriptiau, syllwch ar sgrin yr archif wrth i luniau'r degawdau chwipio heibio, a Dewi sydd yno, yn tafoli'n ddi-ffws ddeallus, yn gludo'r cyfan at ei gilydd.

Ar noson etholiad, mae'r holwr a'r dehonglydd yr un mor effro a phraff am saith y bore ag am hanner nos. Waeth cyfaddef bod gwylio Dewi'n dirwyn y stori drwy'r oriau mân, yn holi a chosi'r gwleidyddion, o un cyfrif i'r llall, o un adain wleidyddol i'r llall, yn goron i fi ar bob ymgyrch.

A'r ysgogiad mawr iddo yw sicrhau ein bod ni'r gynulleidfa yn cael 'bod yno' – drwy ei lygaid a'i lais e. Fu dim pall hyd y dydd heddiw ar ei awydd i arwain y ffordd, i dorri stori, i gael y cyfle cyntaf i holi'r wyneb newydd yna, cael teithio i Ferlin, i Farcelona, er mwyn cael darlledu o lygad y ffynnon – yn Gymraeg. I Dewi mae'n wefr, yn fraint ac yn rheidrwydd

5

bod yno. I olygydd, waeth derbyn cyn codi'r ffôn mai ei anfon fydd raid!

Ond cofiwch hyn – byddai Dewi ei hun yn gwbwl bendant nad fe, nac unrhyw ohebydd o ran hynny, yw'r stori. Byth. Yno i ddod â'r stori yn fyw i ni y mae Dewi. Ys gwn i ydi hynny'n egluro pam iddi gymryd cyhyd i gyfrol fel hon weld golau dydd? Bellach, dyma ni'n cael 'bod yno' drwy dudalennau'r llyfr hwn. Mae gan Dewi atgofion aruthrol i'w rhannu ac mae'n gwneud hynny'n llawn afiaith. Diolch hefyd bod talp o hanes newyddiaduraeth Gymraeg yma'n saff, ar gof a chadw.

Betsan Powys

Cyflwyniad

CELWYDD FYDDAI HONNI imi fwynhau pob munud, yn llythrennol felly, o'r pedwar degawd fwy neu lai y bûm yn darlledu, ond dydi hynny ychwaith ddim ymhell iawn o'r gwirionedd. Yng nghwmni cannoedd o gydweithwyr y mae fy nyled iddynt yn fawr, cefais foddhad aruthrol yn treulio gyrfa gyfan yn ysgrifennu, yn holi, yn ymchwilio, yn cyflwyno, yn gohebu ac yn teithio. Cefais y pleser anghyffredin o gael cyfarfod â phobl ym mhob cwr o Gymru a thu hwnt wrth baratoi myrdd o wahanol raglenni ar gyfer gwylwyr a gwrandawyr y mae gen i'r parch mwyaf tuag atyn nhw. Dwi wedi cael y fraint arbennig o gael gwneud hyn oll yn Gymraeg. Does ryfedd fy mod i, ar y cyfan, yn greadur diolchgar iawn.

Oes fer, o reidrwydd, sydd i'r hyn a gaiff ei ddarlledu ar deledu ac ar y radio. O bryd i'w gilydd, byddai awydd yn codi i sicrhau fod cofnod mwy parhaol ar gael o ambell hanesyn, cymeriad, rhaglen neu ddigwyddiad. Doedd llunio hunangofiant ddim yn apelio. Er mwyn troedio'r llwybr arbennig hwnnw mae angen cof mwy dibynadwy na'r un sydd gen i. Ar y llaw arall, tybed a fyddai cadw dyddiadur o ryw fath yn mynd gam o'r ffordd tuag at gyrraedd y nod? Mi roddais gynnig arni yn y gorffennol heb lwyddo i ddal ati. Ystyried gwneud hynny unwaith yn rhagor yr oeddwn i pan benderfynodd Theresa May alw etholiad cyffredinol yn gwbl ddirybudd, a dyna fan cychwyn y tudalennau sy'n dilyn. Yn anad dim, ymgais ydi'r dyddiadur hwn i gynnig darlun o gyfnod byr, cynhyrfus, a chythryblus iawn ar adegau, a'r modd yr ymdrechodd yr amryfal raglenni radio a theledu y mae gen i gysylltiad â nhw i gyfleu popeth oedd yn digwydd.

Ar Hydref y nawfed y daw'r dyddiadur i ben, ond yn anorfod, carlamu yn ei flaen y mae'r byd newyddion. Wedi marwolaeth ddisymwth y cyn-weinidog Carl Sargeant, bu ei deulu, Carwyn Jones a'r blaid Lafur yn ceisio dygymod â sefyllfa enbyd o drist. Mae rhai o'r gwleidyddion sy'n cael eu crybwyll wedi cael swyddi newydd, ac mae'r sefyllfa yng Nghatalwnia wedi datblygu cryn dipyn ers imi gyflwyno rhaglen o ddinas Barcelona ar benwythnos dramatig y refferendwm yno.

Ar ddechrau'r dyddiadur doedd gen i ddim syniad y byddai eleni'n flwyddyn mor gyffrous, ond yn yr ansicrwydd yna y mae rhan o apêl y gwaith. *Pawb a'i Farn* ydi is-deitl y gyfrol hon, ac mae amryw'n cael eu lleisio yma, ond gydag ambell eithriad, wrth imi geisio glynu at lwybr cul y cyflwynydd diduedd, nid fy un i. Ochr yn ochr â chynnwrf heddiw, mae yma hanesion o'r gorffennol hefyd, rhai'n bersonol a rhai'n broffesiynol, a thrwy'r cyfan, mae'r awdur yn rhyfeddu'n dawel fach iddo fod mor ffodus. Gobeithio y cewch chi flas ar y darllen.

Dewi Llwyd
Tachwedd 9fed, 2017

Diolchiadau

LLWYDDODD DYRNAID o bobl i sicrhau fy mod yn dal ati i ysgrifennu dyddiadur er gwaethaf prysurdeb y gwaith arferol. Daeth yr anogaeth gyntaf gan ffrind a chynhyrchydd heb ei hail, Marian Ifans. Am fisoedd bu'n chwilio am wybodaeth ychwanegol, yn procio fy nghof, ac yn cadw fy nhrwyn ar y maen. Yn syml iawn, heb ei gwaith diflino hi, fyddai'r llyfr hwn ddim wedi ei gwblhau. Diolch hefyd i rai o'm cydweithwyr ar raglen *Pawb a'i Farn* am gynnig ambell awgrym gwerthfawr. Ar ran Gwasg y Lolfa, Lefi Gruffydd sydd wedi bod yn cadw trefn ar bethau, gan fynnu fy mod yn cadw at amserlen dynn iawn. Wedi'r cwbl os mai dyddiadur eleni oedd hwn i fod, roedd yn rhaid ei gyhoeddi cyn i'r flwyddyn ddod i ben. Roeddwn yn hynod ffodus i Alun Jones gytuno i wneud y gwaith golygu yn ei ddull gofalus a chrefftus. Cefais bleser yn gweithredu awgrymiadau gan un sy'n feistr wrth ei waith. Dwi'n ddiolchgar iawn i gyfaill imi, Rhys Evans, am iddo fod mor garedig ag edrych ar y cynnwys drwy sbectol un o benaethiaid BBC Cymru, fy nghyflogwyr o'r dechrau'n deg, gan wneud sawl awgrym adeiladol. Hoffwn ddiolch hefyd i bawb arall sydd wedi cyfrannu mewn unrhyw fodd at y dyddiadur, gan gynnwys yr ugeiniau o bobl a holwyd gen i rhwng mis Ebrill a mis Hydref. Yn naturiol, os oes gwallau neu frychau, fy nghyfrifoldeb i yw'r rheiny. Yn olaf, mae fy niolchgarwch mwyaf wrth gwrs i'r teulu agosaf, Nia, Owain a Manon am eu cefnogaeth amhrisiadwy a'u hamynedd di-ben-draw ar hyd y blynyddoedd.

Dydd Mawrth, Ebrill 18

Mae'n ystrydeb am wn i, ond i ddyn chwe deg a thair oed, mae cael ŵyr am y tro cyntaf yn newid mymryn ar agwedd rhywun at fywyd. Mae cenhedlaeth arall yn y teulu. Erbyn hyn mae Ifor yn bedwar mis oed, ac mae newydd fod yn ymweld â'i daid a'i nain yn y gogledd. Ifor oedd enw ei hen daid, sef fy nhad, a fu'n weinidog gyda'r Bedyddwyr ym Mangor am naw mlynedd ar hugain, a chyn hynny yn Neiniolen ac Abertawe. Brodor o Gwm Rhymni, cyn-löwr, a dreuliodd ran helaetha'i oes yn byw ar lannau Menai gyda Mary, yr athrawes o Ddyffryn Conwy a ddaeth yn wraig iddo yn 1952. Roedd gan ei ddau ŵyr feddwl aruthrol ohono. Os bydd yr Ifor newydd-anedig hanner mor hoff o'i daid yntau, mi fydda i'n fwy na bodlon.

Mi ddaeth fy rhieni i fyw i'r mans ar Ffordd Deiniol, Bangor ar drothwy fy mhen-blwydd yn chwech oed. Honno ydi'r stryd brysur sy'n arwain tuag at yr orsaf, gydag archfarchnad fawr bellach ar y chwith iddi ar yr union dir lle bu arwyr fy mlynyddoedd cynnar yn troedio cae pêl-droed Ffordd Farrar. O fewn hanner canllath i hwnnw y treuliais i ran hapus iawn o'm plentyndod. Y maes lle trechwyd Napoli yn 1962, a finnau yno gyda chriw ifanc o gydgefnogwyr oedd yn byw ar yr un heol. Cymry Cymraeg bob un, a dau'n tyfu i fod yn gyfeillion oes. Ar y cyfan, tai i fyfyrwyr ac adeiladau o eiddo'r Brifysgol sydd yno bellach gan olygu ei bod yn stryd wahanol iawn i'r hyn oedd hi dros hanner canrif yn ôl. Y gwir ydi fod Bangor gyfan wedi gweld newid mawr ers y cyfnod hwnnw, yn economaidd, yn ieithyddol, ac yn gymdeithasol, ond heblaw am un bwlch go hir, mae fy nghartref wedi bod yn yr unig ddinas sydd yng Ngwynedd byth oddi ar hynny. A go brin y bydda i'n ei gadael bellach.

Mae wedi bod yn benwythnos hwyliog, a'r bychan yn datblygu'n gyflym. Ond gwaetha'r modd, ganol bore, mae'n bryd i Ifor a'i rieni, Manon a Rhydian, droi am adref – y daith i Bontarddulais bell yn siŵr o fod yn un hir. Codi llaw, a rhuthro'n ôl i'r tŷ. Mae gan Theresa May gyhoeddiad i'w wneud.

11

Does bosib ei bod hi'n mynd i alw etholiad cyffredinol, ddwy flynedd ers yr un diwethaf, a hithau wedi dweud droeon nad oes angen un. Mae'n camu allan i ganol Downing Street. Dwi'n gegrwth yn gwrando. Dyna'n union ydi ei phenderfyniad, ac ychydig ddyddiau yn awyr iach ardal Dolgellau sydd wedi'i hargyhoeddi. O na, oedd fy ymateb cyntaf, ddim eto! Ychydig funudau'n ddiweddarach, wel dyna ni, does dim dewis ond bwrw iddi. Dim ond ar ôl ambell neges a galwad ffôn o'r gwaith mae rhywun yn dechrau sylweddoli fod saith wythnos o brysurdeb eithafol i ddod. Ac wedi'r cwbl, onid ydi pob etholiad yn gyffrous?

Awr wedi'r cyhoeddiad mae'r cwestiynau'n pentyrru. Ai etholiad Brexit yn anad dim fydd hwn, er bod y penderfyniad tyngedfennol hwnnw wedi'i wneud ers blwyddyn? Elli di fynd i Lundain yfory? Fydd yna rifyn neu ddau o *Pawb a'i Farn* yn ystod yr ymgyrch? A beth am *Hawl i Holi* ar gyfer Radio Cymru? Wyt ti'n bendant yn mynd i gyflwyno ar noson y canlyniadau? Wrth gwrs ydi'r ateb i'r cwestiwn olaf. Ac eto, y llynedd, wedi etholiad y Cynulliad a'r Refferendwm Ewropeaidd a ddaeth yn fuan wedyn, rhaid cyfaddef imi droi at fy nghydweithiwr, Vaughan Roderick gan ofyn tybed ai dyna fyddai'r tro olaf i ni dreulio noson hirfaith yng nghwmni ein gilydd. Cwestiwn digon teg ar y pryd. Doedd dim disgwyl etholiad mawr arall tan 2020 – a ddaeth hi'n bryd i'r genhedlaeth iau gamu i'r gadair? Lol oedd ateb caredig Vaughan – mae Dimbleby'n dal wrthi!

I gyflwynydd newyddion does dim byd tebyg i ddarlledu ar noson etholiad. O ran etholiadau cyffredinol, hwn fydd y nawfed tro imi gyflwyno'r rhaglen ganlyniadau, ac am saith o'r rheiny mae'r dihafal, Vaughan wedi bod wrth fy mhenelin. Ers deunaw mlynedd mae cyfraniadau disglair yr Athro Richard Wyn Jones wedi bod yn rhan annatod o'r rhaglen hefyd. Waeth imi gyfaddef ddim. Dwi eisoes yn edrych ymlaen yn eiddgar!

Mae un o gyfweliadau pen-blwydd fy rhaglen ar fore Sul wedi'i drefnu ar gyfer heddiw, ac mae'r sgwrs honno'n golygu taith i ardal Y Bala. Ym mhentref bach Rhyd Uchaf mae cartre'r canwr opera, y baswr, Sion Goronwy. Os bydd modd, mi fydda i'n gwneud pob ymdrech i gyfarfod wyneb yn wyneb â'r gwesteion ac mae hynny'n aml yn golygu fy mod i'n cael gwahoddiad caredig i'w cartrefi. Yng nghapel Tal-y-bont, gyferbyn â thŷ Sion roedd eisteddfod Llun y Pasg wedi'i chynnal y diwrnod cynt ac roedd hynt a helynt y cystadlu hwyr yn dal yn destun trafod brwd ar yr aelwyd pan gyrhaeddais i. Ar noson braf o wanwyn ym Meirionnydd, roedd byd Theresa May, Jeremy Corbyn, a San Steffan yn teimlo 'mhell iawn i ffwrdd.

Rai wythnosau'n ôl roeddwn i wedi recordio sgwrs debyg gydag un o aelodau seneddol Plaid Cymru, Jonathan Edwards, un o'r mwyaf egnïol a hynaws o'r cynrychiolwyr Cymreig yn Nhŷ'r Cyffredin. Roedd honno i fod i'w darlledu'n fuan. Ond, fyddai dim gobaith i hynny ddigwydd wedi cyhoeddiad heddiw. Byddai darlledu cyfweliad o'r fath yn torri pob un o reolau cydbwysedd y BBC. Ar derfyn y sgwrs bydd pob gwestai'n cael gofyn am anrheg pen-blwydd delfrydol. Gofynnodd Jonathan am sicrwydd, wedi tymor sigledig, y byddai ei hoff dîm pêl-droed, Abertawe, yn aros yn Uwch Gynghrair Lloegr. Daeth cais brys ganddo heddiw am gael newid yr anrheg – wedi datganiad annisgwyl Mrs May, byddai'n well ganddo ddewis cael ei ailethol! Mae'n mynd i fod yn ddeufis poenus o ansicr i lawer. Mae swyddi cymaint o bobl yn y fantol.

Dydd Mercher, Ebrill 19

7.22 – Trên o Fangor i Lundain er mwyn cyflwyno'r *Post Prynhawn* o San Steffan. Pe bawn i'n gorfod dewis fy hoff ddull o deithio, y trên heb os fyddai hwnnw. Mae gorsaf Bangor mor gyfleus. Y rhyfeddod ydi fy mod i wedi treulio cymaint o flynyddoedd yn gyrru i Gaerdydd. Tua chwarter canrif a bod yn fanwl gywir o ymlwybro ar hyd yr annwyl A470. Mae hi'n gallu bod yn siwrnai ddymunol iawn, os nad oes brys. Yn anffodus, yn fy achos i, gan amlaf mae angen bod yn rhywle'n brydlon, a finnau y tu ôl i aml i lori goed neu dractor, dydi hynny ddim bob amser yn hawdd. Rhyw chwerw felys braidd ydi f'agwedd i tuag at y ffordd. Mae gen i deimlad y byddai'n gwneud tipyn o les i Gymru pe bai modd cysylltu de a gogledd yn hwylusach. A ydi cyflwynydd newyddion i fod i fynegi barn ar fater fel yna? Mae hwnnw'n gwestiwn sy'n siŵr o godi eto wrth i'r dyddiadur yma fynd rhagddo.

Toc wedi hanner awr wedi deg mae'r trên yn cyrraedd gorsaf Euston. Haws cyrraedd Llundain na Chaerdydd, a'r daith yn rhoi digon o gyfle i baratoi rhestr o gwestiynau ar gyfer holi'r gwleidyddion yn nes ymlaen. Dwi'n gredwr mawr mewn gwaith paratoi ar gyfer pob rhaglen – mae'r gwleidyddion gorau'n gallu synhwyro'n syth os nad ydi'r cyflwynydd wedi gwneud ei waith cartref. Ar ôl cyrraedd y swyddfa, dwi'n cael ar ddeall mai'r Aelodau Seneddol Nia Griffith, David Davies a Hywel Williams fydd y gwesteion heddiw. Bydd angen dod o hyd i ddemocrat rhyddfrydol yn rhywle arall, ar y ffôn mae'n bur debyg. O safbwynt darlledu Cymraeg mae'n drueni o'r mwyaf fod Aled Roberts wedi colli ei le yn y Cynulliad.

Mae'r cyfnod pan oedd y diweddar annwyl Geraint Howells bob amser ar gael yn teimlo 'mhell iawn yn ôl. Geraint, gyda llaw, oedd yr unig un erioed i syrthio i gysgu ar un o'm rhaglenni. Nid wrth ei gwylio, ond yn ei chanol hi a ninnau'n darlledu! Roedd yn Aelod Seneddol Ceredigion ar y pryd ac S4C wedi penderfynu fod angen rhaglen arbennig ar noson isetholiad Mynwy yn 1991. Roedd y pynciau i'w trafod gyda'r panel yn dechrau mynd yn brin wrth i ni gyrraedd oriau mân y bore. A dyma droi at Geraint, a throi oddi wrtho yr un mor sydyn, ar ôl sylweddoli ei fod yn cysgu'n braf. Rhaid cyfaddef imi gyflwyno rhaglenni etholiadol difyrrach. Y gwleidyddion eraill yno ar y noson honno yn Y Fenni oedd Dr Alan Williams, Rod Richards a Dr Dewi Evans. Gan fod Vaughan Roderick yno hefyd, ar ddechrau ei daith fel sylwebydd gwleidyddol, roedd hi'n rhaglen heb ferch ar ei chyfyl. Erbyn heddiw mae'n anodd credu hynny. Mi aeth hi'n danllyd ar un adeg rhwng Alan a Rod. Y maes dan sylw oedd y gwasanaeth iechyd.

Efallai fod y cymeriadau wedi newid, ond mae'r pynciau mawr yma o hyd.

Ar y lawnt y tu allan i San Steffan, mae cornel fach wedi'i neilltuo i Radio Cymru ar un o ddyddiau prysura'r flwyddyn. O leiaf dydi hi ddim yn glawio. Simsan iawn yr olwg ydi'r to cynfas uwch ein pennau. Wedi dweud hynny, does dim yn well gen i na gadael y stiwdio i gyflwyno. Yn brydlon am bump mae'r gwleidyddion yn barod i drafod yr etholiad annisgwyl, a phawb yn rhagweld buddugoliaeth gyfforddus i'r Ceidwadwyr. Ond mewn saith wythnos o ymgyrchu, mi allai pethau newid. Nia Griffith ydi llefarydd amddiffyn Llafur, ac mae hynny wedi achosi rhywfaint o anghydweld rhyngddi hi a'i harweinydd. Gofynnais iddi deirgwaith a oedd hi am weld Jeremy Corbyn yn dod yn Brif Weinidog. Ar y trydydd cynnig mi ddywedodd ei bod. Pa mor anodd bynnag ydi'r sefyllfa, mae aelod Llafur Llanelli yn barotach na llawer yn ei phlaid i gael ei chyfweld. Mi ddywedodd un Aelod Seneddol Llafur wrtha i tua deng mlynedd yn ôl nad oedd fawr o bwynt ei holi yn Gymraeg, gan mai prin ydi'r bobl yn yr etholaeth sy'n siarad yr iaith. Ond beth am geisio argyhoeddi Cymry Cymraeg gweddill Cymru meddwn i? Nid fy ngwaith i ydi hynny oedd yr ateb!

Fyddai'r rhaglen ddim wedi bod yn gyflawn heb gael gair â Vaughan Roderick. Mae yna awgrym y gallai arweinydd Plaid Cymru, Leanne Wood, sefyll yn y Rhondda lle mae hi eisoes yn Aelod Cynulliad. Ateb Vaughan, gyda'r holl awdurdod sydd ganddo o fod wedi dilyn gwleidyddiaeth Cymru am ddeugain mlynedd, oedd y gallai hynny fod yn benderfyniad annoeth ar ei rhan.

Cerdded nôl i swyddfa'r BBC a chael fy atal am funud neu ddau wrth i rywun o bwys gyda gosgordd o swyddogion arfog gael ei hebrwng i mewn i'r adeilad. Pwy oedd o meddwn i wrth un o'r plismyn? Yr Arlywydd Poroshenko o Wcráin, ar ei ffordd i ddarlledu ar y World Service. Lle hynod yw Llundain.

Dydd Iau, Ebrill 20

Roedd hi ymhell wedi hanner nos pan gyrhaeddais i adref. Bore tawel yn darllen y papurau a'r we, a cherdded wedyn i Fryn Meirion wrth iddi nesáu at hanner dydd yn barod ar gyfer rhaglen arall. Wn i ddim ai fy oed i sydd i gyfrif – mae oedran y pensiwn yn agosáu – ond mi fydda i'n cael rhyw bleser rhyfedd yn cerdded nôl a blaen i'r gwaith. Mae'n gwrthgyferbynnu'n sicr â'r holl flynyddoedd o yrru i Gaerdydd ac ar hyd a lled Cymru. Efallai erbyn hyn fod rhywun yn gwerthfawrogi'n fwy yr hyn sydd o'i gwmpas. Yn blentyn ym Mangor, roeddwn yn ymwybodol o harddwch y Fenai ac Eryri. Bellach dwi'n gwirioni ar y golygfeydd y bydda i'n eu gweld yn ddyddiol. Yn achlysurol mi ddaw un o'r penaethiaid i fyny o Landaf. Mi awgrymodd un ohonyn nhw'n ddiweddar nad oeddwn i'n llawn werthfawrogi hyn oll gan fy mod i'n byw yma. Mae arna i ofn ei fod yn camgymryd yn arw.

'Mae Carwyn ar gael i ni.' Dyna oedd y neges wrth imi gerdded drwy'r drws. Y Prif Weinidog yn awyddus i gael dweud ei ddweud am yr etholiad, ac mi fyddai'n gwneud hynny ar y *Post Prynhawn*. O ran y wasg a'r cyfryngau, dwi'n tybio fod cael sylw ar raglenni teledu fel *Wales Today* yn uwch o dipyn ar restr blaenoriaethau swyddogion Carwyn Jones. Ond os bydd cyfle, mae'n un o'r rhai sy'n amlach na pheidio'n barod iawn i gael ei holi gan y *Post Prynhawn*, un o chwiorydd tlotaf adran newyddion BBC Cymru o ran adnoddau. Dydi'r Prif Weinidog ychwaith ddim yn un o'r rheiny sy'n cwyno, neu hyd yn oed yn llyncu mul, os bydd yr holwr yn gofyn rhyw gwestiwn braidd yn lletchwith iddo. Ac oes, mae yna ambell un o'r creaduriaid croendenau hynny wedi bod, ac yn dal i fod yng ngwleidyddiaeth Cymru. Am resymau felly, mi aeth wyth mlynedd heibio, ie wyth, ers i un gwleidydd pur amlwg ymddangos ddiwethaf ar banel un arall o'm rhaglenni, *Pawb a'i Farn*. Bryd hynny cafwyd cwyn swyddogol amdanaf i, ac am natur y gynulleidfa. Mae'n dda gen i ddweud i honno gael ei gwrthod. Mae un arall o'n gwleidyddion ni, na wna i ddatgelu ei enw ychwaith, yn gallu mynd am fisoedd heb gyfrannu oherwydd bod ganddo amryfal gwynion am y Gorfforaeth. Fel i Nia Griffith ddoe, doedd dim amheuaeth ynglŷn â'r cwestiwn pwysicaf i Carwyn Jones heddiw. A ydi o am weld Jeremy Corbyn yn dod yn Brif Weinidog? Yn ddi-os meddai heb betruso, ond gan ychwanegu fod gan arweinydd y Blaid Lafur 'fynydd i'w ddringo'. Pa mor aml tybed fyddwn ni'n gweld y ddau yn sefyll ochr yn ochr yn ystod yr ymgyrch hon, y ddau'n perthyn wedi'r cwbl i garfanau tra gwahanol oddi mewn i'w plaid? Mae Corbyn yn gweld ei hun fel tipyn o rebel, medd Vaughan Roderick – a oes gobaith mewn difrif i rebel gyrraedd 10 Downing Street?

Bydd ymdrech bob dydd i gael stori ychydig yn ysgafnach i gloi'r rhaglen tua phum munud i chwech. Y manteision o fynd ar feic i'r gwaith oedd dan sylw heddiw. Manteision iechyd yn sicr. Oni fyddai'r amgylchedd yn elwa hefyd? Ond a ydi hi'n ymarferol bosibl i'r mwyafrif ohonom ni? Digon o gwestiynau, a finnau rhywsut byth yn blino eu gofyn. Cael fy atgoffa hefyd ei bod yn bryd rhoi tipyn o wynt yn nheiars fy meic fy hun – beiciwr haf ac ar wyliau ydw i ar hyd lonydd hawdd iawn. Mae gen i gyfaill a chyd-deithiwr cyson i gartref Manchester United yn Old Trafford, David Gareth Jones, sy'n gwneud can milltir ambell wythnos ac sydd wedi seiclo o Fangor i Gaerdydd mewn deuddydd – mae'n anodd dirnad y peth.

Rhaglen arall drosodd a phob dim wedi mynd yn weddol hwylus. Gair o ddiolch i'r technegydd sain a'r tîm cynhyrchu o dri, ac wrth gerdded nôl adref, y cyflwynydd unwaith eto'n ddiolchgar iddo gael y cynnig i ddod nôl i Fangor i weithio. Mae pum mlynedd dedwydd wedi gwibio heibio.

Dydd Gwener, Ebrill 21

Fydda i ddim yn darlledu fel arfer ar ddyddiau Gwener. Mae'n gyfle'n aml i wneud cyfweliadau gyda'r gwesteion pen-blwydd, neu i drafod yr hyn gaiff ei ddarlledu yn ystod yr wythnosau nesaf gyda chynhyrchydd fy rhaglen fore Sul, Marian Ifans.

Ei neges hi heddiw oedd y gallem ni fod yn brin o bobl i'w holi ym mis Mehefin ac ym mis Hydref. Hynny ydi, mae dirfawr angen chwilio am bobl sy'n cael eu penblwyddi yn ystod y misoedd hynny, a'u darbwyllo nhw i gael sgwrs. Ond mi wn o brofiad y bydd ei doniau ymchwilgar hi wedi sicrhau y bydd y bylchau'n cael eu llenwi mewn da bryd ac weithiau mi fydd ambell wrandäwr hefyd yn cysylltu gydag awgrym. Mae'r berthynas rhwng y cyflwynydd a'i gynhyrchydd yn un dyngedfennol bwysig. Mi fûm i'n hynod ffodus o gael cydweithio gyda rhai o'r goreuon, o ddyddiau Emlyn Davies, fy ngolygydd newyddion cyntaf ar Radio Cymru, ac Elwyn Jones, gweinidog yn Ynys-y-bwl a Llundain cyn iddo gyrraedd Bryn Meirion yn y saithdegau a dod yn gynhyrchydd radio tan gamp. Heddiw, caf fy rhoi ar ben ffordd ar gyfer *Bore Sul* gan Marian, ac yng nghyd-destun *Pawb a'i Farn*, gan Delyth Isaac, golygydd y rhaglen honno ers tair blynedd. Dwy ferch erbyn hyn lle roedd dau ddyn ar y dechrau – a hynny'n ddarlun o'r modd mae'r diwydiant wedi newid er gwell, yng Nghymru beth bynnag. Mae dau ben bob amser yn well nag un, a dwi wedi hen ddysgu mai gan y cynhyrchydd mae'r gair olaf. Ar y llaw arall os ydi'r berthynas rhwng y ddau'n un anesmwyth, a'r ddau'n rhy aml yn methu gweld lygad yn llygad, mae'n gallu bod yn brofiad annymunol tu hwnt, a'r rhaglen heb os fydd yn dioddef.

Mae heddiw hefyd yn gyfle i fynd at fy neintydd yn Llangefni, sydd wedi parhau i drin fy nannedd er iddo symud o Fangor i Gaernarfon ac wedyn i Ynys Môn. Mae yna ran ohona i sydd ddim yn or-hoff o newid! Drwy gyd-ddigwyddiad rhyfedd, a finnau newydd groesi Pont Britannia, mi gyrhaeddodd neges yn dweud wrtha i fod pedwar eisoes yn cynnig am enwebiad Plaid Cymru ym Môn. Mae'n ymddangos y gallai enw fy nghyn-gydweithiwr, John Rowlands, fod yn yr het unwaith eto. Dim syndod ac yntau wedi dod o fewn 229 o bleidleisiau i drechu Albert Owen ddwy flynedd yn ôl. Mi fu'r cyn-forwr yn cynrychioli Môn yn Nhŷ'r Cyffredin bellach ers 2001. Ond fu ei afael ar y sedd erioed mor fregus. Bydd ein camerâu ni'n sicr yn Llangefni ar noson yr etholiad. Cadarnhad cyn nos y bydd dau rifyn o *Pawb a'i Farn* yn ystod yr ymgyrch. Un ym Mangor a'r llall ym Maesteg. Dau rifyn o *Hawl i Holi* hefyd, yn Ninbych ac efallai ym Mhen-y-bont ar Ogwr.

Dydd Sadwrn, Ebrill 22

Rhyw ben, bob Sadwrn mi fydda i'n gwneud rhyw ddwy awr o waith paratoi ar gyfer bore Sul. Bydd nosweithiau Sadwrn, ar y cyfan, yn rhai tawel gartref, cyn clwydo'n barchus o gynnar. Mae fy ngwraig, Nia, y teulu a ffrindiau wedi dod i ddeall mai ar nosweithiau Gwener mae trefnu unrhyw weithgarwch os oes disgwyl imi fod yn rhan ohono. A dyna fu'r drefn bellach ers deng mlynedd. Mi fydd y rhaglen sy'n rhoi'r fath sylw i benblwyddi, yn dathlu ei phen-blwydd ei hun yn ddeg oed ddiwedd y flwyddyn. Doedd hynny'n sicr ddim yn edrych yn debygol pan ges i'r gwahoddiad yn 2007 i ddechrau codi'n gynnar ar foreau Sul. Oni bai fod rhaid, dydi codi cyn cŵn Caer erioed wedi apelio rhyw lawer.

Mi ges i gyfnod o gyflwyno rhaglenni newyddion boreol yn ôl yn yr wythdegau cynnar. Mi barodd hynny am flwyddyn. Roedd y gwaith yn rhoi boddhad aruthrol. Tair rhaglen newyddion fyddai cyn 9 y bore, am yn ail â Hywel Gwynfryn a'i *Helo Bobol* – y rhaglen fwyaf poblogaidd a fu ar Radio Cymru erioed mae'n siŵr gen i. Dyddiau da, pan oedd y gynulleidfa'n hynod deyrngar a'r gystadleuaeth yn llai. Roedd hi hefyd yn flwyddyn o ddweud 'bore da' wrth y dyn llefrith wrth adael y tŷ cyn pump o'r gloch y bore yng Nghaerdydd. Pan ddaeth cais imi fynd yn ohebydd seneddol cyntaf S4C ym mis Medi 1982, wnes i ddim oedi cyn derbyn. Ond chwarter canrif yn ddiweddarach ildiais i'r Suliau cynnar; wedi'r cwbl dim ond am un bore'r wythnos fyddai hyn. Mi wna i chwe mis, efallai cymaint â blwyddyn, oedd fy addewid i Sian Gwynedd, Golygydd Radio Cymru ar y pryd.

Ddeng mlynedd yn ddiweddarach, ac eithrio *Pawb a'i Farn* o bosibl, does yr un rhaglen wedi rhoi mwy o foddhad imi. Am ran helaetha'r cyfnod hwnnw, Marian Ifans fu wrth y llyw. Nid yn unig y mae hi'n ffrind da, ond mae hi hefyd yn rhannu fy awydd angerddol i sicrhau ein bod ni'n paratoi'r rhaglenni gorau posibl. Gyda chymorth yr ymchwilydd, Carys Stallard, Marian sy'n trefnu, chwilota, paratoi ac yn dewis a dethol. Fi sy'n cael mwynhau trin a thrafod materion cyfoes, y celfyddydau a chwaraeon yng nghwmni llu o westeion difyr, yn ogystal â gwrando ar rywfaint o gerddoriaeth. Mae'n dipyn o fraint.

Gwell imi ddechrau paratoi'n araf bach ar gyfer noson yr etholiad. Er gwaetha'r oes gyfrifiadurol sydd ohoni, a'r holl dechnoleg ryfeddol y bydd y BBC yn ei chynnig, mi fydd gen i ddarnau hanfodol o bapur o'm blaen hefyd ar y noson fawr. Mi fydd y rheiny'n ffrwyth oriau lawer o waith ac felly y bu ers etholiad 1983. Mae'n rhy hwyr imi newid arferion oes. Ond y pnawn yma, er mwyn procio'r cof, dwi am lunio rhestr o'r deugain Aelod Seneddol sydd gan Gymru. Mae'n fy nharo i mai dim ond tri ohonyn nhw a gafodd eu hethol yn y ganrif ddiwethaf, sef Ann Clwyd, Paul Flynn a David Hanson, ac mae'r tri'n debygol o sefyll eto. Mae rhywun hefyd yn synnu mor anaml mae enw ambell un o'r deugain wedi'i glywed ar raglenni newyddion yn y cyfnod ers yr etholiad diwethaf. Ai am eu bod nhw wedi gwneud cyn lleied o argraff yn San Steffan, neu am fod Aelodau'r Cynulliad bellach yn cael llawer iawn mwy o sylw? Yn rhyfedd iawn mae'r ddwy garfan yn dadlau'n lled aml y dylen nhw gael mwy o lawer o gyfleon er lles democratiaeth yng Nghymru. O edrych ar ystadegau'r etholiad diwethaf, mae mwyafrif y Ceidwadwr Byron Davies yn etholaeth Gŵyr yn fregus iawn. Dim ond 27 pleidlais. Gan fod pawb yn rhagweld ton Geidwadol, onid ydi o'n debygol o fod yn ddiogel?

Dydd Sul, Ebrill 23

Y bore Sul cyntaf ers i Theresa May alw etholiad. Bydd digon i'w drafod o ran y papurau ac fel mae'n digwydd, dau gynymgeisydd sy'n adolygu. Ers rhyw flwyddyn bellach bydd y rhaglen hefyd yn trafod ambell stori ar wefannau Cymreig, ymgais bendant i roi mwy o sylw i newyddion am Gymru a'r Gymraeg. Mae hefyd yn gydnabyddiaeth fod cymaint o ddarllen bellach ar yr hyn sydd ar gael ar y we, a bod y papurau'n llai poblogaidd nag y buon nhw. Yn llai poblogaidd ond nid yn llai dylanwadol, o bosibl. Y gwir plaen ydi fod arolygon barn yn awgrymu fod o leiaf dwy ran o dair o bobl o dan ddeg ar hugain oed bellach yn ystyried y we fel eu prif ffynhonnell newyddion. Mae'r hen gyfryngau'n mynd i orfod addasu, neu bydd perygl iddyn nhw ddiflannu maes o law.

O sôn am arolygon barn, mae'r un yn y *Sunday Times* heddiw'n rhoi'r Ceidwadwyr ymhell ar y blaen, 48 i 25 y cant, canlyniad a fyddai'n golygu mwyafrif enfawr i'r Torïaid. Mae'r profiad o gyflwyno ar nosweithiau etholiad yn golygu fod gen i amheuaeth iach pan ddaw'n fater o drafod polau piniwn. Maen nhw wedi bod mor anghywir mor aml yn y gorffennol, fel bod angen bwcedaid o halen wrth eu hystyried. Does ryfedd fod BBC Cymru yn gochel rhag eu comisiynu. Ar noson fawr y cyfrif y drefn arferol ydi y bydd y Golygydd Newyddion yn dod â darn o bapur a'i osod ar y ddesg o flaen Vaughan a finnau tua deng munud cyn i'r rhaglen ddechrau am ddeg o'r gloch, gan ein rhybuddio i beidio â dweud gair wrth neb. Ar y papur hwnnw mae rhagolwg enwog yr Athro John Curtice, sydd wedi'i seilio ar holi o leiaf ddeng mil ar hugain o bobl wrth iddyn nhw adael ugeiniau o ganolfannau pleidleisio. Yn 2015, mae'n rhaid bod yr olwg o syndod ar wynebau'r ddau ohonom yn amlwg i bawb. Roedd yr awgrym y gallai Ed Miliband ddod yn Brif Weinidog fel roedd mwyafrif yr arolygon barn wedi'i ragweld, ymhell ohoni. Plaid David Cameron fyddai ar y blaen unwaith eto ac mae'n bosibl y byddai'n gallu llywodraethu heb gymorth y Democratiaid Rhyddfrydol. Rhyw ddeg llath i ffwrdd mewn rhan arall o'r stiwdio, roedd y Farwnes Eluned Morgan yn gwenu'n braf ac yn awchu i ddechrau trafod, yn ffyddiog y byddai hon yn noson gofiadwy iddi hi a Llafur. Mor aml mae gwleidyddiaeth yn gallu bod yn bur greulon.

Mae dyfodiad y we a'r cyfryngau cymdeithasol hefyd yn golygu nad ydi'r gwaith ar ben pan ddaw'r rhaglen Sul i'w therfyn am ddeg o'r gloch. Bellach mae angen sicrhau fod talpiau ohoni ar gael ar wefan Radio Cymru, a bod modd mynd atyn nhw drwy gyfrwng Facebook a Twitter. Gorau oll os oes modd ychwanegu lluniau difyr. Ac os oes fideo gafaelgar ar gael hefyd, er mwyn annog pobl i glicio ar ffôn clyfar neu dabled, cyn sicred â dim mi fydd seren aur ar ei ffordd gan y penaethiaid! Yr eironi ydi bod llai'n gwylio rhaglenni teledu wrth iddyn nhw gael eu darlledu, ond mae'r syched am luniau fideo, beth bynnag ydi'r cyd-destun, yn fwy nag erioed.

O ystyried hyn oll, faint o ddyfodol sydd yna i radio, fy hoff gyfrwng, yr un roedd rhai pobl yn rhagweld ei dranc flynyddoedd yn ôl? Wyth mlwydd oed oeddwn i pan ges i'r hyn a gâi ei alw'n *transistor radio* bryd hynny. Un bach glas wedi'i gynhyrchu gan gwmni o'r enw Sobell. Roeddwn i'n meddwl y byd ohono. Mae ambell un i'w weld ar e-Bay o hyd. Ar hwnnw y byddwn i'n gwrando ar yr Home Service, y bwletinau newyddion, ond hefyd ar Radio Luxembourg a Radio Caroline, y ddwy orsaf bop roedd yn rhaid i blant cyfnod y Beatles wrando arnyn nhw. Ar hwnnw y clywais i 'From Me To You' gan y pedwarawd o Lerpwl a rhuthro allan i brynu fy record gyntaf yn 1963. Dwi'n meddwl imi dalu 6 swllt ac 8 geiniog amdani gyda llaw – ychydig dros 30 ceiniog yn arian heddiw. Erbyn i'r teledu du a gwyn gyrraedd ein tŷ ni, roeddwn i wedi fy swyno'n llwyr gan y radio bach. Fel gwrandäwr ac fel darlledwr, mae'n gyfrwng mor syml, mor uniongyrchol, mor ddiffwdan ac mor agos atoch chi. Gwaetha'r modd mi ddaeth diwedd truenus i oes yr annwyl Sobell.

Roedd gen i frawd bach, hynod ddireidus ei natur, saith mlynedd yn iau na fi. Am ryw reswm, mi benderfynodd dywallt hufen haul i gefn y radio, a chlywyd dim siw na miw gan honno fyth wedyn. Mi aeth rhai wythnosau heibio cyn i Meurig gael maddeuant. Ac yntau bellach yn Archddiacon parchus yn Eglwys Loegr, dydi'r brawd bach euog yn cofio dim am foment a barodd gryn loes i mi ar y pryd.

Dydd Llun, Ebrill 24

Newyddion annisgwyl, Ieuan Wyn Jones, y cyn-ddirprwy Brif Weinidog, yn bwriadu cynnig am enwebiad Plaid Cymru ym Môn. Prif stori'r *Post Prynhawn* heddiw. Does ond rhyw chwe wythnos ers i ni'n dau gael sgwrs, a doedd dim awgrym o gwbl ei fod yn ysu am fynd yn ôl i'r byd gwleidyddol. Wedi'r cwbl mae pedair blynedd bellach ers iddo adael y Cynulliad. Rhyw hel atgofion fuon ni'n hytrach am ei gyfnod yn Weinidog yr Economi. Tybed a oes yna ddeunydd llyfr meddwn i? Efallai'n wir oedd yr ateb. A fydd y datblygiad heddiw'n arwain at bennod neu ddwy'n ychwanegol tybed? Daeth Ieuan i Fryn Meirion i sôn am ei benderfyniad. Roedd wedi dod dan bwysau, meddai, i sefyll eto, ac yn teimlo'r rheidrwydd i wneud hynny mewn cyfnod pan fyddai'r Torïaid yn debygol o ennill tir. Byddai rhywun yn tybio ei fod yn ffefryn i ennill yr enwebiad, ond mae ambell un eisoes yn holi a ddaeth hi'n bryd i'r genhedlaeth iau gael cyfle.

Yng nghanol y cynnwrf etholiadol, cadarnhad y bydd fy ngolygon yn troi at etholiad arall ymhen deng niwrnod. Ar fore ail rownd etholiad arlywyddol Ffrainc, gornest rhwng Marine Le Pen ac Emmanuel Macron, byddwn yn darlledu'n fyw o Baris. Bydd cael mynd â'r rhaglen Sul i Ffrainc unwaith eto'n bleser pur. Y llynedd cafodd ei darlledu oddi yno deirgwaith yn ystod holl gyffro siwrnai wefreiddiol tîm pêl-droed Cymru i bencampwriaethau Ewrop. Unwaith o westy yn Bordeaux, ac yna ddwywaith yn y brifddinas. I'r cyflwynydd roedd yn gyfuniad delfrydol. Gwaith bob penwythnos, ond ar wyliau yn ystod gweddill yr amser, a digon o gyfle i weld y gemau, o'r gyntaf yn Bordeaux i'r olaf yn Lyon. Wna i fyth anghofio'r rhaglen gyntaf honno, a Chymru newydd guro Slofacia o ddwy gôl i un. Gwesteion y bore mewn hwyliau ardderchog – wel o leiaf dan ni wedi ennill un gêm. Mi allwn ni fynd adre'n fwy na bodlon. Ond fydden ni ddim yn gwneud hynny am dair wythnos a hanner arall. (Yn fy achos i doedd hynny ddim yn hollol gywir. Bu'n rhaid dod adref yn y canol ar gyfer Refferendwm Ewrop, ond stori arall ydi honno.) Mae'n anodd dychmygu y gwelwn ni gyfnod tebyg eto, beth bynnag fydd campau'r tîm cenedlaethol yn y blynyddoedd a ddaw. Mor wahanol i'r dyddiau du pan ofynnwyd cwestiwn diniwed imi gan Rhys, mab ein cyfeillion, Marian a Bryn Tomos, wrth i ni adael Stadiwm y Mileniwm, a'r cochion newydd golli eto fyth. Oes rhaid i ni gefnogi Cymru? Mae'r bachgen bach hwnnw bellach yn ddyn ifanc ac wedi bod mor ffodus o gael profi'r fath lwyddiant cyn ei fod yn bump ar hugain oed.

O sôn am gampau, dwi'n aelod o gampfa Brailsford ym Mhrifysgol Bangor, ond achlysurol yn hytrach na rheolaidd ydi'r ymweliadau. Enw'r enwog Syr David Brailsford sydd ar yr adeilad wrth gwrs, rheolwr tîm seiclo Sky, a fu'n westai pen-blwydd imi sawl blwyddyn yn ôl, ond sydd wedi bod dan bwysau mawr yn ddiweddar wrth i gysgod cyffuriau ddwyn anfri ar fyd y beiciau. Cefais gip ar y perffeithydd ynddo wrth gyfarfod mewn gwesty y tu allan i Gaernarfon. Roedd cyfaill ysgol iddo, Euryn Owen, wedi trefnu iddo ddod i gyfarfod Marian a finnau. Tan yr eiliad olaf, doedd dim sicrwydd y byddai'n dod. Braidd yn rhydlyd oedd Cymraeg y gŵr a fagwyd yn Neiniolen, ond doedd y blynyddoedd o grwydro'r byd ddim wedi newid acen bro'r chwareli. Mi dreulion ni awr dda yn recordio sgwrs fer, ac yntau'n benderfynol o gael pob gair ym mhob brawddeg yn gywir. Mae llwyddiannau a helbulon wedi dod i'w ran ers hynny, ond mi wnaeth gryn argraff arna i'r prynhawn hwnnw.

Mae cyfle i fynd i'r gampfa heno. Yno am ryw awr y bydda i fel arfer, ond y gwir ydi y dylwn i fod yn ymdrechu'n galetach ac yn amlach os am roi hwb gwirioneddol i'm ffitrwydd. Yn fy ymyl yn ddi-ffael bydd pobl o bob lliw a llun yn diferu o chwys. Edmygu heb efelychu fydda i'n tueddu i'w wneud. Mae fy awr i'n fwy hamddenol o dipyn. Cyfle da i wrando ar ambell bodlediad. Bruce Springsteen yn wych ar *Desert Island Discs*.

Dydd Mawrth, Ebrill 25

Agor y llenni, ac mae eira ar Eryri. Mae copaon Carnedd Dafydd a Charnedd Llywelyn, y ddau fynydd sydd yn union gyferbyn â'n ty ni, ill dau'n wyn. Er ei bod hi'n nesáu at ddiwedd mis Ebrill, dydi hynny ddim yn gwbl anarferol. Fel y byddech chi'n disgwyl, o weld yr olygfa yna, mae hi'n eithaf oer i lawr yma ym Mangor. Mae rhywun yn cael rhyw bleser diniwed o weld y tymhorau'n newid, a rhaid cyfaddef fy mod i'n bur hoff o dywydd gaeafol. Ers tair blynedd mae Owain, y mab, wedi bod yn gweithio yn Dubai. Mae bod yn oer yno'n gyfystyr ag ugain gradd! Allwch chi ddychmygu'r peth – byw'n barhaol mewn gwres llethol ac mewn adeiladau sy'n cael eu hoeri bedair awr ar hugain y dydd? Gwres llethol ac eto yno mae un o ganolfannau sgio dan do mwya'r byd. Mi fuon ni draw yno am wythnos, a mwynhau'n arw yn y rhimyn goludog o fwrlwm dinesig sydd rhwng môr Gwlff Arabia a'r anialwch. Ond buan iawn, pe bawn i'n byw yno, y byddai gen i hiraeth am y tymhorau Cymreig. Wedi dweud hynny, dwi'n tybio y byddwn ni'n ymweld â Dubai eto cyn bo hir.

Mae'n siŵr fod a wnelo'r olygfa fendigedig yn y rhan hon o Wynedd, a'r fraint o gael byw mewn ardal mor odidog, rywfaint â 'mhenderfyniad i dreulio blynyddoedd olaf fy ngyrfa gyda'r BBC yn cyflwyno'r *Post Prynhawn* o Fangor. Ond roedd yna ambell reswm arall hefyd. Ers chwarter canrif a mwy roeddwn wedi bod yn teithio'n wythnosol i weithio ar deledu yng Nghaerdydd. Doeddwn i ddim yn diflasu ar y gwaith, ond roedd y daith wedi mynd yn fwrn. Fel y bu Cynog Dafis, y cyn-Aelod Seneddol a Chynulliad, yn dweud wrtha i fwy nag unwaith, doedd yr amgylchedd ddim yn elwa rhyw lawer ychwaith. Byddai Cynog yn falch o ddeall fod gen i gar sy'n cael ei bweru'n rhannol gan drydan erbyn hyn. Roeddwn i hefyd yn ysu am fynd yn ôl at fy nghariad cyntaf a gwneud mwy o waith ar y radio, ac os oedd un o raglenni newyddion Radio Cymru'n apelio, yna'r *Post Prynhawn* oedd honno. Mae hi'n cael ei darlledu ar amser call, ac mae awr ar ddiwedd y prynhawn yn rhoi cyfle da i grynhoi holl ddatblygiadau'r dydd. Pan benderfynodd y cyflwynydd a'r cyfansoddwr, Gareth Glyn, ei fod am ganolbwyntio ar ei waith cerddorol, mi dderbyniais y cyfle i'w olynu heb betruso am eiliad. Wrth i Radio Cymru wneud ei gorau glas i gadw a denu cynulleidfa, mae'n ymddangos fod y *Post Prynhawn* yn dal ei thir yn ddigon didrafferth, ei chynulleidfa yr un mor ffyddlon ag y bu ers i'r rhaglen gael ei sefydlu ddeugain mlynedd yn ôl.

Bydd aelodau'r tîm cynhyrchu wrth eu gwaith ymhell cyn imi gyrraedd Bryn Meirion. Yna, toc wedi hanner dydd mi gawn ni gyfarfod i weld beth sydd wedi'i drefnu eisoes, beth sydd angen ei ychwanegu, pa ohebwyr sydd ar gael neu'n dymuno bod ar gael, ac ym mha drefn y dylid rhoi'r gwahanol straeon. Ynghyd â'r chwaraeon a'r tywydd, rhyw ddwsin o bynciau sydd eu hangen gan amlaf i lenwi awr. Ar ddyddiau prysur, mi allem lenwi dwy raglen. Ar ddyddiau gwan, mae'n gur pen gwirioneddol. Bryd hynny, pan na fydd gohebwyr ar gael, a phan fydd y cyfranwyr yn brin, y gŵyn gyson ydi ei bod hi mor hawdd yn Saesneg. Ac eto dyna'r her. Dod o hyd i gyfranwyr mewn gwahanol feysydd, a'r syndod ydi fod cymaint ohonyn nhw yng Nghymru a thu hwnt, sydd yn siarad Cymraeg. Mor ddibynnol y bu Radio Cymru ar barodrwydd pobl i roi o'u hamser gwerthfawr i sgwrsio â ni. Mor ffodus y buom ni o gael cyfraniadau gloyw am flynyddoedd gan bobl fel y diweddar Roy Thomas, yr economegydd er enghraifft. Mae bwlch enfawr ar ei ôl. Mor ddiolchgar rydym ni i bobl mewn cynifer o feysydd, ac os ydach chi'n un o'r rheiny ac yn darllen hyn o eiriau, yn syml iawn, hebddoch chi, fyddai yna ddim rhaglenni newyddion gan Radio Cymru.

Galwodd Leanne Wood, arweinydd Plaid Cymru, heibio i Fryn Meirion ganol y prynhawn. Wrth gyfeirio at ei phenderfyniad i beidio â sefyll yn y Rhondda, mi ddywedodd fod digon o ymgeiswyr abl ar gael i herio Chris Bryant. A beth bynnag, cyn hynny meddai, mae angen gwneud argraff yn yr etholiadau lleol. Mae perygl i'r rheiny fynd yn angof wrth i'r gwleidyddion a'r cyfryngau edrych ymlaen yn hytrach at y bleidlais fawr ar Fehefin yr 8fed. Mae mwy na rhithyn o wirionedd yn hynny.

Dydd Mercher, Ebrill 26

O bryd i'w gilydd bydd amser am baned foreol gydag ambell gyfaill cyn mynd i Fryn Meirion. Cyfle gan amlaf i roi'r byd yn ei le heb orfod trafod gwaith. Ond nid felly mae hi heddiw. Bob etholiad bydd gweithwyr o adrannau eraill, ac yn wir o'r tu allan i'r BBC yn cael eu cymell i ddod atom i weithio dros nos. Ers chwarter canrif a mwy mae David James wedi bod yn un o'r rheiny. Wrth ei waith bob dydd bydd David yn darlithio yn yr Ysgol Fusnes ym Mhrifysgol Bangor. Ond ar noson etholiad bydd ei feddwl mathemategol miniog yn bwydo'r cyfrifiadur â chanlyniadau y bydda i'n gwneud defnydd ohonynt am oriau benbwygilydd. Ers tro byd bellach, mae hi'n drefn sydd wedi gweithio'n arbennig o dda, a David a finnau'n deall ein gilydd i'r dim. Ond nid da lle gellir gwell, ac mae cyfarfod heddiw'n gyfle i sôn am yr hyn sydd o'n blaenau ni ar Fehefin yr 8fed.

Ymhell cyn dyddiau'r cyfrifiadur, mi gafwyd ambell hunllef. Wna i fyth anghofio'r etholiad cyffredinol cyntaf ar S4C, ym mis Mai 1983. Roeddwn i a Gwyn Llewelyn yn rhannu'r dyletswyddau cyflwyno – un o'r darlledwyr gorau imi weithio gydag ef ac un a roddodd sawl gair o gyngor doeth imi. Roedd y canlyniadau'n cael eu rhoi imi fesul un, ar ddarnau o bapur, gan gydweithwyr a eisteddai y tu ôl imi. Erbyn heddiw mae'n anodd credu mai dyna oedd y drefn. Yn oriau mân y bore, mi ddaeth canlyniad Gŵyr, sedd Lafur gymharol ddiogel. Ond ar noson wych i Margaret Thatcher, roedd y Ceidwadwyr wedi'i chipio hi. Am gryn ddeng munud mi fu Gwyn yn trafod arwyddocâd ysgytwol hynny gyda'r Arglwydd Cledwyn o

Benrhos, nes imi orfod torri ar eu traws ac ymddiheuro iddyn nhw ac i'r gwylwyr. Gwnaed camgymeriad sylfaenol. Roedd Gareth Wardell wedi cadw Gŵyr i'r Blaid Lafur gyda mwyafrif o ddeuddeg cant. Dwi'n dal i wrido hyd heddiw wrth feddwl am y munudau hynny.

Roedd Rod Richards, a ddaeth i amlygrwydd yn ddiweddarach fel Aelod Seneddol a Chynulliad, hefyd yn darlledu'r noson honno. Rod oedd yn gyfrifol am y map etholaethol ac yntau hefyd heb yr un cyfrifiadur ar ei gyfyl. Roedd hi'n dasg anobeithiol, a rhoddwyd sylw braidd yn anffafriol i gyfraniad y darpar wleidydd yn rhifyn yr haf hwnnw o'r cylchgrawn *Lol*. Roedd hi'n noson i'w hanghofio. Wrth i'r dechnoleg garlamu yn ei blaen, mae'n dda gen i ddweud fod pethau wedi gwella'n aruthrol. Mae nosweithiau meithion y gwahanol etholiadau wedi bod ymhlith uchafbwyntiau'r yrfa, bron fel profiad pêl-droediwr yn cael chwarae yn rownd derfynol Cystadleuaeth Cwpan.

Ar wefan Twitter dwi'n gweld fod Ieuan Wyn Jones wedi'i ddewis i sefyll fel ymgeisydd Plaid Cymru ym Môn. Cyn i'r wybodaeth gael ei darlledu, roedd wedi ymddangos ar y cyfryngau cymdeithasol. A phan ddaw noson yr etholiad ei hun, mi fydd disgwyl i ohebwyr yn yr etholaethau gyfrannu llawn cymaint i Twitter ag y byddan nhw i unrhyw gyfrwng arall. Mi fydd rhai o wylwyr ein rhaglen ni hefyd yn sicr o gadw un llygad ar y wefan honno, gan ei defnyddio fel modd o ofyn ambell gwestiwn i Vaughan, Richard a finnau. Yn ôl yn 1983, fyddai Gwyn, Rod, na finnau ddim wedi gallu dychmygu y byddai'r fath chwyldro yn bosibl. Mae llai nag ugain mlynedd ers imi gyffroi'n lân wrth gael neges ar e-bost am y tro cyntaf ar noson etholiad. Cwyn oedd hi gyda llaw nad oedd ein camerâu ni yn y cyfrif yng Nghaernarfon. Erbyn heddiw mae technoleg newydd yn golygu y gallwn ni gael camera ym mhob canolfan gyfrif.

Dydd Iau, Ebrill 27

Mae'n fore o baratoi cwestiynau ar gyfer tri o westeion pen-blwydd fy rhaglen Fore Sul. Rhyw awr go dda o waith yr un fydd hynny fel arfer, er bod rhywun yn gwybod mwy am rai nag eraill. Dydw i erioed wedi cyfarfod â'r actor Aled Pugh, er enghraifft, er 'mod i wedi edmygu ei ddawn o bell sawl tro, yn arbennig ei bortread o Ryan Davies. Edrych ymlaen felly at gael sgwrs yfory yn ei gartref ger Maesteg. Un o bleserau mwya'r gwaith ydi cyfarfod pobl newydd a hynny weithiau mewn mannau anghyfarwydd, er bod y rheiny'n prinhau bellach wedi'r holl flynyddoedd o grwydro Cymru. Ond does gen i ddim cof imi ymweld â phentref Llangynwyd.

Galwad ffôn gan Delyth, golygydd *Pawb a'i Farn*. Pwy ddylem ni eu gwahodd i fod ar baneli'r ddau rifyn etholiadol o'r rhaglen? Ac mi fydd angen panelwyr hefyd ar gyfer y ddau *Hawl i Holi* ar Radio Cymru. Mae'n gwestiwn sydd wastad yn esgor ar drafodaeth ddifyr. Yn ystod y cyfresi arferol bydd lle ar y panel gan amlaf i gyfuniad o wleidyddion a lleygwyr. Ond mewn cyfnodau etholiadol dim ond cynrychiolydd o bob plaid sy'n cael gwahoddiad. Mae'r pleidiau'n cael cynnig enwau, ond dydi'r cynigion hynny ddim bob amser yn cyd-fynd â'n barn ni. Efallai fod y blaid yn awyddus i un ymgeisydd arbennig gael sylw. Mae pwyslais y tîm cynhyrchu ar y llaw arall ar sicrhau panelydd da. Mae'r Ceidwadwr, Guto Bebb, yn sicr yn un o'r rheiny ac yn un sy'n gallu tanio ei gyd-banelwyr yn ogystal ag aelodau'r gynulleidfa. Mae hynny'n wir am ambell un arall o aelodau'r Blaid Geidwadol ar hyd y blynyddoedd, o ddyddiau'r diweddar D Elwyn Jones hyd at Felix Aubel heddiw. Mae llai na blwyddyn ers un o'r rhaglenni mwyaf stormus ac anodd imi eu cyflwyno erioed, ac roedd i Felix le amlwg yn honno, ond nid ar y panel ychwaith. Roeddem ni yng Nghaerdydd y noson cyn y Refferendwm Ewropeaidd. Y diwrnod cynt roeddwn i wedi teithio adref o Ffrainc, ac o ganol y profiad gorfoleddus o fod yn dilyn tîm pêl-droed buddugoliaethus Cymru. Prin y gallwn gredu chwerwder y dadlau ar *Pawb a'i Farn* y noson honno.

Yn y gynulleidfa roedd Felix a dau neu dri o gefnogwyr gadael yr Undeb yn gweiddi, yn torri ar draws yn ddi-baid. Ar y panel roedd Dafydd Wigley ar fin colli ei limpyn yn llwyr. Roedd wyneb panelydd arall, Ann Beynon, yn cyfleu diflastod pur. Daeth un ddynes ata i o'r gynulleidfa yn ystod yr egwyl i ddweud ei bod hi'n bryd imi daflu pobl allan o'r stiwdio. Erbyn hyn roeddwn i braidd yn bryderus nad oedd gennym swyddogion diogelwch. Efallai nad ydi'r gair tanllyd yn gwneud cyfiawnder â'r awr honno. Teledu da medd un pennaeth. Doeddwn i ddim mor siŵr. Mi wnaethoch chi ennill eich arian heno, Dewi, yn ôl un arall. Rai dyddiau'n ddiweddarach, yn ôl yn Ffrainc, roedd ambell gefnogwr pêl-droed wedi gweld y rhaglen ac yn dal i'w thrafod, rhai wedi'i mwynhau, eraill wedi casáu'r fath wrthdaro blin. Byddai fy niweddar fam wedi cytuno'n llwyr â'r farn honno. Doedd unrhyw beth a oedd yn ymylu ar fod yn ymddygiad afreolus ddim yn apelio ati hi. Ond dyna ni, *Pawb a'i Farn* ydi enw'r rhaglen. Rai wythnosau'n ddiweddarach mi ges ddau lythyr, y ddau'n dweud y dylid gwahardd Felix Aubel rhag ymddangos ar *Pawb a'i Farn*. Yn wir, efallai y dylid cael cadeirydd newydd. Roedd y ddau'n ddienw. Gwahanol iawn oedd barn rhywun arall a ddaeth ata i yn ystod rhaglen ddiweddar. 'Mae angen mwy o bobol fel Felix arnoch chi. Gormod o "Yes men" ar y paneli 'ma.'

Mae barn ddiflewyn ar dafod Felix wedi cythruddo pobl, ar banel ac yn y gynulleidfa, ar sawl achlysur. Adeg yr etholiad cyffredinol diwethaf cafodd un o ddwy raglen ei darlledu o Gaerfyrddin a'r tro hwnnw roedd yn un o'r panelwyr. Roedd ei safbwynt ar arfau niwclear, a'r angen i gadw Trident, mor gryf, fel y penderfynodd Undeb yr Annibynwyr ryddhau datganiad y diwrnod canlynol yn pwysleisio nad oedd sylwadau'r Parchedig Ddr Felix Aubel yn cynrychioli barn yr enwad.

Mae aml i raglen anodd wedi bod. Ond wna i byth anghofio un a ddarlledwyd o Flaenau Ffestiniog. Roedd y panel yn un da, gan gynnwys dau a gyfrannodd yn gyson ar hyd y blynyddoedd, yr Aelod Seneddol lleol Elfyn Llwyd, a'r hanesydd Dr John

Davies. O gael dewis panelwyr delfrydol, byddai John yn sicr o fod yn agos at y brig. Yn ogystal â'i wybodaeth ddihysbydd am Gymru a'i phobl, roedd ganddo'r ddawn hefyd o draethu'n ddifyr, ac o goleddu safbwyntiau a oedd weithiau ychydig yn annisgwyl. Ar ben hynny, o gael gwahoddiad i ymddangos ar y rhaglen, byddai John yn fwy na pharod i deithio i bob rhan o'r wlad. Byddwn yn mwynhau cael Elfyn ar banel hefyd, yn rhannol oherwydd ei barodrwydd i fynd i ddadl. Doedd neb yn llwyddo i'w wylltio'n fwy nag Aelod Seneddol Aberconwy, Guto Bebb, a'r gŵr sydd bellach yn gyfrifol am y Gymraeg yn Llywodraeth Cymru, sef Alun Davies. Yn ystod un rhaglen, mi alla i gofio Elfyn ac Alun yn ymddwyn yr un mor bigog gas at ei gilydd yn ystod yr egwyl ag roedden nhw ar y rhaglen yn fyw ar yr awyr. Tybed a oedd a wnelo'r awydd i dynnu'n groes rhywbeth â'r ffaith fod y ddau wleidydd iau'n arfer bod yn aelodau o Blaid Cymru? Mae'n rhyfedd fel mae rhywun hefyd yn cofio ambell weithred garedig gan wleidydd. Roedd fy nhad-yng-nghyfraith, Richard Wynne Williams, yn fferyllydd yn Nolgellau ac yn un o etholwyr Elfyn. Pan fu farw ugain mlynedd yn ôl, gan yr Aelod Seneddol y daeth un o'r llythyrau cyntaf yn cydymdeimlo â Nia a'i theulu.

Na, nid y panel oedd fy mhroblem y noson honno, ond yn hytrach aelod o'r gynulleidfa. Yn y rhes flaen roedd gwraig ganol oed a oedd wedi cael diferyn neu ddau yn ormod. Doedd dim pall arni. Roedd hi'n ymyrryd yn groch bob dau funud. A hithau'n rhaglen fyw, doedd dim modd atal y trafod er mwyn ei hebrwng hi allan. Wnaeth hi ddim dechrau tawelu nes ein bod ni o fewn deng munud i'r diwedd. Profiad hunllefus i'r cyflwynydd, ond yn adloniant efallai i rai. Roeddwn i mor falch o glywed y gerddoriaeth gyfarwydd sy'n cloi'r rhaglen. Daeth tair dynes yn syth ata i o'r gynulleidfa. 'Mae'n wir ddrwg gynnon ni, Mr Llwyd, am yr hyn ddigwyddodd. Roedd ei hymddygiad hi'n warthus, ond dyna ni, dydi hi ddim o'r ffordd hyn.' 'O ble mae hi'n dod felly?' meddwn innau gan ddychmygu rhywle ymhell iawn o'r Blaenau. 'O Drawsfynydd!'

O safbwynt personol, efallai mai yn Llundain y cefais i'r rhaglen anoddaf ohonyn nhw i gyd. Mae *Pawb a'i Farn* wedi crwydro cryn dipyn ac mae Cymry Llundain wedi ffurfio cynulleidfa bedair gwaith, mewn stiwdio yn Hammersmith ddwywaith ac mewn neuadd ysblennydd yn Bayswater y ddau dro arall. Mae'r croeso bob amser yn gynnes, a'r trafod yn fywiog ymhlith pobl sy'n aml yn coleddu barn wahanol i'r hyn y bydd cynulleidfaoedd y Gymru wledig, dyweder, yn ei lleisio. Roeddwn yn edrych ymlaen yn arw at ein trydydd ymweliad ganol mis Chwefror, 2011. Sian Lloyd, yr Athro Syr Deian Hopkin, Dr Carol Bell a Darran Phillips oedd ar y panel. Y drafferth oedd, gyda rhyw ddwy awr i fynd tan y darllediad byw, roeddwn i'n sâl. Dwi wedi cyflwyno sawl tro heb fod yn teimlo'n arbennig o dda, ond fel y byddai'r Sais yn ei ddweud, mae'n rhaid i'r sioe fynd yn ei blaen. Ond y tro hwn roeddwn i'n swp sâl. Mi fydda i fel arfer yn treulio rhywfaint o amser gyda'r panelwyr, ac wrth fy modd yn sgwrsio gydag aelodau'r gynulleidfa, gan ddiolch iddyn nhw am deithio'n go bell i ddod aton ni. Y tro hwn, roeddwn i ar fy mhen fy hun mewn ystafell dywyll gyda bwced wrth fy ochr. Gyda hanner awr i fynd, dyma'r golygydd, Geraint Lewis Jones, yn cil agor y drws, ac yn gofyn a fyddwn i'n iawn. Heb gyflwynydd, dim rhaglen, a byddai'n rhaid rhybuddio S4C. 'Mi fydda i yno,' oedd fy ateb gwantan, ond gan ofni'r gwaethaf. Pum munud i fynd, mi benderfynais nad oedd dewis. Roedd yn rhaid rhoi cynnig arni. Tri munud i fynd, mi gerddais ar y set, gan ymddiheuro nad oeddwn wedi cael gair ag enaid byw, ond gan erfyn ar y panel a'r gynulleidfa i siarad cymaint ag y gallen nhw. Doedd fy nghyfraniad i ddim yn mynd i fod yn fawr.

Mi ddechreuodd y gerddoriaeth agoriadol ac i ffwrdd â ni. Ar ôl ugain munud, er mawr ryddhad imi, mi ddaeth yr egwyl gyntaf. Mi eisteddais ar gadair allan o olwg pawb gan ddweud wrth y rheolwr llawr na allwn i ddal ati. Mae'n anodd credu ond mae rhyw dri dwsin o bobl yn gweithio ar bob rhifyn o *Pawb a'i Farn* a chyfraniad pob aelod o'r tîm yn allweddol. Ond ym myd y cyflwynydd, mae ambell un yn fwy allweddol na'i gilydd, ac i'r dosbarth hwnnw mae'r rheolwr llawr a'r person colur yn perthyn. Wrth i un hysbyseb ddilyn y llall, ac wrth i Geraint holi a ddylai ffonio S4C ar fyrder i egluro'r sefyllfa, roedd Richard Wyn Jones, y rheolwr llawr profiadol, nid yr ysgolhaig gwleidyddol, ac Eirioes Elfyn wrth eu gwaith yn ymdrin â'r claf. Cadachau oer ar fy ngwar ac ar fy nhalcen. Mi ymddangosodd bwced o rywle unwaith eto. Yn fy nghlust, deg, naw, wyth, saith. Mi godais ar fy nhraed a cherdded o flaen y camera. Mae dros chwe blynedd wedi mynd heibio, ond mae'r eiliadau yna'n dal yn boenus o fyw yn y cof, ac yn destun trafod rhyngom o bryd i'w gilydd.

Y rhaglen drosodd, gair o ddiolch o waelod calon i'r panelwyr a'r gynulleidfa, tacsi yn ôl i'r gwesty ac yn syth i'r gwely. Mi ddaeth y bore, ond doedd pethau fawr gwell. Penderfynodd Geraint am y tro cyntaf a'r tro olaf, y dylem gael seddi yn y dosbarth cyntaf ar gyfer y daith sigledig adref ar y trên i'r gogledd. Caeais fy llygaid yn y gobaith y byddai cwsg yn dod. O fewn deng munud roedd fy stumog yn troi unwaith eto. Beth oedd yr oglau annifyr yna? Yn eistedd o'm blaen, roedd Geraint yn claddu brechdan gig moch!

Roedd hi'n braf cyrraedd Bangor, rhaid dweud.

'Rhaglen dda neithiwr,' meddai Nia.

'Wnest ti sylwi ar unrhyw beth yn benodol?'

'Naddo. Pam?'

Mae'n rhaid fod Eirioes a'i cholur wedi cyflawni gwyrthiau.

Dydd Gwener, Ebrill 28

Yr A470 unwaith eto. Mae'r ffordd yn sicr wedi gwella yn ystod y degawdau diwethaf, ond hyd yn oed wedyn mae angen caniatáu pedair awr er mwyn cyrraedd Caerdydd. Dwi wedi rhoi cynnig ar bob ffordd bosibl o wneud hynny, ond dod yn ôl at yr A470 fydda i'n ddieithriad. Dydw i ddim yn troi i'r dde yn Llanbrynmair gyda llaw ar mwyn gyrru heibio i Lyn Clywedog.

Mae'n wir fod hynny sawl milltir yn fyrrach, ond yn bersonol, mae'n well gen i fynd drwy Garno a Chaersŵs. Dwi'n cofio teithio ar frys gwyllt adref i Fangor rywdro am fod Owain wedi torri ei droed yn chwarae rygbi. 3 awr a 10 munud. Roeddwn i'n iau bryd hynny. Roedd Gwyn Llewelyn yn arfer brolio ei fod wedi trechu'r teirawr unwaith. Mynegi amheuon yn dawel fach wnes i. Ond dwi'n dal i ddadlau fod Cymru'n haeddu priffordd well rhwng de a gogledd.

Heddiw mae angen bod yn Llandaf ar gyfer cyfweliad am ddeuddeg o'r gloch gyda'r gantores, Gwenno Saunders a gafodd ei chodi'n siarad Cernyweg yn ogystal â Chymraeg. Doedd gen i ddim syniad iddi fod yn teithio'r byd fel dawnswraig Wyddelig cyn ei bod yn ugain mlwydd oed. Merch o Gaerdydd sydd wedi rhyfeddu at y ffaith fod y brifddinas yn lle Cymreiciach o lawer erbyn hyn nag a fyddai yn ystod blynyddoedd ei magwraeth hi. Y farn honno'n cyferbynnu â safbwynt aml i westai arall sy'n gresynu fod y llif o bobl ifanc i'r brifddinas wedi gwneud niwed i'r Gymraeg yn siroedd y gogledd a'r gorllewin.

Un gwestai'n gadael y stiwdio ac un arall yn cyrraedd, sef yr actor a'r canwr o Drawsfynydd, Iwan 'Iwcs' Roberts, a ddaeth o Wynedd i chwarae rhan Kevin Powell yn *Pobol y Cwm*, gan dderbyn ar ôl tipyn o deithio nad oedd ganddo ddewis ond symud gyda'i deulu i'r brifddinas. Bu'n un o sêr rhai o gyfresi drama mwyaf llwyddiannus S4C fel *Pengelli* ac *A55*, ond roedd yn cydnabod yn ddigon gonest fod cyfnodau llwm wedi bod hefyd yn ystod ei yrfa. Roedd ganddo stori ddirdynnol o drist am y modd y collodd ei frawd, Adrian, yn nhrychineb llwyfan olew Piper Alpha ym Môr y Gogledd yn 1988.

Actor arall ydi'r trydydd imi ei holi heddiw, un o rai mwyaf dawnus ei genhedlaeth o bosibl. Mae'r croeso'n gynnes wrth i mi gyrraedd cartref Aled Pugh yn Llangynwyd, a'r wên yn cyfleu'r argraff fod rhywbeth yn naturiol ddigri yn Aled. Mi ges fy atgoffa ganddo am ei ran fel bachgen ifanc yn *Hapus Dyrfa*, ond nid yn annisgwyl, mae'n falchach na dim o'i berfformiadau llwyddiannus fel Ryan Davies mewn ffilm ac ar lwyfan.

Tair sgwrs ddifyr, y tri wedi bod mor barod i rannu eu profiadau fel y gwnaeth rhyw bum cant o bobl eraill dros y deng mlynedd diwethaf. A dwi'n hynod ddiolchgar iddyn nhw i gyd am fod mor barod i wneud hynny. Mae ambell un wedi gwrthod, un neu ddau wedi bod yn gyndyn o gytuno, ond prin ydyn nhw. Yn goron ar y diwrnod, ymweliad sydyn ag Ifor a'i rieni yn eu cartref ym Mhontarddulais. Mi fyddwn yn taeru ei fod yn gwenu mwy arna i na'r tro diwethaf, a bod ganddo fwy o wallt. Y pleserau bychain o fod yn daid. Gresyn nad ydyn nhw'n byw yn nes at Fangor, ond gyda lwc bydd cyfle i warchod tipyn pan fydd Manon yn mynd yn ôl i'w gwaith. Gydag etholiad ar y gorwel, does wybod pryd y daw'r cyfle i alw eto.

Dydd Sadwrn, Ebrill 29

Ar ôl cwyno am yr A470, mae'r daith adref heddiw ar hyd yr arfordir yn odidog. Ar ddiwrnod braf o wanwyn ac ar ôl mynd heibio i Ffostrasol, mae rhywun yn gallu gweld Eryri ac mor bell â Phen Llŷn ac Ynys Enlli. Allan o'r car ar gyrion Aberaeron i dynnu llun o'r olygfa wych.

Fel cymaint o drefi a phentrefi Ceredigion, mae Aberaeron wedi llwyfannu *Pawb a'i Farn* fwy nag unwaith. Aberystwyth, Tregaron, Aberteifi, Castellnewydd Emlyn, Llandysul, Pontrhydfendigaid, Llanbedr Pont Steffan, bydd un ohonyn nhw'n sicr o fod ar y rhestr bron bob blwyddyn. Rywdro ym mis Gorffennaf y byddwn ni fel arfer yn dod at ein gilydd i drafod lle dylen ni fynd â'r rhaglen y tymor nesaf. Mi fydd y trefnydd cynulleidfaoedd hynod effeithiol a thrylwyr, Nia Lynn Jones, yn dod â map gyda hi sy'n dangos lle mae'r rhaglen wedi bod yn ddiweddar. Mae gan Sharon Laban, y rheolwraig cynhyrchu sydd wedi bod yn gyson bresennol bron o'r dechrau, daflen gynhwysfawr yn rhestru pob lleoliad a phob panelydd ers i *Pawb a'i Farn* gychwyn ar ei thaith chwarter canrif yn ôl. Ym mis Mai 1993 y darlledwyd y rhifyn cyntaf. Gwilym Owen oedd yn cadeirio yn yr Wyddgrug. Gyda chynhyrchiad o'r enw

Codi Cwestiwn roedd S4C eisoes wedi rhoi cynnig ar lunio rhaglen drafod, wleidyddol ei naws. Ond, â'r sianel newydd ddathlu ei phen-blwydd yn ddeng mlwydd oed, penderfynwyd y dylai BBC Cymru ymaflyd yn yr her o gynhyrchu rhaglen gynulleidfaol, boblogaidd, a fyddai'n crwydro Cymru gyfan. Mae rhai newidiadau wedi bod yn y cyfamser, ond yn ei hanfod, yr un yw'r rhaglen, a'r un yw ei hamcanion.

Erbyn diwedd 1994, Huw Edwards oedd wrth y llyw ac yntau eisoes wedi ennill ei blwyf fel newyddiadurwr gwleidyddol uchel ei barch yn San Steffan, ond heb ddechrau cyflwyno'r prif raglenni newyddion yn Llundain. Nid yn annisgwyl efallai, cafodd rhaglen gynta'r gŵr ifanc o Lanelli ei darlledu o dre'r Sosban. Mae edrych ar enwau rhai o banelwyr cyfnod Huw yn dwyn i gof y dyddiau cyn datganoli, ac amryw ohonynt wedi'n gadael ni bellach: Syr Wyn Roberts, Dr Tim Williams, Hafina Clwyd, Syr Eric Howells, Denzil Davies, Orig Williams, yr Arglwydd Emlyn Hooson, Huw Ceredig, Dr John Davies, Dic Jones a Nesta Wyn Ellis. O dan gadeiryddiaeth Huw daeth y rhaglen yn un o gonglfeini gaeafau S4C. Ond wedi pedair cyfres penderfynodd ei bod hi'n bryd iddo ganolbwyntio ar ei ddyletswyddau Llundeinig, gan ddatblygu i fod yn un o ddarlledwyr amlycaf Prydain yn ystod y ddau ddegawd diwethaf. Yn 1998 daeth fy nghyfle i lenwi'r bwlch hwnnw. Roeddwn wrth fy modd ac yn fythol ddiolchgar i'r Golygydd Newyddion ar y pryd, Aled Eirug, am y gwahoddiad. Ugain mlynedd yn ddiweddarach, dydi'r wefr o annog cynulleidfaoedd Cymru i ddweud eu dweud ddim wedi pylu.

Mae'n nos Sadwrn. Gwely cynnar ond heb anghofio un o'r dyletswyddau cymharol newydd. Cyfeirio at raglen bore yfory ar Twitter. Does dim dianc rhag hwnnw bellach.

Dydd Sul, Ebrill 30

Y larwm yn fy neffro o drwmgwsg fel bydd yn ei wneud bob bore Sul. Fel yr awgrymais eisoes, mae'n gas gen i godi'n gynnar. Bob hyn a hyn, mi fydda i'n dyheu am gael mynd nôl i'r gwely, ond ar y cyfan, mewn degawd, prin ydi'r rhaglenni sydd wedi rhoi cymaint o foddhad imi. Cawod sydyn, mymryn o frecwast, a cherdded i Fryn Meirion. Pum munud union. Y daith wedi'i mesur i'r eiliad. Diwrnod olaf Ebrill yn teimlo fel canol Tachwedd. Paned o goffi du a dechrau troi'r tudalennau. Weithiau bydd adolygwyr y papurau'n ymbalfalu i geisio dod o hyd i ddyrnaid o straeon difyr ac yn sicr, ar adegau, mae rhai Cymreig yn gallu bod yn boenus o brin yn y papurau Llundeinig. Ond nid felly mae hi mewn cyfnod etholiadol. Fel pob dydd Sul yn ystod yr ymgyrch siŵr o fod, mae arolygon barn wedi'u cyhoeddi eto. Yn ôl cwmni YouGov yn y *Sunday Times* mae'r bwlch rhwng y ddwy blaid fawr wedi cau rhywfaint. 44 i'r Ceidwadwyr, 31 i Lafur. Aros yn eu hunfan i bob pwrpas mae'r Toriaid, ond mae'r Blaid Lafur yn sicr wedi ennill tir mewn wythnos. Hwb pendant i ymgyrch Jeremy Corbyn. A ydi'r etholwyr yn dechrau cynhesu ato tybed wrth ddod i'w adnabod yn well?

Un o dasgau pwysig y cyflwynydd adeg etholiadau ydi sicrhau fod yna rywfaint o gydbwysedd, ac nad ydi'r ddau adolygydd yn cael gormod o raff i leisio barn bersonol bleidiol. Mae'r blynyddoedd o gadw at ganllawiau haearnaidd y BBC yn golygu nad ydi honno'n dasg ry feichus gan amlaf. Mae rhywun wastad yn gweld dwy ochr y ddadl. Ond mor braf weithiau, wrth drafod chwaraeon dyweder, ydi gadael i'r ddisgyblaeth honno lacio rhyw fymryn. Onid oes gen i hawl i wneud hynny? Wel nac oes medd un gwrandäwr heddiw. Y prynhawn yma mae fy nhîm i, Manchester United, yn chwarae gartref yn erbyn Abertawe. Gêm dyngedfennol i'r Elyrch sy'n gobeithio osgoi disgyn i'r Bencampwriaeth. Fel rhywun a fu'n byw yn Nhreforys am bedair blynedd ac a aeth ddwywaith neu dair i gae'r Vetch i'w gweld nhw flynyddoedd maith yn ôl, fyddwn i'n sicr ddim am weld Abertawe'n disgyn.

Ar ddiwedd y pumdegau, roedd fy nhad yn weinidog ar Eglwys y Bedyddwyr, Calfaria, Treforys, sydd wedi hen gau a'r adeilad wedi'i ddymchwel bellach. Roeddwn i'n ddisgybl yn

Ysgol Gymraeg Lôn Las am ddeunaw mis, ac yn mynd yno ar y bws bob dydd. Fy unig gof am y teithiau hynny ydi ein bod ni blant, am ryw reswm, yn cael ein cymell i ganu, 'Mae'r Arglwydd yn cofio y dryw yn y drain, ei lygad sy'n gwylio y wennol a'r brain'. Oes wahanol iawn. Mi wnes ddarganfod yn ddiweddar gyda llaw, mai £35 y mis roedd fy nhad yn ei ennill yn ystod ei gyfnod yno, £420 y flwyddyn. Wnaeth fy rhieni erioed grybwyll hynny, ac yn sicr wnaethon nhw erioed gwyno, ond tybed ai dyna un o'r rhesymau dros symud i'r gogledd yn 1960? Oedd Penuel, Bangor yn talu'n well? Rhoi magwraeth Gymreiciach i'w plant oedd yr eglurhad fel arfer, a bod yn nes at deulu fy mam yn Henryd, Dyffryn Conwy, lle roedd hi wedi'i magu ar fferm gan dair modryb a oedd bellach yn mynd i oed. Mi gollodd mam ei rhieni a hithau'n dal yn blentyn. Yr ieuengaf o chwech, bu farw ei mam pan oedd hi'n flwydd, a'i thad ar drothwy'r Ail Ryfel Byd, pan oedd hi'n ddeng mlwydd oed. Roedd hi'n fythol ddiolchgar i'r modrybedd am y fagwraeth a gafodd.

Mae fy meddwl yn crwydro. Yn ôl at y gêm heddiw. Fel y byddech chi'n disgwyl, o bosibl, ar waetha'r cyfnod hwnnw yn Nhreforys, byddai'n well gen i weld cochion Manceinion yn trechu gwynion Abertawe. Mi wnes i led awrymu hynny ar yr awyr. Yn syth bin, ymateb pigog ar Twitter. 'Cywilyddus eich bod wedi dweud y fath beth, a hynny ar Radio Cymru o bobman.' Oedd y gwrandäwr hoff yn disgwyl imi gelu fy nheyrngarwch? Roeddwn ar fin ymateb. Y demtasiwn ydi gwneud hynny ar unwaith. 'Pwyll piau hi,' medd Marian, y cynhyrchydd doeth. Ufuddhau ac ymatal wnes i. Beth bynnag ydi barn rhywun am gyfrwng fel Twitter, o leiaf mae'n rhoi cyfle i'r gwrandawyr gysylltu'n uniongyrchol â'r darlledwyr, i gwyno, neu i ganmol, a siawns nad ydi hynny'n ddatblygiad cadarnhaol. Ond ar adegau, calla dawo! Mi wibiodd rhaglen arall heibio. Nid yr orau efallai, ond yn sicr nid y waethaf ychwaith.

Bydd angen paratoi manylach nag arfer ar gyfer rhaglen y Sul nesaf. O Baris y bydd honno'n cael ei darlledu ar ddiwrnod yr etholiad arlywyddol yn Ffrainc. Oherwydd hynny, ar ôl cinio, dwi'n taro draw i bentref Bethel, rhwng Bangor a Chaernarfon.

Yno mae cartref Ffrances o'r enw Cécile Roberts a'i theulu – un o'r miloedd o bobl o wledydd eraill yr Undeb Ewropeaidd sy'n byw ac yn gweithio yng Nghymru, ac sy'n gweld Brexit fel cryn fygythiad. Dyma'r eildro imi sgwrsio â Cécile sydd â'i gwreiddiau yn Bordeaux. Yr adeg yma'r llynedd, wrth i filoedd o gefnogwyr pêl-droed Cymru baratoi i deithio i Ffrainc, mi fu'n sôn wrtha i am ogoniannau dinas hudolus ei mebyd y byddai cymaint yn gwirioni arni ar benwythnos cofiadwy ym Mehefin 2016. Eleni mae testun y sgwrs yn dra gwahanol. Beth fydd yn digwydd i'w hawliau hi ymhen dwy flynedd? O ran etholiad Ffrainc, dweud wnaeth hi na fyddai byth yn pleidleisio i'r gwleidydd asgell dde eithafol, Marine Le Pen.

Datblygiad annisgwyl yn ein hetholiad ni. Y cynhyrchydd teledu, Branwen Cennard, newydd ei dewis i fod yn ymgeisydd Plaid Cymru yn y Rhondda, sedd darged i'r blaid a'r un mae'r arweinydd, Leanne Wood, yn ei chynrychioli yn y Cynulliad. Mi ymddangosodd Branwen ar banel *Pawb a'i Farn* am y tro cyntaf yn y gyfres ddiwethaf, gan herio'n effeithiol y Gweinidog Llafur, Alun Davies, ar sawl achlysur. Mae'n amlwg iddi gael blas arni. Ond beth bynnag ydi cyflwr Llafur ar hyn o bryd, mae cipio'r Rhondda oddi ar yr aelod presennol, Chris Bryant, gyda'i fwyafrif o saith mil a hanner o bleidleisiau'n mynd i fod yn dalcen caled, hyd yn oed i ferch o Dreorci. Yn y gyfres *Byw Celwydd*, y mae Branwen yn gyfrifol amdani, byddai unrhyw beth yn bosibl, mae'n debyg. Yn y byd gwleidyddol go iawn, mae gen i fy amheuon.

Gyda llaw, cafodd Abertawe bwynt haeddiannol a hollbwysig yn Old Trafford.

Dydd Llun, Mai 1

Dydd Llun, Gŵyl y Banc. Diwrnod da i fynd am dro, i wneud tipyn o waith tacluso yn yr ardd, neu glirio tipyn ar yr anialwch sy'n rhwystro dyn rhag gwneud defnydd gwell o'r stydi. Popeth yn bosibl pe na bawn i'n gweithio i'r adran newyddion. Oes, wrth gwrs, mae *Post Prynhawn* ar Ŵyl y Banc. Ond o leia dim ond hanner awr o raglen ydi hi.

Mae yna gyfle cyn mynd i'r gwaith i gael sgwrs dros y we gydag Owain yn Dubai. Mae draw yno yn ceisio argyhoeddi myfyrwyr y Dwyrain Canol ac Affrica y dylen nhw astudio mewn prifysgol ym Mhrydain. Mae ei fam a finnau, ei chwaer a'i ffrindiau'n sicr yn colli'i gwmni, ond gan ddefnyddio cyfryngau fel Skype a WhatsApp, bydd y tair mil a hanner o filltiroedd yn cael eu pontio'n gyson ac yn hawdd. Mi ges innau gyfnodau pan o'n i'n iau o fyw yn Ffrainc, Sbaen ac yn ddiweddarach yn yr Unol Daleithiau. Yn y saithdegau, y llythyr oedd y cyfrwng allweddol. Unwaith bob rhyw chwe wythnos hefyd, mi fyddwn i'n aros yn amyneddgar mewn swyddfa bost mewn gwlad dramor, er mwyn gwneud galwad ffôn i Fangor, lle byddai fy rhieni'n addo talu'r gost dros y myfyriwr tlawd. Rywsut neu'i gilydd mae'r cyswllt â Dubai heddiw'n teimlo'n agosach o dipyn nag oedd Madrid, Aix en Provence a Nantes fy nghyfnod i. Wedi'r cwbl, mae rhywun yn gallu gweld wyneb Owain, yn ogystal â gweld sut olwg sydd ar ei fflat. Ac eto, digon tebyg ydi hiraeth rhiant am ei blentyn ym mhob oes, mae'n siŵr gen i.

Mae rhaglen i'w llenwi. O leiaf mae'r ystafell newyddion yn dawel braf, yn hollol wahanol i'r bwrlwm dyddiol arferol. Mi synnech chi mor swnllyd mae'r lle'n gallu bod, gydag ambell gydweithiwr yn uchel iawn ei gloch, ond mae rhywun wedi hen ddysgu nad oes dewis ond gweithio yng nghanol y sŵn. Heddiw mae Bryn Meirion fel y bedd. Mae mwyafrif y gwleidyddion hyd yn oed yn cael seibiant. Ar adegau fel hyn does dim byd yn apelio mwy at gynhyrchydd na chyflwynydd nag ambell hen ffefryn o stori sy'n cael ei hatgyfodi'n gyson. Yn ddi-ffael byddai fy nghyn-gydweithiwr hoff, John Meredith, ein gohebydd am gyfnod hir yn y gorllewin, yn cynnig stori'n flynyddol am Rasys Tregaron. Felly roedd hi'n ymddangos o leiaf. O Ben Llŷn y daw'n hachubiaeth ni ar yr Ŵyl Fai arbennig hon. Mae tymor y sioeau amaethyddol yn agor, a Sioe Nefyn ydi'r gyntaf i'r felin. Testun sgwrs ddifyr ar gyfer tri munud olaf y rhaglen gyda'r ysgrifennydd, Eirian Hughes. Mi allem fod wedi rhoi tri deg munud iddi, ei brwdfrydedd yn heintus wedi sioe lwyddiannus arall. Dydi safon Cymraeg pob cyfrannwr i'r *Post Prynhawn* ddim mor loyw â'r iaith ar wefusau Eirian. Ond pa ots? Pam fod angen cyfeirio at beth felly? Dim ond er mwyn dweud yr hyn sy'n amlwg erbyn hyn, mai amrywiol iawn ydi safon iaith y cyfranwyr i'n rhaglenni ni. Mae'r hen sylw trist – 'dydi 'Nghymraeg i ddim yn ddigon da' – yn dal i'w glywed o bryd i'w gilydd. Mae'n rhaid derbyn mai dyna natur y Gymru Gymraeg bellach ac yn sicr nid lle'r cyfryngau ydi barnu na beirniadu. Yn yr oes sydd ohoni mae angen cymell ac annog cymaint o bobl ag y bo modd i gyfrannu. Mae Radio Cymru, gobeithio, yn orsaf sy'n cynnig rhywbeth i bob Cymro, beth bynnag ydi natur ei afael ar yr iaith.

Dydi fy agwedd i at ddarlledwyr ddim mor drugarog. Mae parch at iaith yn rhan hanfodol o'r gwaith, ac mae angen sicrhau ei bod hi'n gywir ac yn lân yn ogystal â bod yn glir a dealladwy. Heb os mae iaith ein rhaglenni newyddion ni'n llai ffurfiol nag y bu. Da o beth o bosibl. Byddai cenhedlaeth Gwyn Llewelyn, Beti George, neu R Alun Evans yn gwaredu at rai pethau sydd wedi dod yn ddigon derbyniol yn ystod fy nghyfnod i. Ond mi fyddwn i'n bendant yn dadlau fod yn rhaid iddi fod yn iaith safonol. Gwaetha'r modd dydi addysg Gymraeg o'r ysgol feithrin hyd at y Brifysgol ddim yn golygu o reidrwydd fod darlledwyr yn llwyddo i lunio cystrawennau cywir.

Cyfieithu llythrennol ydi'r bwgan mwyaf, wrth gwrs, a phethau'n cael eu gwneud ar ormod o frys – dyna wedi'r cwbl ydi natur newyddion.

Roeddwn i'n arfer casglu rhai o'r pethau erchyll a fyddai'n cael eu dweud ar ein rhaglenni ni:

'Mi allai hynny sillafu trychineb.'

'Mae wedi gweithio ei sanau i ffwrdd.'

'Mae'r holl redeg wedi dwyn ffrwythau,' yn ôl un gohebydd chwaraeon. Mi ddywedodd gwleidydd wrtha i rywdro – 'mae hi'n warthus nad ydi carcharorion yn gorffen eu brawddegau y dyddiau yma'. A bod yn deg nid darlledwr mohono. Mae mwyafrif fy nghydweithwyr iau yn gwneud ymdrech lew i loywi eu hiaith. Sawl blwyddyn yn ôl, mi wnes i ganmol un ohonyn nhw, gan awgrymu'n bendant fod ei afael ar yr iaith yn cryfhau. Efallai'n wir oedd ei ateb, ond dwi yn ei chael hi'n anodd, rhaid cyfaddef. Sut wnest ti fynd ati i ddysgu Cymraeg mor dda Dewi?

Wedi dweud hynny mae digon o bechaduriaid y tu allan i'r cyfryngau. Tan yn ddiweddar roedd yna siop ym Mangor o'r enw 'Yn Glws, Yn Ddrwg, Hoedolyn Siopa', yr hyn o'i gyfieithu oedd 'Nice and Naughty Adult Shop'. Nid mod i wedi ymweld â'r lle cofiwch! Efallai i chi weld yr arwydd, 'Twll Dyn yn Uchel' – 'Raised Manhole Covers', neu'r rhybudd ar fin y ffordd yn sir Ddinbych – 'Dim Cystrawen Trafnidiaeth'. Mi fydda i'n dal i chwerthin wrth gofio am y melysfwyd a gynigiwyd imi yng Nghaerdydd – 'Pwdin Sbwng Gweld Dic', cyfieithiad diddorol o Spotted Dick!

Mae ynganu blêr ac anghywir yn fy ngwylltio lawn cymaint. Mae digon o gwyno am ddarlledwyr yn camynganu enwau Cymraeg, rhai ohonyn nhw'n gweithio nid yn Llundain neu Efrog Newydd, ond yn yr un ystafell newyddion â mi yng Nghaerdydd. Ond mi ddylem ninnau, ddarlledwyr Cymraeg, fod yn dangos llawn cymaint o barch i ieithoedd eraill hefyd. Gwaetha'r modd dydi hynny ddim bob amser yn digwydd.

Ar y llaw arall, ar hyd y blynyddoedd, cafwyd ambell lwyddiant digamsyniol – geiriau newydd a gafodd eu bathu ac sydd wedi cydio. Efallai fy mod i'n anghywir, ond mae gen i gof mai'r Arglwydd Goronwy Roberts, rhagflaenydd Dafydd Wigley fel Aelod Seneddol Caernarfon, a ddechreuodd ddefnyddio'r gair taflegryn yn y cyfnod pan oedd y berthynas rhwng yr Undeb Sofietaidd ac America yn fregus, yn anterth y Rhyfel

Oer. Daeth y wennol ofod hefyd yn air cyfarwydd wrth i'r cerbydau hynny hyrddio tua'r entrychion o Benrhyn Canaveral yn Florida, ac yn arbennig felly pan ffrwydrodd un ohonyn nhw, y Challenger, ugain munud cyn dechrau'r *Post Prynhawn* ar Ionawr 28, 1986, gan ladd y criw o saith a oedd ar ei bwrdd. Roedd gen i adroddiad am y trychineb yn barod erbyn pump o'r gloch, ond cyn diwedd yr awr roedd y tîm cynhyrchu wedi dod o hyd i Gymro a oedd yn gweithio yng nghanolfan NASA yn Houston. Un o ddoniau rhyfeddaf gweithwyr Radio Cymru ar hyd y degawdau fu gallu dod o hyd i Gymry Cymraeg ym mhedwar ban byd.

I neb llai na Syr T H Parry-Williams mae'r diolch am ddyfarnu, wedi cystadleuaeth yn y pumdegau, mai teledu ddylai'r gair fod am television, yn hytrach na radlunio, telfisiwn, neu radiolwg. Gyda geiriau newydd mae'r iaith yn datblygu ac yn esblygu, ac efallai fy mod i'n hen ffasiwn braidd yn poeni gormod am safonau a'r angen i'w cynnal nhw. Mae i bob cenhedlaeth ei her yn hynny o beth. Yr amryddawn Caryl Parry Jones awgrymodd fod 'Cymraeg slac yn well na Saesneg slic.' Digon teg, ond mae disgwyl gwell gan ddarlledwyr. Dyna ni, efallai y bydd y to iau yn anghytuno â hen stejar fel fi. Mi fyddwn i'n dadlau fod mwy na rhithyn o wirionedd yn sylw Emrys ap Iwan, 'os lleddir y Gymraeg, fe'i lleddir yn nhŷ ei chyfeillion'.

Ar ôl swper cyfle i baratoi cwestiynau ar gyfer cyfweliad â gwestai pen-blwydd arall nos yfory. Synnwn i damaid na fydd yr iaith yn destun trafod wrth imi alw heibio i gartref yr Archdderwydd. O leiaf mae llai o bobl yn sôn wrtha i bellach am yr hyn oedd yn poeni'r Dr Roger Thomas, Aelod Seneddol Llafur Caerfyrddin pan oeddwn i'n ohebydd seneddol. Byddai'n codi'r pwnc yn ddiflas o gyson. Gormod o ogleddwyr ar S4C ac ar Radio Cymru.

Dydd Mawrth, Mai 2

Tros frecwast dwi'n sylwi fod y sylwebydd ceidwadol, a'r cyflwynydd radio, Iain Dale, yn darogan y bydd yr hen Glwyd, seddi'r gogledd ddwyrain, i gyd yn troi'n las yn yr etholiad. Mi fyddwn yn ffarwelio, meddai, â Susan Elan Jones yn Ne Clwyd, a hyd yn oed y cyn-Weinidog Llafur, David Hanson, yn etholaeth Delyn. Mae'n anodd iawn gen i gredu hynny, ond efallai y dylid cofio y bu Delyn yn Geidwadol yn yr wythdegau pan oedd Keith Raffan yn Aelod Seneddol am naw mlynedd. (Yn ddiweddarach bu'n aelod o Senedd yr Alban.) Does dim angen i Guto Bebb na David Jones boeni yn ôl rhagolygon Mr Dale.

Mae 37 diwrnod tan yr etholiad – mae'r ymgyrch eisoes yn teimlo y gallai fod yn ddiflas o hir. Ymhen deuddydd mae'r etholiadau lleol, ond chawson nhw fawr o sylw ar y cyfan. Roedd disgwyl i hwn fod yn etholiad Brexit yn anad dim ond y gwir ydi bod y penderfyniad hwnnw wedi'i wneud ers blwyddyn, ac mae'r pleidiau'n gwneud eu gorau i wthio ambell bwnc arall i sylw'r etholwyr. Mae Llafur yn addo heddiw y byddai'n cyflogi deng mil yn rhagor o blismyn pe bai'n ennill. Yn ôl Jeremy Corbyn mae'n annerbyniol fod nifer y plismyn yng Nghymru a Lloegr ugain mil yn llai nag ydoedd yn 2010. Mae'r pythefnos cyntaf yn awgrymu y bydd Mr Corbyn yn ymgyrchydd egnïol, ond a fydd hynny'n ddigon i argyhoeddi pobl ei fod yn ddarpar Brif Weinidog?

Am chwech o'r gloch dwi'n cau'r meicroffon a'r cyfrifiadur wedi rhaglen ddigon digynnwrf. Ond dydi'r diwrnod gwaith ddim drosodd eto. Mae'r Archdderwydd Geraint Llifon yn aros amdana i yn ei gartref yn y Bontnewydd, ac yntau ar fin dathlu ei ben-blwydd. Yn ystod cyfnod cynharaf y rhaglen Sul roedd gen i gwestiwn agoriadol gwahanol i'r gwesteion. 'Beth fyddwch chi'n ei wneud ar y Sul?' oedd hwnnw. Ar ôl rhyw dair blynedd, penderfynodd y cynhyrchydd fod angen trefn newydd ac wedi hynny y dechreuwyd pob sgwrs drwy ofyn am benblwyddi cofiadwy'r gorffennol. Ond o fewn eiliadau imi eistedd yn un o gadeiriau esmwyth ei gartref, mi ddywedodd Geraint, 'Mae gen i ymddiheuriad i chi, Dewi'. Roedd yn dal i gofio'n ofidus am rywbeth a ddigwyddodd yn Eisteddfod y Fenni ac yntau'n llywio'r gweithgareddau yn y brifwyl am y tro cyntaf, digwyddiad roeddwn i wedi hen anghofio amdano. Bore Sul oedd hi, a finnau'n cyflwyno yn y stiwdio. Dydi o ddim yn fore hawdd i gyflwynydd na'r tîm cynhyrchu. Mae'r Oedfa drosodd, a dydi hi ddim yn brysur iawn ar y maes nac yn y pafiliwn. Y gyfrinach ar adegau felly ydi sicrhau fod gynnon ni westeion doeth a difyr sy'n gallu traethu am awr neu ddwy.

Y ddau a gafodd wahoddiad y bore hwnnw oedd Geraint, a'r hanesydd, Dr Elin Jones. Roeddwn wedi dechrau sgwrsio ag Elin pan gafodd neges ei sibrwd yn fy nghlust chwith – dydi'r Archdderwydd ddim yn dod. Daliais i wenu ar Elin, wrth bendroni'n lled bryderus sut byddem ni'n llenwi'r ddwy awr nesaf. Mae bod yn actor o fath yn un o gymwysterau cyflwynydd newyddion hyd yn oed. Mae gofyn rhoi'r argraff fod popeth dan reolaeth er bod elfen o banig newydd gydio yn eich cydweithwyr sydd o'r golwg yng nghrombil y lori enfawr lle mae'r darllediadau byw yn cael eu llywio. Doedd dim angen imi boeni. Gyda'i huodledd arferol, bu Elin yn fy ngoleuo ynglŷn â hanes sir Fynwy, un o ardaloedd y ffin y mae iddi draddodiad Cymraeg rhyfeddol o gyfoethog. Yn dawel fach roeddwn yn ymfalchïo imi dreulio wythnosau eithriadol o hapus ar fy ngwyliau gyda fy nain a 'nhaid ym mhen gorllewinol yr hen sir. Fel sy'n digwydd yn lled aml yn ystod rhaglenni eisteddfodol, cefais fy nghyfareddu. Buan iawn yr anghofiais nad oedd Geraint wedi gallu ymuno â ni.

Ond mae'n amlwg fod yr Archdderwydd yn dal i gofio naw mis yn ddiweddarach. Ar drothwy wythnos fawr yn ei hanes, doedd o ddim yn teimlo'n dda ac roedd yr awdurdodau (Elfed Roberts, cyfarwyddwr yr Eisteddfod dwi'n tybio) wedi'i gynghori y dylai gael diwrnod tawel. Yn sicr roedd ganddo bethau pwysicach i boeni amdanyn nhw nag ymddangosiad ar raglen deledu.

45

Mae cyflwyno rhaglenni o faes yr Eisteddfod wedi rhoi pleser amheuthun ar hyd y blynyddoedd. Mi ddaeth y cyfle cyntaf yn 1992. Eisteddfod Aberystwyth oedd hi, ac roedd gan S4C sioe frecwast. Mae'n rhaid bod coffrau'r sianel yn llawnach o dipyn bryd hynny. Codi'n gynnar i drafod rhagbrofion, cyngherddau a chyflwr y maes fues i am dair blynedd gyda Sioned Mair a Nia Roberts, nes imi gael dyrchafiad i gyflwyno ar adegau mwy gwaraidd o'r diwrnod eisteddfodol. Mi allai amser brecwast fod yn amser peryglus os oedd y gwesteion wedi cael noson hwyr, hynod gymdeithasol. Mi gyrhaeddodd un ohonyn nhw gyda photelaid hanner gwag o Jack Daniel's yn ei law a'i gadael ar fwrdd y stiwdio, nes i reolwr llawr awgrymu'n gelfydd y byddai paned o goffi o bosibl yn edrych yn well ar y sgrin yr adeg honno o'r bore. Dan arweiniad Geraint Evans yn y blynyddoedd cynnar, ac Ynyr Williams yn fwy diweddar, mae BBC Cymru a channoedd o gydweithwyr wedi gwneud popeth posibl i gynnig darlun llawn a difyr i wylwyr sy'n methu cyrraedd y brifwyl. Yng nghalendr blynyddol y Gorfforaeth, mae'n ail i Wimbledon yn ôl pob tebyg o ran yr adnoddau sy'n cael eu rhoi tuag at yr holl ddarlledu, ar deledu a radio heb anghofio'r gwasanaethau cymharol newydd sydd i'w cael ar-lein ac sydd mor hanfodol erbyn hyn.

Bydd cymaint yn digwydd, cymaint i'w gofnodi, ond flwyddyn ar ôl blwyddyn, mi fydda i'n cael yr un wefr tua phump o'r gloch bob prynhawn. Oes, mae yna gyngherddau gwych fel Gig y Pafiliwn yn Y Fenni, cystadlu safonol tu hwnt a sesiynau arbennig yn yr amryfal bebyll hen a newydd ar hyd y maes. Ond o safbwynt cyflwynydd sy'n gaeth i'w gadair freichiau mewn stiwdio am oriau benbwygilydd, efallai fod yr uchafbwynt ychydig yn annisgwyl. Rhywbeth yn debyg i hyn ydi'r drefn. Yng nghanol y seremoni fawr bob dydd, bydd enw'r enillydd yn cael ei gyhoeddi o'r llwyfan, a'r eiliad honno bydd copi o'r gerdd neu'r nofel fuddugol yn cyrraedd y stiwdio ac yn cael ei roi yn nwylo'r ddau a fydd yn cadw cwmni imi. Dwi wedi cael cil awgrym cyn hynny gyda llaw, a oes teilyngdod i fod ai peidio. Wedi'r cwbl, os nad oes, mae'n rhaid i ni fod yn barod i lenwi'r gwacter rywsut. Wrth i'r Archdderwydd a'i osgordd adael y pafiliwn, mi ddaw fy nghyfle innau i droi at y ddau westai sydd gen i. Yn y munudau wedi hynny, dwi wedi cael y fraint o gael rhai o'r sgyrsiau mwyaf difyr, dadlennol, a dwys a gafwyd mewn bron i ddeugain mlynedd o ddarlledu. Gofyn ambell gwestiwn perthnasol ydi fy nhasg amlwg i. Wedi gweld y cerddi neu'r nofelau arobryn am chwarter awr ar y mwyaf, mae'r gwesteion stiwdio yn bwrw ati i ddehongli, i ddadansoddi ac ar adegau i gorddi, fel pe baen nhw wedi cael wythnos gyfan i'w darllen. Mae gwylio a gwrando ar brifeirdd, prif lenorion, a beirniaid llenyddol o fri wrth eu gwaith yn destun rhyfeddod ac edmygedd yn aml, ac o bryd i'w gilydd, yn brofiad cwbl arbennig. Mi fydda i'n hoff o feddwl fod y drafodaeth stiwdio yn ddiweddglo teilwng, a dramatig ar brydiau, wedi'r sioe liwgar sy'n llenwi pafiliwn yr Eisteddfod ac sy'n dal i ddenu miloedd ar filoedd o wylwyr teledu bob blwyddyn. Mae'n sicr yn profi ein bod ni Gymry'n wahanol.

Mae fy sgwrs â phrif gymeriad y sioe honno yn Y Fenni, a chyn bo hir ym Môn, yn dirwyn i ben a'r Archdderwydd Geraint Llifon yn edrych ymlaen at roi cynnig arall arni yn ei ail Eisteddfod. Roedd wedi dysgu ambell wers, meddai, o'i brofiadau y llynedd, ond roedd yn benderfynol o gadw at ei ddull cartrefol, anffurfiol o lywio'r gweithgareddau. Mi fyddai hefyd yn cadw'n glir o wleidyddiaeth. Ond yn ein sgwrs ni, roedd yn fwy na pharod i leisio barn. Ei bryder mwyaf meddai ydi bod cynifer o bobl ifanc y gogledd orllewin yn gadael am y brifddinas, a bod cymaint o rieni bellach yn dilyn yn eu sgil. Mae'r cymunedau Cymraeg yn crebachu o'r herwydd. Go brin y gallwn ni fforddio eu colli nhw. Pwnc da heb os ar gyfer rhifyn o *Pawb a'i Farn* pan ddaw'r gaeaf.

Alla i'n sicr ddim edrych nôl ar fy llencyndod fy hun a dweud fy mod i'n eisteddfodwr mawr. Doedd yna fawr o gyfle i gystadlu yn Ysgol Ramadeg Friars, Bangor, a oedd yn bur Seisnig ei naws, er gwaethaf holl ymdrechion yr athro

Cymraeg, y diweddar Hywel Bebb (mab i Ambrose, brawd i Dewi ac ewythr i Guto). Daeth Ysgol Tryfan yn rhy hwyr ar gyfer fy nghenhedlaeth i. Yn Friars roedd mwy o bwyslais ar lwyddiant ar y meysydd chwarae, er bod drama Gymraeg yn cael ei llwyfannu bob dwy flynedd yn fy nghyfnod i. Roedd fy mam yn benderfynol fod gen i rywfaint o ddawn fel adroddwr, ond bob tro y byddwn i'n cystadlu fe ddeuwn yn ail yn ddi-ffael i ferch o'r un oed, Carys Mai Hughes (Armstrong wedyn), a fyddai ymhen blynyddoedd yn ennill Gwobr Llwyd o'r Bryn. Erbyn imi gyrraedd deuddeg oed mi awgrymais wrth mam ei bod hi'n cael llawer mwy o bleser wrth weld ei mab ar lwyfan nag oeddwn i wrth sefyll arno. Penderfynais sianelu f'egni i gyfeiriadau eraill.

Roedd pethau'n wahanol iawn yn yr ysgol gynradd ar y llaw arall. Roedd eisteddfodau cylch a sir yr Urdd yn ddyddiadau pwysig ar galendr Ysgol Gymraeg St Paul's, mor bwysig yn wir fel y bu'n rhaid i fy nhad, un tro, yrru yr holl ffordd i Abertawe lle roeddwn i wedi bod yn gapten ar dîm pêl-droed ysgolion Bangor a'r fro mewn gêm dyngedfennol yng Nghwpan Ysgolion Cymru, er mwyn gwneud yn sicr fy mod i'n gallu cystadlu yn yr Eisteddfod Gylch y noson honno. Colli o dair i un wnaethon ni yn y gêm gan fethu'r cyfle i herio Caerdydd yn y rownd derfynol. Na phoener, roeddwn i yno gyda'r nos yn rhes flaen y parti adrodd.

Heb unrhyw amheuaeth daeth moment fwyaf cofiadwy fy ngyrfa fer fel cystadleuydd yn Eisteddfod Genedlaethol yr Urdd, Porthmadog yn 1964. Ein hysgol ni enillodd y gystadleuaeth ddrama ar ôl llwyfannu gwaith o'r enw *Cyllell Boced Tomi*. Emily Davies oedd yn beirniadu. Roedd Neuadd Goffa Cricieth dan ei sang. Gwaetha'r modd dydw i'n cofio fawr ddim am y noson honno ar wahân i'r diweddglo sydd wrth lwc wedi'i gofnodi mewn llun. Y cwpan yn cael ei roi i ni, a'r ddau aelod ieuengaf o'r criw, Geraint Tudur a finnau'n mynnu'r hawl i ddal y tlws yn yr awyr yn union fel pe baem newydd ennill yn Wembley. Mi aeth sawl blwyddyn heibio cyn i Geraint a finnau ddod at ein gilydd unwaith yn rhagor er budd yr Urdd, fel dau fownsar y tu allan i gig wedi'i drefnu gan Aelwyd Bangor yn y clwb rygbi lleol! Wrth lwc does dim llun ar gael, ac mi gafodd y rheolau iechyd a diogelwch eu tynhau'n fuan wedyn.

Doedd gen i ddim dawn actio o fath yn y byd, ond am ryw reswm, yn y chweched dosbarth yn Friars, ar ôl perfformio mewn drama o'r enw Noa yn yr ysgol, cyfieithiad o'r Saesneg gan George Fisher, mi wnes i ymuno â chriw o actorion yng nghwmni drama Bangor. Byddai'r cyfan yn perthyn i niwl y gorffennol oni bai fod un o'm cydactorion yn mynnu fy atgoffa'n gyson mai hi oedd fy mam yn un o'r cynyrchiadau. Roedd Linda Brown yn sicr yn ei helfen ac aeth hi yn ei blaen i wneud gwaith ardderchog ym myd y ddrama gyda chwmni Theatr Bara Caws. Troi fy nghefn ar y maes hwnnw cyn gynted ag y gallwn wnes i, ac eto, fel yr awgrymais i eisoes, onid oes yna elfen o berfformio mewn cyflwyno?

Dydd Mercher, Mai 3

Mi dreuliais ran o'r bore'n gwrando ar araith gan Michel Barnier, y gŵr o'r Alpau yn Ffrainc sy'n arwain y trafodaethau Brexit ar ran yr Undeb Ewropeaidd. Fydd pethau ddim yn symud yn gyflym, meddai. Fyddan nhw ddim yn ddi-boen ychwaith. A bod yn onest, a oedd unrhyw un yn disgwyl iddi fod yn wahanol? Wnaeth ei sylwadau ddim plesio Theresa May. Onid oedd hyn, meddai, yn ymgais i ddylanwadu ar ganlyniad yr etholiad cyffredinol?

Cyhuddo Mrs May o wenwyno'r awyrgylch wnaeth Nicola Sturgeon. Ei sylwadau hi oedd yn rhyfygus nid rhai Monsieur Barnier. Mae pethau'n dechrau poethi. Yn sicr mi allai fod yn etholiad anodd i Brif Weinidog yr Alban. Wedi'r cwbl, mae hi fwy na heb yn amhosibl i blaid yr SNP wneud cystal â'r tro diwethaf yn 2015, pan enillodd hi bob sedd ond tair, wyth mis ar ôl colli'r Refferendwm ar annibyniaeth. Cafodd pob un o'm rhaglenni y cyfle i fynd ar daith i'r Alban yn y cyfnod cyffrous hwnnw cyn y Refferendwm, gan ddarlledu amryw o weithiau o

Gaeredin a Glasgow. Ddeng niwrnod cyn y bleidlais, roeddwn i'n trafod y papurau Sul ym mhrif ganolfan y BBC yn yr Alban, ar lan Afon Clud. Y bore hwnnw, am y tro cynta a hyd y cofia i, yr unig dro, roedd arolwg barn wedi rhoi'r bleidlais Ie ddau bwynt ar y blaen. Roedd yn un o'r dyddiau prin hynny pan oeddech chi'n teimlo fod pawb ar dân yn trafod gwleidyddiaeth. Alla i ddim cofio cael profiad tebyg yng Nghymru, hyd yn oed adeg Refferendwm 1997. Y noson honno mewn rhifyn o *Pawb a'i Farn* o'r un adeilad yn Glasgow, mi fu Dafydd Iwan ac Eluned Morgan yn dadlau fel ci a chath, ond efallai mai'r syndod mwyaf i wylwyr S4C oedd bod y gynulleidfa o Gymry'r Alban mor rhanedig. Cafodd dadleuon y ddwy ochr eu mynegi gydag angerdd anghyffredin.

Mor wahanol, mor hamddenol, oedd taith ychydig cyn hynny i gyfarfod, a rhoi'r byd yn ei le, yng nghwmni gweinidog Eglwys yr Alban ar Ynys Bute. Mae angen taith o hanner can munud ar y trên o ganol Glasgow i borthladd Wemyss Bay. Hanner awr arall wedyn ar long fferi i brif dref yr ynys, Rothesay, ac yno'n barod i'n tywys o'i hamgylch, y Parchedig John Owain Jones, cyfrannwr cyson i raglenni Radio Cymru, a thrwy gyddigwyddiad, cefnder i'r cyfaill hwnnw yn y ddrama fuddugol, Parchedig arall, Geraint Tudur. O'r Rhyl a Chaernarfon yn wreiddiol, mae Owain yn ymhyfrydu yn harddwch yr ynys lle bu'n bugeilio'r plwyfolion ers sawl blwyddyn bellach, ynys, fel mae'r enw'n ei awgrymu, sydd â chysylltiadau Cymreig cryf ag Ail Ardalydd Bute, y gŵr a adeiladodd ddociau Caerdydd. Ar un adeg roedd cyfoethogion dinas Glasgow'n treulio eu gwyliau mewn tai helaeth ar gyrion Rothesay. Ond fel yr awgrymodd Owain, tueddu i adael yr ynys i chwilio am waith y bydd pobl bellach. Ei sylw olaf, wrth i ni ffarwelio, oedd na fyddai'r Albanwyr yn dewis annibyniaeth. Y diwinydd yn dipyn o broffwyd gwleidyddol hefyd.

Roedd hi wedi nosi erbyn i Marian, y cynhyrchydd a finnau, gyrraedd Wemyss Bay ar y ffordd nôl i Glasgow. Roedd y llong fferi'n hwyr, ond doedd gan yrrwr y trên ddim bwriad aros amdani. Doedd dim trên am awr arall. Awr i chwilio am fwyd wedi diwrnod hir. Pob bwyty wedi cau ar wahân i un siop tsips ddigroeso yr olwg a oedd hefyd ar fin cau ei drysau. Rhuthro draw a phrynu llond bag yr un ac eistedd ar ben wal anghysurus i'w bwyta. Mae hwnnw'n ddarlun sy'n mynnu aros yn y cof fel rhyw fath o ateb parod i rai sy'n amau fod cyflwynwyr ar daith yn byw bywyd bras!

Mae'r bagiad o sglodion Albanaidd yn fy atgoffa am y tro hwnnw y trefnwyd i gael sgwrs ag un o Gymry Washington D.C. Roeddem i'w gyfarfod gyda'r nos, yr ochr draw i afon Potomac yn Alexandria. Ar ôl ysgwyd llaw mi benderfynodd y dylem ymweld, nid â bwyty Americanaidd o safon, ond â siop tsips Brydeinig, sefydliad nad oedd ei debyg yn nhalaith Virginia gyfan. Wnaeth y cynnyrch fawr o argraff arna i, ond dwi'n cofio'n iawn eu bod nhw'n afresymol o ddrud. Roeddwn yn llai bodlon byth pan ddechreuodd hi lawio wrth i'r cyfaill ein harwain ni tuag at le cyfleus i fwyta'r pryd – ar fainc, yn yr awyr agored, mewn mynwent. Wnaeth y sgwrs ddim para'n hir.

Yfory mi fydd pobl yn pleidleisio yn yr etholiadau lleol. Mae'r rheiny wedi hawlio llai o sylw nag arfer yng nghysgod yr etholiad cyffredinol. Ond mae fy mryd i ar etholiad arall. Mae Ffrainc yn barod i ddewis arlywydd newydd, ac yno y bydda i am y pum niwrnod nesaf. I Ffrainc yr es i ar fy nhaith dramor gyntaf fel gohebydd, ar gyfer yr etholiad ym mil naw wyth un, pan ddaeth y sosialydd, François Mitterrand yn Arlywydd. A fydd yr etholiad hwn yr un mor arwyddocaol tybed? Gwely cynnar. Mae'r larwm wedi'i osod ar 4.30am.

Dydd Iau, Mai 4

Hedfan gyda Marian Ifans, nid i Baris yn gyntaf, ond o Fanceinion i Nantes, neu Naoned yn Llydaweg. Mae hi'n ddinas ddeniadol ar lan afon Loire, lle treuliais i naw mis fel myfyriwr, gan gynnal dosbarth Cymraeg drwy'r gaeaf i ddwsin o bobl a oedd am wahanol resymau'n awyddus i ddysgu iaith Geltaidd

51

arall. Dwi ddim yn hollol siŵr faint wnaethon nhw ddysgu ond efallai mai wrth wneud hynny y gwnes i sylweddoli'n derfynol nad oedd pwynt imi ystyried gyrfa yn y byd addysg. Doedd yr amynedd sy'n eiddo i bob athro da ddim yn un o'm nodweddion amlycaf i yn y cyfnod hwnnw. Byddai rhai o'm cydnabod agosaf yn ychwanegu nad ydi pethau wedi newid rhyw lawer hyd heddiw yn hynny o beth. Digon hawdd rhoi'r bai ar wallt coch! I Lydaw mae Naoned yn perthyn o ran hanes a diwylliant, ond, yn ddadleuol iawn, mae Llywodraeth Ffrainc yn mynnu ei rhoi hi'n hytrach yn rhanbarth y Pays de la Loire. Ond heddiw does dim amser i oedi, na chyfle i gerdded ei strydoedd hi unwaith eto. Mae'n golygon ni'n troi at brifddinas Llydaw, Rennes neu Roazhon.

Mae dau reswm penodol dros fynd i Lydaw cyn mynd i Baris ar gyfer diwrnod yr etholiad. Yn gyntaf, mae dyrnaid o siaradwyr Cymraeg o fewn cyrraedd eithaf hawdd i'w gilydd ac yn ail, mae'n gyfle da i roi rhywfaint o sylw i'n cefndryd Celtaidd ac yn benodol i sefyllfa'r Llydaweg, sy'n llai ffafriol o dipyn nag un y Gymraeg. Yn Roazhon, sgwrs â Ffion Reader o Ben Llŷn sy'n athrawes Saesneg yno, a bellach yn rhugl ei Llydaweg. Doedd llawer o'i chyfeillion ifanc ddim yn bwriadu pleidleisio o gwbl – doedd yna fawr o apêl iddyn nhw yn naliadau'r naill ymgeisydd na'r llall am yr arlywyddiaeth, Marine Le Pen nac Emmanuel Macron.

Ar arfordir y gogledd mae Trévou-Tréguignec, un o'r myrdd o bentrefi tebyg yn Llydaw, lle mae tywod eu traethau bron yn wyn, dihangfa wych rhag dwndwr y byd a'i bethau. Yma mae cartref yr ysgolhaig Celtaidd, yr Athro Hervé Bihan. Roedd yn ofid mawr ganddo nad yw'r Gymraeg bellach yn cael ei dysgu ym Mhrifysgol Roazhon. Am flynyddoedd roedd trefniant gyda Phrifysgol Aberystwyth wedi sicrhau fod hynny'n digwydd, ond mi ddaeth hwnnw i ben. Ar y llaw arall, mae lle o hyd i ddosbarthiadau Gwyddeleg am fod Llywodraeth Iwerddon yn hael ei nawdd ariannol. Doedd Hervé ddim yn bwriadu pleidleisio ychwaith, gan ddadlau nad ydi'r naill ymgeisydd na'r llall yn gymwys i fod yn Arlywydd. Mae cyfrolau trwchus am Ddafydd ap Gwilym a Chymraeg Canol yn britho silffoedd y cartref, ond pur anaml mae eu perchennog yn cael cyfle i siarad Cymraeg. Ac eto, hyd y gwela i, dydi Hervé ddim wedi anghofio rhyw lawer o'r hyn a ddysgwyd iddo ar gwrs carlam yn Llanbedr Pont Steffan dros dri degawd yn ôl. Roedd yn dal i ganu clodydd ei athrawon yno.

Mae cymal nesa'r daith yn mynd â ni i dref fach ddifyr Morlaix/Montroulez. Mae ganddi gysylltiadau Cymreig diddorol. Ganol y bedwaredd ganrif ar bymtheg mi fu Bedyddwyr Cymraeg yn cenhadu yma gan sefydlu eglwys. Mi ddaeth un o'r cenhadon cyntaf adref gan ddadlau y dylid dysgu Ffrangeg i blant bach Llydaw fel cam cyntaf i'w gwneud nhw'n Fedyddwyr! Yma hefyd mae bar a bwyty enwog, Ty Coz, y canodd y diweddar Dafydd Dafis amdano.

Wrth sôn am gantorion Cymreig, mi fu Mynediad am Ddim, un o grwpiau amlycaf y saithdegau, ar grwydr yn yr ardal hon hefyd, a finnau, er mawr syndod, yn eu sgil nhw. Eisteddfod Genedlaethol Wrecsam oedd hi, Awst 1977, ac mi welais i hysbyseb gan gwmni Sain. Roedd angen i rywun fynd gyda'r grŵp i Lydaw lle roedd dyrnaid o gyngherddau wedi'u trefnu ar eu cyfer. Mi fyddai'r rhywun hwnnw'n gorfod cyfieithu, gyrru, cyflwyno, cario, llwytho, ac yn bwysicach na dim, mi fyddai disgwyl iddo werthu recordiau er mwyn cyfrannu at gostau'r daith. Doedd dim disgwyl gwneud rhyw lawer o elw. Roeddwn yn adnabod un o'r aelodau, Robin Evans yn dda, y ddau ohonom wedi chwarae rygbi gyda'n gilydd yn ein harddegau fel mewnwr a maswr i ysgolion Sir Gaernarfon. Does gen i ddim cof imi gael cyfweliad ond mi gafwyd gair sydyn ag un o'r ddau arloeswr a sefydlodd Sain, Huw Jones. Mi fyddai'r sylfaenydd arall, Dafydd Iwan, yn ymuno â ni ar y daith.

Mi gafodd y grŵp groeso aruthrol wrth fynd o neuadd i neuadd, o eglwys i eglwys, i lefydd fel Plougerneau, Landunvez, Daoulas, Le Conquet a Montroulez, gan ganu weithiau yn yr awyr agored hyd yn oed. Ar waetha'r nosweithiau hwyr, tu hwnt o gymdeithasol, a threfniadau teithio a oedd yn ddigon simsan yn aml, roedd canu'r grŵp ar adegau'n wefreiddiol a'r Llydawyr yn rhyfeddu at eu dawn a'u lleisiau. Am gyfnod byr yr haf hwnnw, roedd y cwlwm Celtaidd fel pe bai'n teimlo'n anarferol o gryf. Cafwyd cinio mawreddog ac araith gan y Maer hyd yn oed mewn un pentref, ac roedd y recordiau, mae'n dda gen i ddweud, yn gwerthu fel slecs. Yn dawel bach, roeddwn yn falch o allu dod â thipyn o arian adref, gan wneud rhyw fymryn o argraff ar Huw, y dyn busnes. Mae'n rhaid bod y daith yn llwyddiannus gan fod Mynediad wedi cael gwahoddiad i fynd yn ôl, yn syth wedi Eisteddfod Genedlaethol Caerdydd y flwyddyn ganlynol. Ac yn naturiol roedd angen cyfieithydd unwaith eto. Roedd y bechgyn, a'u cariadon, yn gwmni gwych, a hyd heddiw, wrth wrando ar ambell gân, neu wrth daro ar Robin, Emyr Wyn, neu Peter, mae'r atgofion am y teithiau hwyliog hynny i Lydaw'n dal i godi gwên, dros ddeugain mlynedd yn ddiweddarach.

Mae hi wedi deg o'r gloch erbyn i ni gyrraedd y gwesty. Y cyflwynydd wedi blino'n lân, ond y cynhyrchydd yn mynnu fod yn rhaid cael bwyd. Gwaetha'r modd, mae Montroulez, tref o bymtheng mil o bobl, fel y bedd. Prin ydi'r ymwelwyr ar ddechrau mis Mai ac mae'r trigolion lleol, yn ôl pob golwg, yn eu gwlâu. Crwydro'n ddibwrpas braidd yn y gobaith o weld café o unrhyw fath a oedd yn dal yn agored. Dim byd. Heibio i neuadd y dref. Roeddwn ar fin ystyfnigo a throi'n ôl, pan welson ni lygedyn o oleuni yn dod trwy ffenestri bar, a sain teledu'n awgrymu fod yna arwyddion o fywyd y tu ôl i'r drws caeedig. I mewn â ni. Rhy hwyr i fwyd ond mi gewch chi ddiod oedd cynnig digon swta y dyn y tu ôl i'r bar. Lle croesawgar mae'n amlwg!

Fel pob cynhyrchydd da, aeth Marian draw i archebu, ond mae fy llygaid i eisoes ar y set deledu ym mhen draw'r ystafell ac yn methu credu fy lwc. Ym mherfeddion Llydaw, yn yr unig sefydliad sy'n dal yn effro yr adeg hon o'r nos, mae gêm gwpan hollbwysig rhwng Celta Vigo o Sbaen a Manchester United yn cael ei dangos. Mae dianc rhag y bêl gron wedi mynd yn anodd. Lle bynnag yr ewch chi, mae rhyw sianel yn siŵr o fod yn darlledu pêl-droed. Nid bod hynny yn fy mhoeni i fel y cyfryw, ond mi alla i ddychmygu ei fod yn syrffedus i rai. Erbyn imi sylweddoli mai ychydig dros awr o'r gêm oedd wedi bod, roedd gan United gic rydd. Eiliadau'n ddiweddarach roedd arwr ifanc diweddaraf Old Trafford, Marcus Rashford, wedi sgorio gôl gampus, roedd y cochion ar y blaen, roeddwn i wedi gwirioni'n lân, ac roedd yn rhaid i Marian geisio egluro'n bwyllog wrth y cyfaill sych y tu ôl i'r bar pam bod cwsmer, a ddaeth drwy'r drws lai na munud ynghynt, fel pe bai'n colli arno'i hun yn llwyr. Yn sydyn iawn, doeddwn i ddim ar frys i fynd i glwydo. Diweddglo pleserus i ddiwrnod hir.

Dydd Gwener, Mai 5

Ym Montroulez y trefnwyd cyfarfod â Derec a Kristina Stockley er mwyn cael eu hargraffiadau nhw o'r ornest etholiadol yn Ffrainc. Ar ôl ymddeol, penderfynodd y ddau, rhieni'r prifardd Aneirin Karadog, mai byw yn hen gartref teulu Kristina, ym mhentref bach Kerlouan, fydden nhw o hyn ymlaen. Ddeuddydd cyn y bleidlais roedd y ddau'n gwbl bendant y dylid gwneud popeth posibl i sicrhau na fyddai Marine Le Pen yn dod i rym. Byddai hynny'n drychineb meddan nhw nid yn unig i Ffrainc ond i Ewrop gyfan. Mae Derec yn un arall o'r cyfranwyr cyson hynny sy'n cyfoethogi rhaglenni Radio Cymru. Ar un adeg roedd yn un o reolwyr y Cyd-Bwyllgor Addysg. Ei bennaeth yno ar y pryd oedd Wyn Roberts, un o'r cyfeillion ar Ffordd Deiniol y soniais amdanynt eisoes yn y dyddiadur hwn. Pan fu farw'n greulon o gynnar yn bum deg a thair oed, gadawodd Wyn fwlch mawr ar ei ôl. Cefais y fraint o roi teyrnged iddo yn ei angladd, un o'r tasgau cyhoeddus anoddaf imi eu cyflawni erioed. Mae'r blynyddoedd yn mynd heibio, ond mae cyfeiriad at yr annwyl Wyn bob amser yn cael lle mewn sgwrs gyda Derec.

Ar y rhestr o bobl sydd i'w holi yn Llydaw, mae un yn weddill, a'r gobaith ydi y bydd Emlyn Williams yn aros amdanom

wrth i'r trên o Morlaix/Montroulez gyrraedd Brest toc wedi
dau o'r gloch. Allwn i ddim peidio â sylwi ar yr arwydd yn yr
orsaf yn rhoi cyfarwyddyd ynglŷn â sut yn union y dylai pobl
ymateb pe bai ymosodiad terfysgol. Wedi profiadau chwerw'r
blynyddoedd diwethaf, mae awdurdodau Ffrainc yn effro iawn
bellach i'r posibilrwydd hwnnw. Yn wreiddiol o Lan Ffestiniog,
mi sefydlodd Emlyn ganolfan dysgu Saesneg yn y ddinas sydd
ym mhegwn gorllewinol Llydaw ac sy'n gartref pwysig i lynges
Ffrainc. Nid dinas ddeniadol mohoni o bell ffordd. Nid yn
annhebyg i Abertawe, gwnaed difrod aruthrol iddi yn ystod
yr Ail Ryfel Byd, ac mae'r canol wedi'i ailadeiladu ers hynny.
Mae deugain mlynedd ers i Emlyn ymgartrefu yn Brest, a
bron cymaint â hynny ers imi ymweld ag o am y tro cyntaf fel
myfyriwr ymchwil brwd. Cefnu ar y gwaith hwnnw wnes i gyda
llaw – mae nodiadau'r cyfnod yn hel llwch yn yr atig. Hwn ydi'r
pedwerydd tro imi ddod draw i'w holi. Dydi Emlyn ychwaith
ddim yn or-hoff o'r ddau ymgeisydd am yr arlywyddiaeth, ond
atal Le Pen sy'n cyfrif uwchlaw popeth arall iddo yntau hefyd.

Mae'r holl sylw i Marine Le Pen yn fy atgoffa imi gael y
cyfle i holi ei thad, Jean-Marie Le Pen, a fu'n arweinydd y
Front National am ddeugain mlynedd ar ôl i'r mudiad asgell
dde eithafol gael ei sefydlu yn 1972. Cafodd ei olynu gan ei
ferch ac mae hynny wedi arwain at ddirywiad mawr yn eu
perthynas. Chwarter canrif yn ôl roeddwn yn cyflwyno rhaglen
ar fewnfudo a'r pwnc, mae'n amlwg, yn corddi llawer bryd
hynny hefyd, yn enwedig mewn ambell ddinas yn ne Ffrainc, lle
mae pobl wedi bod yn cyrraedd ers blynyddoedd, o wledydd y
Maghreb ar hyd arfordir gogledd Affrica. Yn Ffrainc, hen bwnc
sydd wedi codi ei ben unwaith eto ydi'r mewnlifiad mawr yn
ystod y blynyddoedd diwethaf hyn. Roedd Jean-Marie Le Pen
yn Perpignan ger y ffin â Sbaen er mwyn annerch rali a ninnau
wedi cael caniatâd i'w ffilmio.

Y bore wedyn roedd o ar gael am gyfweliad byr, gan roi
cyfle imi awgrymu ei fod yn pregethu hiliaeth, a bod hynny'n
peryglu'r berthynas rhwng pobl o wahanol gefndiroedd a oedd

yn byw'n agos at ei gilydd. Rhyw wenu'n dosturiol wnaeth o arna i wrth wadu'r cyhuddiad, gan led awgrymu efallai na ddylai tramorwr di-nod fod yn meiddio herio rhywun o statws arweinydd y F.N. Yn yr atebion huawdl a chwrtais, serch hynny, roedd cwr y llen yn codi ar y bersonoliaeth fawr, liwgar a ddenodd filoedd ar filoedd o bobl i'w ralïau am ddegawdau. Ddeng mlynedd ar ôl y sgwrs honno, mi ddaeth yn ail i Jacques Chirac yn y ras arlywyddol, ond ar y cyfan, tan yn ddiweddar, cymharol brin fu llwyddiant etholiadol ei blaid. Ar y daith i dde Ffrainc bryd hynny gyda llaw, roedd gen i gynhyrchydd teledu ifanc, egnïol ac addawol. Hi lwyddodd i drefnu'r cyfweliad hollbwysig gyda M. Le Pen. Ymhen blynyddoedd, byddai Iona Jones yn dod yn brif weithredwraig S4C.

Wedi ffarwelio ag Emlyn, mae angen dal y trên hwyr i Baris, y TGV (Train à Grande Vitesse), un o'r trenau rhagorol hynny sy'n gwibio i bob cwr o Ffrainc ers dechrau'r wythdegau. Fel rhywun sydd wedi arfer â threnau dau neu dri cherbyd Trenau Arriva Cymru, mae maint y TGV bob amser yn peri syndod, heb sôn am ei gyflymder. Yng ngorsaf Brest, roedd yn rhaid cerdded am ddeng munud ar hyd y trên cyn dod o hyd i'n seddi ni yng ngherbyd rhif 15. Maen nhw hefyd yn seddi y bydd rhywun yn suddo iddyn nhw fel i gadair freichiau. Fydd bron i bump awr ynddyn nhw ddim yn rhy boenus. Digon o gyfle i ddarllen. Roeddwn wedi anghofio'n llwyr am ganlyniadau'r etholiadau lleol. Twitter amdani. Mae'n ymddangos fod gen i gynghorydd newydd ym Mangor, Huw Wyn Jones, a lwyddodd i gipio ward Y Garth i Blaid Cymru. Mae Huw'n gymydog sydd â'i fryd ar fynd i'r afael ag ambell broblem leol, a phob lwc iddo yn hynny o beth. Fel mae'n digwydd, mae hefyd yn frawd i'r athrylith y bydda i'n treulio noson yn ei gwmni cyn bo hir, sef yr Athro Richard Wyn Jones. Oedden nhw'n trafod gwleidyddiaeth yn blant wrth y bwrdd brecwast? Pwnc trafod am dri o'r gloch y bore efallai? Ym Mangor hefyd, dwi'n gweld fod John Wynn Jones, cynghorydd a wnaeth ddiwrnod da o waith, wedi colli ei sedd, a hynny ar ôl i enw gael ei dynnu allan o het am fod y bleidlais yn gyfartal rhwng dau. Chlywais i erioed am hynny'n digwydd o'r blaen. Dydi o ddim yn swnio'n foddhaol rywsut. Mae ethol ei olynydd annibynnol, Medwyn Hughes, ynghyd â Huw yn dod â nifer cyn-dechnegwyr sain y BBC ar Gyngor Gwynedd i dri. Dafydd Meurig ydi'r llall. Diolch i Twitter am fyrhau'r daith i Baris. Mae'n trên ni'n rhuo yn ei flaen drwy Lydaw a Normandi ar siwrnai o dri chant a hanner o filltiroedd i'r brifddinas. Mi ddylem ni gyrraedd gorsaf Montparnasse cyn hanner nos.

Mae'n deg dweud imi syrthio mewn cariad â Ffrainc yn ddeuddeng mlwydd oed. Cyn hynny roeddwn i eisoes wedi fy nghyflwyno i'r Ffrangeg yn yr ysgol gynradd, datblygiad eithaf anarferol ar y pryd. Byddai athrawes o'r enw Hazel Eames yn dod atom bob hyn a hyn i ddysgu ambell air, ambell frawddeg. Roedd rhoi enw Ffrengig i bob disgybl hefyd yn rhan o'r arbrawf hwn. André Gris oedd fy un i – Gris yn gyfieithiad o Llwyd, ond dim syniad pam y dewisodd hi André. Yna yn 1966 penderfynodd fy rhieni fentro ar wyliau tramor am y tro cyntaf gyda phabell yng nghist y car a theulu arall yn gwmni i ni. Un arall o weinidogion Bangor, y Parchedig Richard Roberts, ei wraig Eunice a'u mab Wyn oedd ein cymdogion a'n cyfeillion mawr ar Ffordd Deiniol. Roedd y ddau deulu wedi bod ar wyliau gyda'i gilydd o'r blaen a hynny i Brighton, y dref honno'n bennaf dwi'n casglu am fod gweinidogion, am ryw reswm, yn cael gostyngiad yn y pris mewn gwesty o'r enw Arundel House. Mae gen i gof nad oedd y tywydd yn ffafriol iawn a bod Wyn a finnau wedi treulio cryn amser yn perffeithio ein sgiliau tenis bwrdd. Cyn y gwyliau hynny yn Brighton, gyda llaw, mi gofiaf i ni dreulio wythnos yn mhentref Login yn Sir Benfro lle roedd fy rhieni wedi cyfnewid tŷ â hen ffrindiau iddyn nhw, y Parchedig Vincent Evans a'i wraig Rhuana, rhieni Tecwyn Ifan ac Euros Rhys. Â'n bryd ar dywydd gwell mae'n siŵr, Ffrainc oedd y dewis nesaf a'r rhan honno o'r Swistir lle mae'r Ffrangeg yn brif iaith. Roedd cryn drefnu wedi bod yn ystod misoedd y gaeaf cyn i ni ddechrau ar y fenter fawr, y cynllunio yn rhan bleserus, bwysig o'r daith i'r oedolion. Wrth i'r blynyddoedd fynd heibio cafodd y pebyll eu disodli gan garafannau ac fe gafwyd ymweliadau â'r Almaen a'r Eidal hefyd. Ond unwaith y gwnes i sylweddoli y gallwn ddefnyddio fy ychydig Ffrangeg i gyfathrebu â phlant eraill yn y gwersylloedd, roeddwn i wedi fy hudo gan yr iaith a'r wlad. Dros hanner canrif yn ddiweddarach, does dim golwg fod apêl na swyn Ffrainc yn pylu.

Dydd Sadwrn, Mai 6

Does dim ymgyrchu yn Ffrainc ar y dydd Sadwrn cyn yr etholiad ar y Sul. Bellach, mi fyddai'n syndod o'r mwyaf pe na bai Macron yn ennill. Mae'n ddiwrnod o baratoi i ni yn y swyddfa dros dro mae'r BBC wedi'i darparu ar yr Avenue de la Grande Armée ac sydd eisoes yn fwrlwm o weithgarwch. Llawr mewn adeilad o eiddo cwmni ceir, rhyw ddau ganllath o'r Arc de Triomphe, sydd wedi'i drawsnewid am wythnos yn ofod ar gyfer radio a theledu. Ar adegau fel hyn mae'r Gorfforaeth fel rhyw fyddin ar dir tramor, catrawd o bobl wedi dod draw o Lundain, ond ar y cyfan mae'r adnoddau ar gael i bawb, gan gynnwys y ddau o Radio Cymru. Wedi dweud hynny, caiff ambell raglen flaenoriaeth bendant fel y cawn ni weld yfory, mae'n siŵr gen i, pan fydd cyflwynydd Newyddion 10 yn cyrraedd. Er gwaetha'r prysurdeb, mi fentra i y bydd cyfle i roi'r byd yn ei le yng nghwmni'r hen gyfaill o Langennech.

Ers dyddiau cynnar Radio Cymru ac S4C mae ymdrech lew wedi bod i ddelio â straeon tramor yn y Gymraeg. O bryd i'w gilydd mae rhai wedi amau gwerth hynny gan ddadlau y dylid canolbwyntio'n hytrach ar yr hyn sy'n digwydd yng Nghymru ac yn ddigon naturiol, yn oes y toriadau ariannol, efallai fod y duedd honno'n gryfach nag y bu. O'r dechrau'n deg, dadlau fel arall wnes i. Mae'r pynciau mawr rhyngwladol o ddiddordeb i'n cynulleidfa ni, a boed y rheiny'n digwydd ym Mharis, Manceinion, Machynlleth neu ym Mhrâg, mi ddylem ni wneud ein gorau glas i'w trin a'u trafod nhw yn y Gymraeg. Mae Radio Cymru'n sicr yn ymdrechu'n ddyddiol i gyfuno'r lleol, y cenedlaethol a'r rhyngwladol. Ac eto, wrth fwrw golwg yn ôl, mae rhywun yn rhyfeddu fod arian wedi bod ar gael yn y gorffennol i wneud ambell raglen ac i fynd ar ambell daith. Saith mis ar ôl i'r gyfundrefn gomiwnyddol chwalu yn Tsiecoslofacia, cafodd yr etholiad rhydd cyntaf ei gynnal yn y wlad ym mis Mehefin 1990. Bryd hynny un wlad oedd Slofacia a'r Weriniaeth Tsiec. Wrth i'r canlyniadau gael eu cyhoeddi ar nos Sul, roedd gan S4C raglen fyw, a ninnau'n darlledu o gyrion Sgwâr Wenceslas yng nghanol Prâg. Roedd gen i arbenigwyr yn y stiwdio ac er mwyn cyfleu'r cynnwrf ar strydoedd y brifddinas, roedd gohebydd ifanc yno a oedd yn prysur wneud ei farc, Guto Harri. Mewn cyfnod rhyfeddol o gyffrous yn hanes Ewrop, roedd y diweddar Geraint Stanley Jones, pennaeth S4C ar y pryd, ac arweinydd a chanddo gryn weledigaeth, a'r Golygydd Newyddion, fy nghyn-athro Ysgol Sul ym Mhenuel, Bangor, Gwilym Owen, ill dau'n awyddus i'r sianel gyfleu hynny. Ond rhaglen fyw ar nos Sul o ganol Prâg? Erbyn heddiw mae'n anodd credu i ni wneud y fath beth.

Yn yr oes honno hefyd y cefais y cyfle i gyd-deithio gyda rhai o ohebwyr amlycaf y Gorfforaeth er nad oedden ni'n rhannu adnoddau fel y cyfryw. Ymbil am gael eu benthyg nhw am ychydig funudau fyddwn i gan amlaf, tasg ddigon diflas mae dyn yn blino arni ar ôl tipyn, ond atgofion melys sydd gen i ar y cyfan o barodrwydd ambell un i gynnig cymorth. Ar y brig yn hynny o beth roedd John Simpson, y mwyaf profiadol o ohebwyr tramor y BBC, a Martin Bell, un o ohebwyr disgleiriaf ei gyfnod, meistr ar gyfuno gair a llun mewn adroddiad teledu, un oedd yn hoff o wisgo siwt wen, ond a gefnodd ar y gwaith yn raddol wedi profiadau anodd ac anaf difrifol yn Bosnia, gan ddod yn Aelod Seneddol annibynnol yn 1997. Olynu Neil Hamilton, un o aelodau UKIP yn y Cynulliad erbyn hyn, wnaeth o yn Nhŷ'r Cyffredin. Bu'n rhaid i ni rannu llofft yng Ngwlad yr Iâ un tro, pan oedd uwchgynhadledd yn cael ei chynnal rhwng yr arlywyddion Reagan a Gorbachev. Roedd ystafelloedd yn brin iawn yn y brifddinas Reykjavik. Chysgais i fawr ddim am fod Martin yn chwyrnu cymaint! Tros frecwast y bore wedyn, yr un yn union oedd ei gŵyn ef amdanaf i. Flynyddoedd yn ddiweddarach, mi welsom ein gilydd yn Llundain – 'Dewi, the Welshman with the loud voice and louder snore,' oedd cyfarchiad Mr Bell. Martin hefyd ddywedodd wrtha i rhywdro, 'Don't forget the wonder of it all', hynny ydi, yng nghanol y gallu iach i amau sy'n rhan annatod o natur a gwaith y newyddiadurwr, bob hyn a hyn mae angen cymryd cam yn ôl, a rhyfeddu at y byd o'n cwmpas, a cheisio cyfleu hynny ar deledu ac ar y radio.

Ar ambell achlysur cefais gwmni Jeremy Paxman hefyd, cyflwynydd rhaglen *Newsnight* ar BBC 2 gynt. Mi fydda i wastad yn cofio ei sylw deifiol am ei agwedd at wleidyddion – 'Why is this lying b.....d lying to me?' Efallai mai dyna a'i gwnaeth yn holwr heb ei ail, er bod ei ddull o holi, yn ôl rhai yn perthyn i'r gorffennol erbyn hyn. Ond o ran ei sylw am wleidyddion, mae gen i'n bersonol lawer mwy o ffydd yn y natur ddynol na hynny. Yn wir, mi fyddwn i'n barod i ddweud fod mwyafrif llethol y gwleidyddion y bûm i'n ymwneud â nhw'n gwneud eu gorau i gyflawni'r hyn sy'n bosibl o dan amodau digon anodd yn aml. Yn anffodus caiff celwyddau eu dweud gan wleidyddion o bryd i'w gilydd, yn wir mae ambell un wedi'i garcharu oherwydd hynny ac mae lleiafrif yn dwyn anfri ar y mwyafrif. Ond gyda gwên ac efallai'r mymryn lleiaf o genfigen, y bydda i'n cofio'r tro hwnnw y gwnes i deithio mewn tacsi gyda Jeremy i faes awyr Washington Dulles, wedi etholiad arlywyddol yn yr Unol Daleithiau. Roeddem gyda'n gilydd yr holl ffordd nes y daeth hi'n bryd i ni gerdded i'r awyren. Dyna pryd y gwahanodd ein llwybrau – roedd cyflwynydd *Newsnight* wedi hen arfer camu tua'r pen blaen a'r dosbarth cyntaf.

Dydd Sul, Mai 7

Bore Sul, a diwrnod etholiad Ffrainc. Mae'r awr o wahaniaeth rhwng clociau Cymru a Pharis yn golygu mymryn mwy o gwsg nag arfer. Mae papurau Ffrainc wedi cyrraedd, er mai prin ydyn nhw ar y Sul o'u cymharu â Phrydain. Ar y we, cip sydyn ar ein rhai ni. Unwaith eto, yn ôl arolwg barn yn y *Sunday Times*, o ran y frwydr rhwng Theresa May a Jeremy Corbyn, does fawr ddim yn newid. Y tro yma mae'r Ceidwadwyr ar 47, a Llafur ar 28. Dim ond camgymeriad mae'n ymddangos, neu lithriad tebyg i un Gordon Brown yn 2010, pan alwodd y Prif Weinidog wraig o'r enw Gillian Duffy yn 'bigot', all rwystro Mrs May rhag mynd yn ei hôl i rif 10 Downing Street.

Mae gen i dri gwestai yn ein stiwdio fach ym Mharis, y tri mewn hwyliau da, yn falch o gael cyfrannu i Radio Cymru, ac yn gytûn mai Emmanuel Macron fydd Arlywydd nesaf Ffrainc. O Benarth y daw Ceri Davies yn wreiddiol, athro Saesneg yn y brifddinas, a chyn-lywydd y Gymdeithas Gymraeg yno. Un o ardal Aberystwyth ydi Sioned Puw Rowlands, ac mae'n un o olygyddion y cylchgrawn newydd difyr, *O'r Pedwar Gwynt*. Arwel Roberts o Ynys Môn sy'n cwblhau'r triawd. Rhaid i mi eu rhybuddio fod rheolau caeth yn cyfyngu'r hyn mae modd ei ddarlledu ar ddiwrnod yr etholiad, er fy mod i'n bersonol yn amau gwerth canllawiau o'r fath o ran y Gymraeg. Pwy mewn difrif o blith gwrandawyr heddiw sy'n debygol o newid ei bleidlais yn etholiad Ffrainc oherwydd yr hyn mae'n ei glywed ar Radio Cymru? Waeth iti heb â chwyno medd llais Marian yn fy nghlustffonau, dyna'r rheolau, a dyna ni. Dydi ffrwyno rhywun fel Arwel ddim mor hawdd â hynny. Mae'n frwd o blaid Macron. Fel rhywun sy'n byw ym Mharis ers blynyddoedd lawer, mae dirfawr angen gwaed newydd ar wleidyddiaeth Ffrainc meddai, a bu ond y dim iddo ddechrau cenhadu i'r perwyl hwnnw ar yr awyr. Ar ôl imi ei lywio'n garedig i gyfeiriad arall, mi ddaeth y rhaglen i ben. Does ond gobeithio fod y gwrandawyr gartref wedi mwynhau cymaint â ni yn y stiwdio. O leia roedd y dechnoleg wedi gweithio'n dda iawn. Y tro diwethaf imi ddarlledu o Baris, yn ystod pencampwriaethau pêl-droed y llynedd, mi gollon ni'r lein i Gymru'n llwyr ddau funud cyn y diwedd, a finnau yng nghanol sgwrs gyda'r gohebydd chwaraeon, Catrin Heledd. Doedd dim angen poeni. Mi hwyliodd hi yn ei blaen hebdda i'n gwbl ddidrafferth.

Yn ystod gweddill y dydd roedd erthygl i'w pharatoi ar gyfer gwefan Cymru Fyw, arwydd nid yn unig o bwysigrwydd cynyddol honno, ond hefyd o'r cydweithio rhwydd sy'n digwydd bellach rhwng rhai rhannau o'r adran newyddion fwyaf sydd gan y BBC y tu allan i Lundain. Yna, am 8.20 yr hwyr, cyfweliad teledu a'r amseru'n rhyfeddol o ffodus. Ugain munud ynghynt, wrth i'r canolfannau pleidleisio gau, roedd arolygon barn wedi awgrymu gyda chryn bendantrwydd mai Macron fyddai'r arlywydd newydd gyda deg ar hugain y cant o fantais dros Le Pen. Gwaetha'r modd, fel sy'n tueddu i ddigwydd yn lled aml yn y byd teledu, mi achosodd y cyfweliad hwnnw fwy o ffwdan nag oriau o ddarlledu radio. Y drafferth oedd bod cyfeillion o Iran, a oedd yn darlledu yn yr iaith Farsi, yn defnyddio'r adnoddau tan 8.19 a rhaglen newyddion S4C yn dechrau o fewn munud i hynny. Trigain eiliad i'w symud nhw allan, fy rhoi i o flaen y camera, cyfnewid meicroffon a pheiriant clust, a throsglwyddo'r lein i Landaf. Gyda deg eiliad i fynd roeddwn i'n barod i gael fy holi. Doedd y tîm yng Nghaerdydd ar y llaw arall ddim yn barod i fentro ar unwaith. Digon teg. Mae trefn y rhaglen lle mae straeon yn cael eu rhestru yn ôl eu pwysigrwydd yn allweddol yng ngolwg y darlledwyr. Ond pa mor dyngedfennol ydi hi mewn gwirionedd yng ngolwg y gwylwyr neu'r gwrandawyr? Mae'n siŵr mai gwell oedd oedi er mwyn gwneud yn sicr fod popeth yn iawn ac yn ei le. Cafwyd sgwrs yn y diwedd, a chyfle i egluro, er gwaethaf llwyddiant ysgubol Emmanuel Macron, yr Arlywydd newydd, fod llawer wedi pleidleisio drosto er mwyn sicrhau na fyddai Marine Le Pen yn ennill. Byddai mwyafrif y Cymry a holwyd gen i yn ystod y tridiau diwethaf, yn ddigon bodlon.

Dydd Llun, Mai 8

Wrth i'r wawr dorri dros Baris, dwi'n aros yn amyneddgar i gyfrannu i'r *Post Cyntaf,* ac yn gwrando ar y cyflwynydd, Dylan Jones sydd ar daith etholiadol ym Machynlleth. Wedi'r egwyl yn Ffrainc, rhaid cyfaddef fy mod i'n edrych ymlaen at fynd adref i ganol ein hymgyrch ni. Ond rhywsut wrth wrando ar Dylan, cyfaill a chydweithiwr ers chwarter canrif a mwy, er gwaethaf ei frwdfrydedd arferol dydi rhywun ddim yn cael yr argraff fod y frwydr wedi poethi rhyw lawer yn ystod y dyddiau diwethaf. Etholiad Brexit oedd hwn i fod meddan nhw, ond does dim golwg fod y pwnc hwnnw hyd yn oed yn llwyddo i danio dychymyg yr etholwyr. A ydi saith wythnos o ymgyrch yn rhy hir, tybed? Y *Post Cyntaf* ar ben, mi fydd yn rhaid dechrau meddwl am gynnwys y *Post Prynhawn*, ond cyn hynny, brecwast. Alla i ddim gwneud heb frecwast am ryw reswm, pryd pwysica'r diwrnod. Uwd ydi'r ffefryn pan fydda i gartref. Yn ddelfrydol, gydag ychydig o fêl a ffrwythau ar ei ben. Wedi bore cynnar arall ym Mharis does dim uwd gwaetha'r modd, ond mae'r omelette aux champignons yma'n hen ddigon da, heb anghofio'r baned o goffi du.

Dwi'n ei glywed o bell. Wrth agor drws swyddfeydd dros dro'r BBC ym Mharis, roedd hi'n amlwg fod cyflwynydd Newyddion 10 wrth ei ddesg, ac yn traethu. Doedd hwn ddim yn mynd i fod yn brynhawn tawel, digynnwrf, o baratoi ar gyfer y *Post Prynhawn.* Mae prif ddarlledwr newyddion y BBC bob amser yn gwmni difyr tu hwnt, yn enwedig pan na fydd ond dau arall mewn ystafell lawn yn deall byrdwn rhai o'i sylwadau bachog a chrafog. Un parod ei farn fu Huw Edwards erioed. Er mawr loes i'w dîm cynhyrchu braidd yn sych yr olwg, roedd Huw a finnau yn ein dyblau'n chwerthin wrth hel atgofion am ddyddiau a fu. Mi fuon ni'n trafod yr etholiad cyffredinol hefyd, a Huw unwaith eto eleni'n mynd i orfod aros tan y bore wedyn cyn iddo allu cyflwyno'r rhaglen ganlyniadau, a hawlio cadair David Dimbleby. Tybed a fydd y drefn honno'n newid erbyn y tro nesaf meddwn i, neu a oes rhyw ddeddf yn mynnu fod rhaid cael rhywun o'r enw Dimbleby i gyflwyno rhaglenni etholiadol y Gorfforaeth? Gwenu'n ddiplomyddol, ddoeth, wnaeth Huw.

Mi aeth rhifyn dydd Llun o'r *Post Prynhawn* yn fyw o Baris heibio'n ddidramgwydd, yr amodau technegol dros dro bron cystal ag y maen nhw yn ôl ym Mryn Meirion. Mae cyfnod newydd yn dechrau yn Ffrainc a'i phobl wedi dewis arweinydd newydd, ifanc sy'n credu'n gryf yng ngwerth yr Undeb Ewropeaidd. O fewn mis, a fydd pennod newydd yn agor yn hanes gwleidyddiaeth Prydain tybed? Mi ddaeth hi'n bryd i ni hedfan adref.

Dydd Mawrth, Mai 9

Erbyn imi gyrraedd adref, mae ambell neges wedi cyrraedd am y ddwy raglen *Hawl i Holi*, a'r ddau rifyn o *Pawb a'i Farn*, sydd i'w cynnal yn ystod wythnosau olaf yr ymgyrch. Mae'r paneli'n araf lenwi, ond dydi sicrhau cynulleidfa â barn wleidyddol gytbwys ddim mor hawdd. Ar adegau mae Nia Lynn Jones, y trefnydd cynulleidfaoedd a finnau'n edrych rhyw fymryn yn ddigalon tua'r dyfodol, ac yn lled gydymdeimlo â phwy bynnag fydd yn gwneud gwaith tebyg ymhen degawd arall, dyweder. Os bydd pethau'n parhau fel ag y maen nhw, bydd llai o siaradwyr Cymraeg yn y cadarnleoedd traddodiadol. Mae'n debygol hefyd y bydd llai o bobl yn aelodau o bleidiau (er bod cyfnod Jeremy Corbyn fel arweinydd y Blaid Lafur wedi gwrthbrofi hynny i raddau, ond ai tuedd dros dro ydi honno?). Ac eisoes dwi hefyd yn cael yr argraff fod llai o bobl yn barod i fynegi'n agored eu cefnogaeth i ryw blaid neu'i gilydd. Fel arfer, gyda llaw, dydi hynny ddim yn wir yn achos cefnogwyr Plaid Cymru.

Wedi holl gynnwrf Ffrainc, mae heddiw'n un o'r dyddiau diflas hynny pan fydd y *Post Prynhawn* braidd yn brin o straeon, pan fydd y darnau'n bryderus o hwyr yn disgyn i'w lle, pan fydd y tîm bach gweithgar yn teimlo dan fwy o bwysau nag arfer, wrth i'r cloc ar y wal nesáu at bump o'r gloch a'r cyflwynydd yn dal i ysgrifennu. Gyda mymryn o lwc fydd

Tommo ddim yn dweud rhywbeth cwbl annisgwyl eiliadau cyn imi fynd ar yr awyr. O leiaf mae rhywun yn gallu dibynnu ar frechdan dda i ginio gan Jan yn y ffreutur. Mae hynny hefyd yn rhan o'r patrwm dyddiol, tiwna neu wy fel arfer! Mae sgwrs wedi'i threfnu gyda'r Arglwydd Dafydd Elis-Thomas am ddyfodol y Parciau Cenedlaethol, y tro cyntaf imi gael gair ag Aelod Cynulliad Annibynnol Dwyfor Meirionnydd ers iddo benderfynu gadael rhengoedd Plaid Cymru. Recordio'r sgwrs fyddwn ni. Ar y cyfan, mae'n well gen i wneud cyfweliadau byw, yn syml iawn am fod y rhaglen yn llythrennol yn swnio'n fwy bywiog o'r herwydd. Ond wrth recordio, o leiaf mae cyfle am sgwrs ymlaen llaw. Sut mae Annibynia Fawr gofynnais? Ardderchog oedd ateb diflewyn ar dafod Dafydd, a chyn-Lywydd y Blaid yn amlwg yn falch iddo allu diosg hualau pleidiol. Eto i gyd, mae'n rhyfedd meddwl nad fel un o aelodau amlycaf Plaid Cymru mae Dafydd yn cael ei holi gen i heddiw a ninnau wedi cael gornestau geiriol lu ers imi ymuno â'r BBC yn 1980, ac yntau eisoes bryd hynny wedi bod yn Aelod Seneddol ers chwe blynedd. Ynghyd â Dafydd Wigley, Rhodri Morgan, Elfyn Llwyd a Carwyn Jones, mae'n siŵr ei fod yn perthyn i'r dyrnaid neu ddau o wleidyddion imi eu holi amlaf.

Roedd yr Arglwydd Roberts o Gonwy, neu Syr Wyn fel roedd o cyn ei ddyrchafu i Dŷ'r Arglwyddi, yn sicr yn un o'r rheiny hefyd, ac yntau'n weinidog yn y Swyddfa Gymreig am bymtheng mlynedd. Mae gen i gof i ni gael sgwrs yn fuan ar ôl imi gyrraedd San Steffan fel gohebydd seneddol hynod ddibrofiad. 'Pwy 'dach chi wedi'i holi hyd yma, Dewi?' a finnau'n rhestru rhyw ddwsin o Aelodau Seneddol. 'Wela i,' meddai Wyn gan ymfalchïo, 'ond 'machgen i, dach chi ddim wedi holi unrhyw un yn y Llywodraeth, naddo? Mae'n bryd i ni gael gair.' Gŵr â'i gwrteisi'n ddi-ffael, cawsom aml i air tan ei farwolaeth ym mis Rhagfyr, 2013. Bu Wyn a'r barnwr Eifion Roberts, dau frawd disglair o Fôn, ill dau'n westeion pen-blwydd gyda'r difyrraf.

Dydd Mercher, Mai 10

Larwm yn canu am chwech o'r gloch. Pam? Dim syniad. Pa raglen sydd gen i heddiw? Dim syniad. Ydi hi'n fore Sul? Nac ydi. Ydw i'n breuddwydio? Pan fydda i, yr un hen freuddwyd ydi hi bob tro, beth bynnag. A'r un hen ddiweddglo diflas. Dwi'n methu cyrraedd y stiwdio mewn pryd. Hyd y gwn i ddigwyddodd hynny erioed imi mewn gwirionedd. Ond yn y freuddwyd, ofer ydi pob ymdrech chwyslyd i gyrraedd yn brydlon. Mae'r rhaglen yn dechrau, ond dydi'r cyflwynydd ddim yno. Yn y freuddwyd mae yna awyrgylch o ofn a dychryn, rhywbeth na fydda i byth yn ei deimlo wrth ddarlledu. Wedi'r cwbl, fel y bydda i'n dueddol o ddweud, dim ond radio (neu deledu) ydi o. Beth fyddai gan seiciatrydd i'w ddweud tybed? O'r diwedd, wrth araf ddadebru am 6.02, mae'n gwawrio arna i. Fydd gwaith ddim yn galw heddiw. Yn lle hynny, gorchwyl pleserus iawn. Mynd i gyrchu Owain o faes awyr Manceinion, ymweliad sydyn â'r swyddfa basport yn Lerpwl, cyn troi am Fangor. Dydi o ddim wedi bod adref ers y Nadolig, pan ddaeth yn ewythr am y tro cyntaf.

Ar hyd yr M56, mae'r rhaglenni newyddion yn rhoi sylw i ymddangosiad Theresa May a'i gŵr, Philip, ar *The One Show* neithiwr. Yn ôl y sôn rhyw olwg braidd yn anghyfforddus oedd ar y Prif Weinidog er bod ei chymar yn ei gwneud hi'n weledol amlwg ei fod yn cytuno â phob gair a ddeuai o'i genau. Yr hyn sy'n anodd ei ddeall ydi pam bod rhywun sydd yn y bôn mor swil, wedi mentro i faes mor gyhoeddus, lle mae hi'n darged i feirniaid bob awr o bob dydd. Y pwnc mawr arall yn y penawdau ydi penderfyniad yr Arlywydd Trump i ddiswyddo cyfarwyddwr yr FBI, James Comey, oherwydd y modd y deliodd â helynt e-byst Hillary Clinton. Hyd yn oed i rywun a fu'n byw yn Washington am gyfnod yn yr wythdegau ac sydd wedi bod yn ôl yno droeon wedi hynny, mae'r ddwy flynedd ddiwethaf yng ngwleidyddiaeth America wedi bod yn gymysgedd od o ddirgelwch a rhyfeddod.

O'r maes awyr i Lerpwl lle mae angen pasbort newydd ar

Owain oherwydd ei fynych deithiau. Beth wnawn ni am bedair awr yn y lle a oedd yn arfer cael ei alw'n brifddinas y gogledd? Anaml y bydda i'n mynd yno. Oherwydd y tîm pêl-droed, Manceinion sy'n fy nenu i ac mae hi'n fwy cyfarwydd imi o dipyn. Ond dwi wedi siarad â chymdeithas Cymry Lerpwl fwy nag unwaith ac mae'r profiad o fynd â rhifyn o *Pawb a'i Farn* i neuadd wych St George yn dal yn fyw yn y cof. Chwefror 2008 oedd hi, yr unig dro i'r rhaglen ymweld â'r ddinas. Yn naturiol roedd y Parchedig Ddr D Ben Rees ar y panel, prif ladmerydd Cymry Lerpwl ers sawl blwyddyn. Felly hefyd yr Athro Mari Lloyd Williams a Gwyn Llewelyn. Unwaith eto roedd y Dr John Davies wedi cytuno i ddod o Gaerdydd a'r gynulleidfa ardderchog wrth ei bodd yn gwrando arno'n doethinebu, llawer yn athrawon wedi ymddeol neu'n fyfyrwyr. A fyddai modd cael cynulleidfa o gant yn Lerpwl ddeng mlynedd yn ddiweddarach? Tybed?

Mi soniais eisoes fod John yn un o'm hoff banelwyr, a'i allu i fynd i gyfeiriadau annisgwyl yn gaffaeliad i unrhyw raglen. Nid ysgolhaig y tŵr ifori mohono fo. Gallai ymwneud â phawb yn ddiwahân. Roeddwn i a gweddill y criw wedi hen fynd i'n gwlâu, gan adael John wrth far y gwesty gyda Brian Jones a Cynric Hughes, ein dau gydweithiwr hoffus o Ddyffryn Nantlle a fu am flynyddoedd yn gyfuniad hawddgar o swyddogion diogelwch a thywyswyr hwyliog i bawb a oedd yn dod atom. Yn ôl ffynonellau dibynadwy, roedd John yn dal i draethu am dri o'r gloch y bore. Mae'r tri wedi'n gadael ni bellach, a'r tri yn eu gwahanol ffyrdd wedi cyfrannu llawer i'r rhaglen. Coffa da amdanynt.

Dydd Iau, Mai 11

Ddim yn teimlo'n wych heddiw, rhaid dweud. Gweithio oriau hir yn Ffrainc ar fai o bosib. Ar y llaw arall, doedd y darn yna o quiche i ginio ddoe yn Lerpwl ddim yn blasu'n iawn rywsut. Rhyfedd fel mae un platiad bach o fwyd yn gallu ysgwyd yr ymysgaroedd. Does fawr ddim i'w ddweud o blaid cael pwl o salwch mewn cyfnod mor brysur ac eithrio'r ffaith efallai fod rhywun yn cael cyfle i wrando ar y radio am rai oriau. Mae yna rywbeth yn gysurlon yn y cyfrwng, gan awgrymu fod yna ddyfodol iddo mewn rhai mannau'n arbennig ac ar rai achlysuron, wrth grwydro'r tŷ dyweder, yn y gwely fel yn fy achos i heddiw, neu yn y car. Waeth imi gydnabod ddim nad ydw i'n gyfan gwbl deyrngar i Radio Cymru ychwaith. Mae dyfodiad y radio digidol a'r we'n golygu fod perlau'r World Service, er enghraifft, ar gael yn hawdd, gan ddwyn i gof y teithiau wnes i'n iau i rannau o Affrica ac India. Mewn gwesty moel a digysur, neu ar adegau wrth gysgu o dan rwyd yn yr awyr agored, mi fyddai'r radio bach yn clindarddach wrth imi chwilota am fwletinau newyddion ar y donfedd fer. Mae'r rheiny ar gael bellach yn gwbl glir ym Mangor, a'r byd yn sicr yn teimlo'n llai o'r herwydd.

Yn Chad, yng nghanolbarth Affrica, rhwng Sudan a Niger, y bu'n rhaid cysgu mewn rhwydi mosgito gyda'r radio'n ddi-ffael wrth fy mhenelin. Roedd newyn enbyd wedi achosi argyfwng yno yn ogystal ag yn Ethiopia a Sudan yn 1985, chwarter canrif ers iddi hawlio ei hannibyniaeth gan Ffrainc. Yn Chad roedd rhyfel cartref yn gwneud pethau'n waeth, a braidd yn bryderus roeddwn i a dweud y gwir wrth i ni gael croeso milwrol ym maes awyr N'Djamena, y brifddinas fwyaf dienaid y bûm i ynddi erioed. Dan oruchwyliaeth y Cenhedloedd Unedig, ffilmio mewn gwersylloedd i ffoaduriaid oedd ein prif nod. Dros ddeng mlynedd ar hugain yn ddiweddarach, dydi rhywun ddim yn anghofio golygfeydd truenus yr ymweliad hwnnw, er ein bod ni erbyn hyn yn fwy cyfarwydd o lawer â'u gweld nhw ar y teledu.

Llef o'r Anialwch oedd teitl ein rhaglen ni, cri am gymorth gan filoedd o bobl roedd eu llygaid pŵl yn cyfleu anobaith wrth syllu ar ddieithriaid a'u camera digywilydd yn cofnodi eu trallod. Y ffaith ein bod ni'n cael ein gwahardd rhag cynnig unrhyw gymorth oedd yn peri'r rhwystredigaeth fwyaf. Roedd gen i focs o fisgedi yn fy mag, ond fiw imi geisio eu rhannu ag ambell un. Mi fyddai hynny wedi arwain at anhrefn llwyr. Efallai fod angen calon galetach na fy un i, i ohebu'n effeithiol ar stori fel honno. Calon o bosibl fel ein dyn camera ni, a fu'n cwyno rhyw brynhawn yng nghanol hyn oll nad oedd wedi cael egwyl ar gyfer ei ginio. Dydi hi'n od fel mae un sylw fel yna'n mynnu procio cof a chydwybod? Fues i ddim yn ôl i Chad wedi'r daith honno, ond byddai'n ddiddorol cael gwybod i ba raddau mae pethau wedi newid a gwella.

Heddiw ydi'r dyddiad cau ar gyfer enwebiadau'r ymgeiswyr seneddol. Mae Ceidwadwyr Ynys Môn wedi dewis Tomos Dafydd Davies, dyn ifanc o Gaerdydd a fu'n gweithio am gyfnod i'r Ysgrifennydd Gwladol yn Swyddfa Cymru. Ai rhywun yno tybed benderfynodd y gallai fod yn ymgeisydd da mewn ardal Gymraeg lle mae'r Toriaid wedi cael llwyddiant yn y gorffennol? Hyd y gwn i does ganddo ddim cysylltiad amlwg â'r ynys ac ym Môn o bobman mae hynny'n gallu bod yn anfantais. Wedi dweud hynny, beth oedd cysylltiad Keith Best, Aelod Seneddol yr ynys rhwng 1979 ac 1987, pan enillodd Ieuan Wyn Jones? Mae tad Tomos, yr Uwchgapten Alan Davies yn gyfarwydd iawn â *Pawb a'i Farn*, fel panelydd ac fel aelod o'r gynulleidfa. Tybed a fydd lle i'r mab ar un o'n paneli etholiadol ni eleni? O safbwynt y rhaglen byddai'n braf pe bai rhagor o Geidwadwyr Cymraeg ar gael. Byddai modd dadlau er enghraifft mai cymharol brin ydi cyfranwyr fel Guto Bebb. Wrth imi ysgrifennu'r frawddeg yna mi alla i glywed llais cyn-bennaeth imi'n dadlau'n hytrach na phoeni am banelwyr da, y dylem fod yn dangos i wylwyr S4C beth ydi gwir safon y gwleidyddion sy'n apelio am eu pleidleisiau. Os ydi'r rheiny'n digwydd bod yn banelwyr sâl, eu Cymraeg braidd yn simsan a'u dadleuon yn wan, o leiaf mae'r rhaglen wedi gwneud ei gwaith yn rhoi llwyfan iddyn nhw ger bron y cyhoedd. Allwn i ddim anghytuno mwy. Ydi, mae *Pawb a'i Farn* yno i roi cyfle i wleidyddion leisio'u barn ac i rai o bynciau mawr y dydd gael eu gwyntyllu. Ond os nad ydi'r panelwyr yn gallu mynegi eu dadleuon mewn modd cryno, rhesymegol, ffraeth a lled huawdl, onid gwasgu botwm i droi at sianel arall fydd y gwylwyr cyn pen dim? Rhywle yn ystod yr awr yna mae angen adloniant yn ogystal ag anghytuno, angerdd ac addysg. Gwaetha'r modd, fel ambell banelydd, mae'r rhaglen yn syrthio'n brin o'r nod o bryd i'w gilydd.

Dydd Gwener, Mai 12

Daeth adferiad Lasarusaidd i gyflwr fy stumog, diolch byth. Dwi wedi sylwi fod hynny'n gallu digwydd pan fydd rhaglen arall ar y gorwel. Yn rhyfedd iawn, a finnau wedi cyfeirio ato ddoe, mi gysylltodd Guto Bebb er mwyn cael gwybod pwy fyddai'n gwmni iddo ar baneli *Pawb a'i Farn* a *Hawl i Holi*. 'Sut mae'r ymgyrch yn mynd?' meddwn i. Digon da fyth oedd yr ateb, a'r Ceidwadwyr yn ddigon ffyddiog i ganiatáu i Guto ymgyrchu mewn etholaethau ar wahân i Aberconwy. A fydd yna ddyrchafiad iddo tybed wedi'r etholiad? Yn sicr mae'n amlwg fod ganddo gyfeillion yn uchelfannau ei blaid. Adeg y Gyllideb ym mis Mawrth, mi ddatgelodd y Canghellor, Philip Hammond, y byddai'n codi lefel taliadau Yswiriant Gwladol i bobl hunangyflogedig. Y bore wedyn mi olygodd y cyhoeddiad hwnnw fod cyfweliad a wnes i ar y *Post Prynhawn* yn cael sylw, am y tro cyntaf a'r tro olaf mae'n bur debyg, ym mhapurau trymion Llundain. Yn blwmp ac yn blaen, dywedodd y Gweinidog yn Swyddfa Cymru, sydd hefyd yn un o chwipiaid ei blaid, fod y cynnydd hwnnw'n gamgymeriad, ei fod yn mynd yn groes i'r maniffesto a'i fod yntau'n barod i ymddiheuro. Ym marn un o golofnwyr y *Times*, gan gyfeirio at ein sgwrs, 'it was an interesting way to scupper a ministerial career before it's started'. Dim byd o'r fath, cadw ei swydd ar y fainc flaen wnaeth Guto ac o fewn wythnos i'r Gyllideb, roedd Mr Hammond wedi newid ei feddwl. Rhag i chi feddwl fod y Canghellor yn gwrando ar Radio Cymru gyda llaw, fyddai'r cyfweliad ddim wedi cael hanner cymaint o sylw oni bai fod ein gohebydd seneddol prysur, Elliw Gwawr, wedi cyfeirio ato ym mhob dull a modd ac ar bob cyfrwng posibl.

Mae newid daearyddol wedi bod yn nhrefniadau un o'r ddwy raglen *Hawl i Holi* sydd i'w darlledu yn ystod yr ymgyrch. Roedd penaethiaid Radio Cymru'n awyddus i ni fynd i faes Eisteddfod yr Urdd ym Mhen-y-bont ar Ogwr, neu o leiaf i'r cyffiniau. Roedd y criw bach sy'n gyfrifol am y cynhyrchiad wedi dadlau nad oedd hynny'n ddelfrydol. Wedi diwrnod blinedig yn crwydro'r maes ac ar ôl codi'n gynnar efallai er mwyn mynd i ragbrofion, pa eisteddfodwr mewn difrif calon a fyddai'n awyddus i oedi tan saith neu wyth o'r gloch y nos ar y maes er mwyn cymryd rhan mewn trafodaeth etholiadol? Ar ben hynny, pa mor sicr fyddem ni o gael cydbwysedd gwleidyddol o dan amodau o'r fath?

Roeddwn yn falch felly o glywed mai ymhellach i'r gorllewin y byddwn ni'n mynd, i Ganolfan Dylan Thomas yn Abertawe. Mae rhywun yn weddol sicr o gael cynulleidfa dda yno hefyd, a phobl a fydd yn coleddu safbwyntiau gwahanol. Os gwnaethoch chi synhwyro yn y frawddeg ddiwethaf yna fod y cadeirydd o'r farn fod rhai cynulleidfaoedd yn well na'i gilydd, yna mi rydach chi'n gwbl gywir. Mi allwn i ysgrifennu traethawd ymchwil ar y pwnc. Nid fy mod i am bechu unrhyw ardal na'i phobl, ond wedi ugain mlynedd o grwydro Cymru a thu hwnt, mae yna wahaniaethau pendant sydd i'w gweld a'u clywed ar y sgrin. Y gwir ydi fod gan bob bro ei nodweddion, rhai'n fwy llafar na'i gilydd, rhai ychydig yn fwy swil, rhai'n ymosodol danllyd, rhai'n addfwyn a goddefgar, ac weithiau mi ddaw aelodau'r gynulleidfa ynghyd yn y gobaith o gael eu difyrru heb orfod cyfrannu rhyw lawer. Ar ôl rhaglenni felly y bydda i'n cael nosweithiau di-gwsg.

Yn amlach na pheidio bydd cynulleidfa dda, parod ei chyfraniadau yn un o drefi Ynys Môn. Nid bod hynny'n syndod. Wedi'r cwbl mae digon o bynciau sy'n achosi gwrthdaro fel y cynllun i godi atomfa newydd, cyflwr y cyngor sir, a'r angen am bont arall dros y Fenai. Ym Môn, Llangefni os cofia i'n iawn, y cerddodd un cynghorydd a'i wraig allan cyn i'r rhaglen ddechrau am fod cynghorydd arall wedi cael gwahoddiad hefyd. Fel y byddech chi'n disgwyl mewn etholaeth sydd wedi dewis Aelodau Seneddol o bedair plaid ers yr Ail Ryfel Byd, mae cynrychiolaeth i bob safbwynt. Os oes yna fai o gwbl ar bobl Môn yng nghyd-destun *Pawb a'i Farn*, efallai y caf i feiddio dweud eu bod nhw fymryn yn gyndyn o edrych ymhellach na'r Fenai am bynciau i'w trafod. Wedi dweud hynny eu rhaglen nhw ydi hi, eu cwestiynau nhw sy'n cael eu gofyn, ac fel y bydda i'n sicr o ddweud cyn dechrau pob rhaglen mae angen clywed lleisiau'r gynulleidfa lawn cymaint â rhai'r panelwyr. Fel arall, waeth i ni fod mewn stiwdio yng Nghaerdydd bob wythnos.

Ar ôl imi ganmol un o siroedd y gogledd, gwell imi fod yn gytbwys. Dychmygwch am funud driongl yn cysylltu Abertawe, Caerfyrddin ac Ystradgynlais. Triongl a fyddai hefyd yn cynnwys Trimsaran, Pontardawe, Pontyberem a Drefach gan wasgu Llandeilo i mewn hefyd i'r gornel uchaf. Yn y gorffennol, yn amlach na pheidio, mae cynulleidfaoedd yr ardaloedd hynny wedi deall i'r dim yr hyn roedd ei angen, i'r graddau fy mod i wedi cynnig dadansoddiad i'r Dr John Davies. Tybed, yn y rhannau hynny o orllewin Morgannwg a'r sir Gaerfyrddin ddiwydiannol, a oes yna fwy o draddodiad o leisio barn yn gyhoeddus am eu bod wedi dadlau, dyweder, mewn cyfarfodydd undeb? Efallai fod rhai o'r diwydiannau wedi cilio, fel yn wir yn Nyffryn Ogwen yng Ngwynedd, ond mae'r awydd i ddweud eu dweud ar goedd yn fyw ac yn iach. Wnaeth John ddim anghytuno, dim ond ychwanegu fy mod yn debygol o gael rhaglenni gwell mewn ardaloedd lle mae'r Annibynwyr a'r Bedyddwyr yn gryf yn hytrach na'r Presbyteriaid a'r Wesleaid, y ddwy garfan gyntaf meddai'n fwy annibynnol eu barn, ac yn llai parod i ddilyn cyfarwyddyd canolog yn ufudd a di-gŵyn. Wnaeth yr hanesydd ddim sôn am eglwyswyr, gyda llaw. Dwi'n rhyw amau fod ei dafod yn ddwfn yn ei foch, ond serch hynny mae hi'n ddamcaniaeth ddiddorol. Mae cael ffermwyr yn y gynulleidfa bob amser yn llesol i'r rhaglen gan eu bod nhw, gan amlaf, yn fwy na pharod i gyfrannu. Wedi dweud hynny, mi gysylltodd un gwyliwr wedi cyfres pan roddwyd mwy o sylw nag arfer i'r diwydiant amaeth, gan awgrymu y dylid ei hailfedyddio'n Pawb a'i Ffarm! Y gwir plaen ydi na wyddoch chi byth i sicrwydd lle'n union y cewch chi raglen dda nac yng nghwmni pwy. Mi all y cynhwysion fod yn addawol tu hwnt, ond weithiau o'u rhoi nhw at ei gilydd fydd y rysáit ddim yn gweithio. Mi fyddai hynny'n aml yn ddirgelwch ac yn destun trafod i Geraint Lewis Jones, y cyn-olygydd a finnau wrth i ni ymlacio wedi'r rhaglen. Daeth Geraint i'r BBC wedi cyfnod fel athro hanes yn Ysgol Maes Garmon, Yr Wyddgrug a chawsom flynyddoedd o gydweithio hapus cyn iddo ymddeol dros dair blynedd yn ôl. Mae ei olynydd hynaws ac ymroddedig, Delyth Isaac, merch o Gaerfyrddin a ymunodd â'r BBC wedi cyfnod yn gweithio i'r *Cambrian News* ym Mhorthmadog, yn barotach i dderbyn na fyddwn ni'n taro deuddeg bob tro. Dyna natur amherffaith y cyfrwng. Mae'n rhaid imi ychwanegu fod rhai o raglenni gorau'r cyfresi diwethaf, yn fy marn i beth bynnag, wedi bod ym Mhontrhydfendigaid, Crymych a Llanelwy, sy'n profi nad oes rhyw lawer o bwynt ceisio dadansoddi'n ormodol beth sy'n gwneud cynulleidfa na rhaglen dda.

Dydd Sadwrn, Mai 13

Mae sôn am gyfrwng amherffaith yn f'atgoffa i o sgwrs ges i dro'n ôl ar y stryd fawr ym Mangor, prawf mai drych anghyflawn ydi teledu. Mi allwch chi fod yn darlledu am flynyddoedd heb wneud rhyw lawer o argraff ar ambell wyliwr. Daeth dynes draw ata i gan ddechrau canmol, 'Mae ych rhaglenni chi'n ardderchog,' meddai, 'mae'r gŵr a finna wrth yn bodda yn eu gwylio'. 'Wel diolch yn fawr iawn,' meddwn innau gan geisio bod mor wylaidd ag y bo modd. 'Dyma'r gŵr fan hyn,' meddai hi gan droi ato. 'Wil, edrych pwy sydd yma, Arfon Haines Davies!'

Mae fy nhaith gerdded bron yn ddyddiol i'r gwaith yn mynd â fi heibio i hen gartref fy rhieni ar Ffordd Garth Uchaf, lle treuliais i fy arddegau, a Meurig fy mrawd iau ran helaeth o'i blentyndod. Yna, ar y chwith mae hen neuadd John Morris Jones a fu'n lletya cymaint o fyfyrwyr Cymraeg am flynyddoedd ac sydd bellach wedi'i hail fedyddio yn Neuadd Garth ar gyfer y myfyrwyr rhyngwladol mae eu ffioedd mor dyngedfennol bwysig i goffrau Prifysgol Bangor. Maen nhw'n dweud imi fod yr aroglau anhyfryd braidd a oedd yn arfer bod ym mêr esgyrn yr adeilad hwnnw wedi diflannu erbyn hyn. Oglau braidd yn debyg i fresych a'i darddiad yn dipyn o ddirgelwch. Glud carpedi oedd yr ateb yn y diwedd, meddan nhw.

Cyn croesi'r lôn i Fryn Meirion, mae adeilad arall ar y dde a'r arwydd newydd sbon ar hwnnw, Llys Meirion, yn dynodi mai llety i fyfyrwyr sydd yno bellach hefyd. Tan yn gymharol ddiweddar Bryn Llifon oedd ei enw, cartref gofal i'r henoed a gafodd ei sefydlu gan Undeb y Bedyddwyr, menter roedd fy mam, ymhlith eraill, ynghlwm â hi, ond a brofodd yn rhy ddrud i'w chynnal yn y diwedd. Os awn ni'n ôl i'r ganrif ddiwethaf, yr adeilad hwn oedd y Bryn Meirion gwreiddiol, lle bu pobl fel Sam Jones, W R Owen, John Roberts Williams, Meirion Edwards ac R Alun Evans yn arwain BBC Bangor, a lle bu cewri fel Charles Williams, Meredydd Evans a Gari Williams yn darlledu. Mewn estyniad newydd iddo, fe agorwyd stiwdio deledu fach yn niwedd yr wythdegau ac yno y cefais i bum mlynedd hapus iawn yn cydgyflwyno'r newyddion ar S4C gyda llun trawiadol o Bont y Borth y tu ôl imi, ac Angharad Mair neu Keith Jones fel arfer yn y pen arall yng Nghaerdydd. Roedd yn arbrawf diddorol, ymgais i ddangos yn weledol i gynulleidfa'r gogledd fod y gwasanaeth newyddion wedi'i ddatganoli, a bod ganddo wreiddiau y tu allan i'r brifddinas. Nid fy lle i ydi dweud fod yr arbrawf hwnnw wedi llwyddo, ond yn sicr fe gafwyd rhywfaint o feirniadaeth yn ddiweddarach pan gafodd cyflwynydd y de ei symud i Abertawe.

Yn fuan wedyn daeth bugeiliaid newydd i lethrau golygyddol y BBC, a chyn bo hir, cais ar imi ddechrau teithio i Gaerdydd. A hithau'n segur, daeth oes y stiwdio fach, glyd i ben ac wrth i'r chwyldro technolegol garlamu'n ei flaen ac i ddyddiau'r *autocue* ar ddarn simsan o bapur ddarfod, efallai nad oedd ei hangen. Gwerthwyd yr adeilad a chafodd gwaith BBC Bangor ei ganoli yn y Bryn Meirion presennol lle mae'r *Post Prynhawn, Dewi Llwyd ar Fore Sul*, a chanran iach o raglenni Radio Cymru fel *Aled Hughes, Tudur Owen, Lisa Gwilym, Geth a Ger* yn cael eu trefnu a'u darlledu bob dydd o'r wythnos.

Wrth imi gyrraedd Bryn Meirion er mwyn paratoi at raglen yfory, galwad ffôn gan aelod amlwg o Blaid Cymru. Mae'n edrych yn obeithiol ar Ynys Môn meddai, ond mae'n ymddangos fod y Ceidwadwyr yn ennill tir yn Nwyrain Caerfyrddin a Dinefwr, y sedd mae Jonathan Edwards yn ceisio'i hamddiffyn. Byddai angen tipyn o ddaeargryn gwleidyddol iddyn nhw allu trechu Jonathan, o gofio mai Llafur oedd yn ail yno'r tro diwethaf, a dwi'n weddol sicr y byddai fy nghyfeillion, Vaughan Roderick a Richard Wyn Jones yn cydadrodd y geiriau, 'annhebygol iawn'. Ond fel y dywedodd Richard ei hun wrtha i dro'n ôl, mae mis yn amser hir iawn mewn gwleidyddiaeth.

Mae saith mlynedd wedi mynd heibio ers imi gyflwyno rhaglen radio o'r enw *Tri yn y Tŷ*. Am rai misoedd, roedd hi'n dilyn hynt a helynt tri Aelod Seneddol a gafodd eu hethol i Dŷ'r Cyffredin am y tro cyntaf yn etholiad cyffredinol 2010. Profiad difyr a dadlennol oedd dod i'w hadnabod nhw'n well, a'u gweld nhw wrth eu gwaith, nid yn unig yn San Steffan ond yn eu hetholaethau hefyd. Roedd Jonathan Edwards yn un ohonyn nhw ac mae'r ddau arall, Susan Elan Jones a Guto Bebb, hefyd yn sefyll eto'r tro yma, a'r tri i raddau o dan dipyn o bwysau. Allech chi ddim disgrifio eu seddi nhw fel rhai diogel. Os ydi rhywun yn credu'r arolygon barn mae Susan yn wynebu brwydr galetach na'r ddau arall. Bydd dau o'r tri yn ymddangos ar raglenni etholiadol yn ystod y tair wythnos nesaf. Mi alla i ddychmygu fod Jonathan o leiaf yn fodlon iawn ei fyd heddiw. Wedi buddugoliaeth oddi cartref yn Sunderland, fe fydd lle i Abertawe unwaith eto yn Uwch Gynghrair Lloegr y tymor nesaf. Fe gafodd yr anrheg pen-blwydd yna ei sicrhau o'r diwedd, felly.

Dydd Sul, Mai 14

Rhaglen arall a phentwr arall o bapurau i'w hadolygu yng nghwmni dau sydd wedi gwneud hynny'n feistrolgar droeon o'r blaen, y seicolegydd clinigol Dr Mair Edwards a'r tiwtor iaith Cris Dafis. Mor aml ag y bo modd, mae un gwestai ym Mangor a'r llall yn un o'r dyrnaid o stiwdios eraill sydd gan y BBC trwy Gymru. Mewn deng mlynedd mae'n anodd gwybod faint o bobl sydd wedi cytuno i godi'n gynnar ar foreau Sul, degau os nad ugeiniau ohonynt erbyn hyn, heb os. Dydi o ddim yn waith hawdd ac yn sicr bach iawn ydi'r tâl am wneud. Ond hyd y gwela i, fel Mair a Cris, mae'r rhan fwyaf yn cael blas ar gyfrannu. Heddiw dydi'r tudalennau blaen ddim yn arwain gyda'r etholiad, ond yn hytrach â'r ymosodiad seiber sydd wedi parlysu cyfrifiaduron y Gwasanaeth Iechyd yn Lloegr. Mae Cymru wedi llwyddo i osgoi'r cyfan am fod ein systemau ni eisoes wedi'u huwchraddio, arian wedi'i wario mewn da bryd ar ddiweddaru meddalwedd. Lle i ganmol mewn maes lle mae cymaint o feirniadu wedi bod ar Lywodraeth Bae Caerdydd. Heddiw hefyd mae'r sgwrs gyda'r Archdderwydd yn cael ei darlledu a does dim prinder ymateb iddi. Mae ei sylwadau am bobl yn mudo i Gaerdydd, yn blant ac yn rhieni'n destun trafod, ac mae Ysgrifennydd Cyffredinol yr Annibynwyr yn trydar er mwyn ei ganmol am awgrymu fod angen mwy o sôn am ffydd mewn pregethau.

Does yna fawr o symud wedi bod yn yr arolygon barn. Yn ôl cwmni YouGov mae'r Ceidwadwyr ar 49 a Llafur ar 31. Mae UKIP ar 3. Ddeufis yn ôl, cyn dechrau'r ymgyrch, roedden nhw ar 12. I ble mae'r pleidleisiau yna'n mynd tybed?

Awr o bwyllgor gyda Marian, y cynhyrchydd, wedi'r rhaglen. Beth oedd yn dda, beth nad oedd cystal, beth sydd ar y gweill ar gyfer y Sul nesaf, pa westeion pen-blwydd sydd angen eu holi? Mae'r meddwl yn dechrau crwydro. Wedi'r cwbl, ar ôl codi mor gynnar mae hi eisoes yn teimlo fel amser cinio ac mae'r cinio Sul traddodiadol yn dal i gael lle anrhydeddus yn ein tŷ ni.

Delyth, golygydd *Pawb a'i Farn* yn cysylltu. Yn ei stabal hi hefyd mae *Hawl i Holi*. Dydi pethau ddim yn dda os ydi hi'n cysylltu ar y Sul. Y Lib Dems unwaith eto ydi'r broblem. Pedair rhaglen i ddod ond pwy gawn ni i gynrychioli'r Democratiaid Rhyddfrydol? Dydi Aled Roberts ddim ar gael am ei fod wrthi'n gwneud rhyw waith ar ran y Llywodraeth. Y tebygrwydd ydi y bydd yn rhaid troi at Dŷ'r Arglwyddi am gymorth. Efallai y byddai'r Farwnes Christine Humphreys o Lanrwst yn barod i wneud rhaglenni'r gogledd, ond beth am y de? Un hoffus ydi Christine sydd wedi gweithio'n galed ar ran ei phlaid, ond wna i byth anghofio cyfweliad gyda hi pan oedd yn Aelod y Cynulliad ar ran y gogledd ym mis Mawrth 2001. A bod yn garedig, doedd hi ddim yn cael rhyw lawer o hwyl ar ateb fy nghwestiynau. Roedd hi fel pe bai'n ysu i weld y sgwrs yn dod i ben. Y diwrnod canlynol, fe ymddiswyddodd gan gefnu ar ei gyrfa ym Mae Caerdydd, ac mi gefais innau bwl bach o euogrwydd.

Ar nodyn ysgafnach, roeddwn yn cyflwyno rhaglen o un o gynadleddau'r blaid honno, ac yn paratoi i holi dwy o'r cynrychiolwyr, sef Christine a'r diweddar Juliana Hughes, y ddwy'n gwisgo melyn, lliw swyddogol y Democratiaid Rhyddfrydol. 'Y melyn yn llachar iawn,' meddwn i wrth fân siarad cyn y cyfweliad. 'Ond gen i mae'r melyn cywir,' atebodd Juliana'n gwbl bendant. Maes o law byddai'n well ganddi'r lliw glas Ceidwadol! Dro arall, yn Abertawe, roedd Juliana wedi'i dewis i fod ar banel mewn rhaglen etholiadol. Yn anffodus, doedd ei phlaid ddim yn awyddus iddi fod yno, a chafodd rhywun arall ei anfon yn ei lle, a hynny ar fyrder. Roedd Juliana druan yn ei dagrau. Wedi sawl awr o anghytuno rhwng y Democratiaid Rhyddfrydol a'r BBC, daeth un o uwch swyddogion y blaid i'r neuadd i ddadlau'r achos. Ond doedd dim ildio i fod ym marn y Golygydd Newyddion, Aled Eirug, a chafodd Juliana Hughes ei chyfle. Mae trafod, mae ymgynghori ac mae pwyllgora gyda'r pleidiau yn rhan bwysig o'r gwaith, ac er yn naturiol, eu bod nhw'n gwneud eu gorau i ddylanwadu, yn y diwedd y BBC sydd â'r gair olaf bob tro.

Dwi'n ddyledus i un o'r amlycaf o Ddemocratiaid Rhyddfrydol Cymru am wneud ei orau i achub un rhifyn o *Pawb a'i Farn* rhag mynd i ddifancoll yn llwyr. Roeddem ni yng Nghanolfan Hamdden Pontardawe ar ddiwrnod cyntaf mis Mehefin 2009, ar drothwy etholiadau Ewrop y flwyddyn honno. Ar adegau felly mae cynrychiolwyr y pleidiau, o'r chwith gomiwnyddol i'r dde eithaf yn cael gwahoddiad, nid i fod ar y panel o reidrwydd, ond i ymuno â'r gynulleidfa. Y noson honno roedd y British National Party wedi anfon dau aelod draw, a'r ddau'n awyddus i gyfrannu. O fewn deng munud i ddechrau'r rhaglen, daeth y wybodaeth honno i glyw'r panelwyr. Penderfynodd tri ohonyn nhw wrthod cymryd rhan oni bai fod y ddau aelod o'r BNP yn gadael. Doedd hynny'n sicr ddim yn mynd i ddigwydd, felly gyda phum munud i fynd, roedd hi'n ymddangos mai rhaglen gydag un panelydd fyddai gynnon ni, sef yr Arglwydd Roger Roberts o Landudno. Roedd Geraint, golygydd y rhaglen, eisoes wedi anobeithio ac yn dechrau pendroni beth fyddai goblygiadau darlledu *Pawb a'i Farn* gyda dim ond un gwleidydd ar y panel. Fyddai hynny'n torri'r rheolau?

Gyda thri munud i fynd mi wnes benderfynu fod yn rhaid imi ddefnyddio pob owns o ddylanwad oedd gen i er mwyn dwyn perswâd ar y triawd arall i gyfrannu. Roeddwn ar fin edrych yn wirion iawn wrth geisio cadeirio rhaglen gyda thair cadair wag y tu ôl imi. Doeddwn i ddim ar fy ngliniau'n llythrennol, ond rhaid cyfaddef ei bod hi'n teimlo felly. Yn sicr mi wnes ymbil arnyn nhw. Ar ôl dweud fy mhwt, mi es nôl at y gynulleidfa a Roger oedd yr unig banelydd. Roedd Richard, y rheolwr llawr newydd ddatgan fod munud a hanner i fynd pan gerddodd Eluned Morgan, Jill Evans ac Alun Cairns i mewn ac i'w cadeiriau. Ochenaid o ryddhad gan y cyflwynydd. 'Os bydd y ddau o'r BNP yn siarad,' meddai Eluned wrtha i'n dawel bendant, 'mi fydda i'n codi ac yn mynd allan.' Mae'r Farwnes Morgan o Drelái wedi bod yn deyrngar i'r rhaglen ar hyd y blynyddoedd, ond fues i erioed yn fwy diolchgar iddi am ei theyrngarwch na'r noson honno. Ar ôl i ni gyrraedd yr egwyl gyntaf, roedd hi am wybod i sicrwydd nad oedd cynrychiolwyr y BNP eisoes wedi siarad. Na, ddim hyd y gwn i oedd ateb gofalus y cadeirydd. Pan ddaeth y rhaglen i ben, roedd un aelod o'r BNP wedi cyfrannu, ond roedd y pedwar ar y panel yn dal i fod yn eu seddi, diolch byth.

Dydd Llun, Mai 15

Mae'r wythnos yn dechrau'n dda. Fy hen gyfaill, Alwyn Ellis, yn galw heibio am sgwrs. Fe ddechreuodd y cyfeillgarwch hwnnw pan ddaeth teuluoedd y ddau ohonom i fyw i ardal y Garth ym Mangor dros hanner canrif yn ôl. Mae Alwyn wedi ymddeol ers tro o'i waith fel syrfëwr gyda Dŵr Cymru, ond yn dal i gadw'n brysur fel ynad heddwch a chadeirydd Sioe Dyffryn Ogwen. Cyn sicred â dim, fe ddaw'r un cwestiwn bob tro. Pryd mae'r ymddeoliad i fod, Dewi? A'r un ydi'r ateb bob tro hefyd. Fe ddaw'n ddigon buan, ond dwi'n dal i fwynhau ar hyn o bryd. Bydd yn benderfyniad mawr, am wn i.

Roedd Alwyn wrth ei fodd pan gafodd ymddeol yn gynnar, ond mi wn am eraill y bu'r newid yn un anodd iawn iddyn nhw. Pan oeddem yn blant, os nad oedd y tywydd yn ffafriol, chwarae yn nhŷ Alwyn y byddem ni'n amlach na pheidio. Wedi'r cwbl roedd gan Hafod Wen yr hyn a oedd wedi'i dynodi'n ystafell chwarae, lle roedd modd cau'r drws ar bob oedolyn. Yno mae Alwyn yn honni hyd heddiw y clywodd ddarpar ddarlledwr yn ymarfer ei grefft am y tro cyntaf. Er mawr syndod, cymryd arna i fy mod yn sylwebu ar gêm rygbi roeddwn i, rhywbeth na wnes i erioed wedi hynny. Fyddai yna ddim cystadleuaeth i Gareth Charles. Lai nag ugain mlynedd wedi'r cyfnod hapus hwnnw, roedd Nia a finnau'n rhieni ifanc, a newydd benderfynu y byddem yn gadael Caerdydd er mwyn mynd yn ôl i Wynedd i fyw. Roeddwn i'n dal i weithio yn San Steffan ar y pryd, felly i Nia'n bennaf y rhoddwyd y dasg o chwilio am dŷ. Ar derfyn un diwrnod o chwilota, fe ddaeth galwad ffôn yn dweud iddi weld tŷ braf yn ardal y Garth y gallem ei fforddio. Oes yna enw iddo meddwn i? Oes, Hafod Wen. Ardderchog meddwn i. Does dim angen imi ei weld. Dwi'n gwybod i sicrwydd y bydd yn gwneud cartref da i ni. Roedd hynny ym mis Chwefror 1983. Erbyn hyn yr ystafell chwarae hyfryd honno ydi'r stydi lle caiff y geiriau hyn eu hysgrifennu, a finnau'n ceisio disgyblu fy hun rhag edrych allan yn rhy aml i gyfeiriad Porth Penrhyn, Llanfairfechan, Penmaenmawr a Chonwy. Mae Alwyn yn byw ers blynyddoedd yn Nhre-garth rhwng Bangor a Bethesda, ond bob tro bydd yn galw acw, daw'n ôl i'r tŷ lle treuliodd gyfnod ei arddegau, lle bu dau hogyn ifanc yn treulio oriau'n gwrando ar recordiau'r Beatles a'r Rolling Stones, cwlwm annisgwyl rywsut rhwng dau hen ffrind.

Mae erthygl afaelgar yn y *Western Mail* heddiw gan y Dr Huw L Williams sy'n darlithio mewn athroniaeth ym Mhrifysgol Caerdydd. Mae tad Huw, yr Athro Howard Williams, yn un arall o'r rheiny sy'n perthyn i'r garfan honno o arbenigwyr sydd wedi cyfrannu'n gyson i raglenni Radio Cymru ar hyd y blynyddoedd. Rhyw fath o 'cri de coeur' sydd gan Huw yn ei erthygl yn nodi fod y Gymru sydd mor annwyl yng ngolwg mwyafrif pobl y wlad yn prysur ddiflannu. Y *Western Mail* sy'n dod acw bob bore yn hytrach na'r *Daily Post* fydd yn mynd i dai mwyafrif y cymdogion. Roedd yn well gan fy nhad, deheuwr wrth gwrs, bapur Caerdydd am ei fod, yn ei farn ef, yn cynnig darlun mwy cyflawn o'r Gymru sydd ohoni. Yn sicr byddai'n gaffaeliad i fy rhaglen radio ar y Sul pe bai'r *Western Mail* ar gael ar y seithfed diwrnod hefyd. O leiaf mi fyddai llai o gwyno gan yr adolygwyr am safon a chynnwys y *Wales on Sunday*.

Yn ôl swyddog ar ran yr Electorial Reform Society Cymru, y cefais sgwrs ag o ar y *Post Prynhawn*, dydi enwau tri chant a hanner o filoedd o bobl ddim ar y gofrestr etholiadol a does ganddyn nhw ond wythnos i newid y sefyllfa ofidus honno. Ei awgrym oedd fod yna ddiffyg diddordeb yn yr ymgyrch ymhlith rhai, ac er bod wyth mlynedd bellach ers helynt y treuliau seneddol, mae gwleidyddion yn dal i gael eu drwgdybio gan lawer. Daeth e-bost yn cadarnhau mai'r newydd ddyfodiad, Tomos Dafydd Davies, fydd yn cynrychioli'r Ceidwadwyr ar banel *Pawb a'i Farn* ym Mangor nos Iau. Bydd Albert Owen ac Ieuan Wyn Jones yno hefyd. Triawd o ymgeiswyr Ynys Môn yn siŵr o'i gwneud hi'n noson fywiog yng nghanolfan Pontio.

Roeddwn ar fin mynd i fy ngwely pan ddaeth neges imi ar Twitter yn mynegi'r gobaith nad ymchwilwyr fyddai'n dewis y cwestiynau ar gyfer *Pawb a'i Farn*. Roeddwn yn cael fy nhemtio i ateb, 'Pa ymchwilwyr?' Nid rhaglen gydag adnoddau cyfoethog *Question Time* mo hon. Mae ganddi olygydd, cyfarwyddwr, trefnydd cynulleidfa, a threfnydd rhaglen. Ymchwilwyr? Dim un. Ar y llaw arall, gan ei bod hi'n rhaglen deledu gostus sy'n mynd ar daith i bob cwr o Gymru, mae dros ddeg ar hugain o staff technegol a pheirianyddol.

Dydi'r broses o ddewis cwestiynau ddim yn gymhleth ond mae'n gallu bod yn faith. Gall hyd at gant ohonyn nhw ddod i law gan y gynulleidfa, ac mae angen eu chwynnu nhw er mwyn cytuno ar y pump neu chwech sy'n debygol o gael eu trafod. Wnes i erioed lwyddo i fynd y tu hwnt i chwech. Ambell waith, cefais bryd o dafod am wneud cyn lleied â thri chwestiwn, ond gan amlaf mae hynny'n arwydd iddi fod yn rhaglen danllyd. O dro i dro bydd y dewis yn gymharol hawdd gan fod cymaint yn awyddus i drafod un pwnc yn benodol. Dro arall, mae'n bosibl fod y gynulleidfa leol wedi anwybyddu pwnc mawr y byddai'r gynulleidfa gartref yn disgwyl i ni roi sylw iddo. Oes hawl wedyn gan y cyflwynydd i gynnig cwestiwn er mwyn gwthio'r rhaglen i'r cyfeiriad hwnnw? Oes, yn fy marn i bob amser, ond nid pawb fyddai'n cytuno. Mae angen dewis cwestiynau hefyd sy'n mynd i achosi rhywfaint o gynnen rhwng aelodau'r panel, cwestiynau sy'n herio tipyn ar y consensws gwleidyddol sy'n gallu mygu unrhyw wrthdaro, ac sy'n milwrio'n erbyn cynhyrchu'r math o raglen mae gwylwyr yn awyddus i'w gweld. Pan oedd Geraint Lewis Jones wrth y llyw mi allem fod yn dewis a dethol cwestiynau am dair neu bedair awr. Mae ei olynydd, Delyth Isaac, yn gwneud ei gorau i brysuro'r gwaith hwnnw, weithiau'n ofer.

Dros y blynyddoedd mae natur y cwestiynau'n sicr wedi newid ac mae'n ddifyr bwrw golwg yn ôl ar gynnwys rhai o raglenni'r gorffennol. Ugain mlynedd yn ôl roedd BSE yn bwnc trafod a chafodd cwestiwn fel hwn ei ofyn yn Llantrisant yn 1998:

Mae rhai siopau cig yn dal i werthu cig eidion ar yr asgwrn. Gan mai bach iawn yw'r perygl, beth sydd o'i le ar hyn?

Pan oedd Bill Clinton yn y Tŷ Gwyn, roedd ei berthynas gyda Monica Lewinsky ac eraill o dan y chwyddwydr:

Beth ym marn y panel yw'r peth mwyaf afiach? Ymddygiad yr Arlywydd Clinton neu ymddygiad y cyfryngau?

Mae hwn wedi profi'n gwestiwn oesol:

A ydi rhaglenni S4C yn ddigon da i gystadlu â'r hyn sydd gan yr holl sianeli eraill i'w gynnig?

A dyma un arall o'r nawdegau hwyr:

Pa dystiolaeth sydd yna erbyn hyn bod Llafur Newydd yn ffrind i'r tlawd?

Wrth i ni gyrraedd blynyddoedd cynta'r ganrif newydd roedd cwestiynau fel y rhain yn dod yn fwy ac yn fwy amlwg:

Mae llawer yn gresynu fod cymaint o bobl ifanc yn mudo i Gaerdydd ond sut mae aros yn yr ardal hon os nad oes swyddi ar gael yn lleol?

A oes dyfodol i ffermio oni bai fod amaethwyr yn arallgyfeirio neu yn dod o hyd i waith ychwanegol?

Onid ydi hi'n bryd i ni gymryd yn ganiataol fod pobl yn barod i roi eu horganau ar gyfer trawsblaniad?

Erbyn hyn wrth gwrs mi gafwyd ateb pendant iawn gan Lywodraeth Cymru i'r cwestiwn hwnnw. Ond tybed a ddaethom ni gam yn nes at ateb cwestiwn a ofynnwyd gan y gynulleidfa yng Nghaernarfon ym mis Chwefror 2009?

Ai pêl-droed neu rygbi ydi'r gêm genedlaethol?

Efallai mai'r pwnc trafod sydd wedi cilio yn anad yr un ydi crefydd, a hynny mae'n debyg yn adlewyrchu diddordebau cynulleidfa a phanelwyr 2017. Yn fy nyddiau cynnar fel cadeirydd y rhaglen roedd dyrnaid o gwestiynau'n gyson am gyflwr y capeli a'r eglwysi. Erbyn hyn, yn anaml iawn y daw un o'r rheiny i'r fei.

Dydd Mawrth, Mai 16

Daeth ton o dristwch drosta i wrth ailddarllen fy nodiadau ar gyfer heddiw. Yn ogystal â deunydd etholiadol y diwrnod – y Torïaid yn mynd i gael gwared â thollau Pont Hafren, Llafur yn barod i ddatganoli plismona, a Phlaid Cymru, wrth gyhoeddi ei maniffesto yn addo rhoi llais cryf i Gymru yn ystod y trafodaethau Brexit – mi fuon ni hefyd yn trafod chwyddiant ar y *Post Prynhawn*, am fod prisiau wedi codi'n gynt nag y gwnaethon nhw ar unrhyw adeg ers tair blynedd a hanner. Roedd y gostyngiad diweddar yng ngwerth y bunt yn rhannol gyfrifol, yn ôl yr arbenigwr mwyn a galluog yr arferwn ei holi'n rheolaidd ynglŷn ag unrhyw fater a oedd yn ymylu ar ymwneud â'r economi. Hwn fyddai fy nghyfweliad olaf â'r Athro Martin Rhisiart o Brifysgol De Cymru. Ychydig dros fis yn ddiweddarach roedd wedi marw o dan amgylchiadau affwysol o drist, colled enbyd i'w deulu a'i gyfeillion, i'w brifysgol, i'w faes ac yn sicr ddigon i ni a oedd mor hoff o'i holi ar Radio Cymru. Roedd ganddo'r ddawn brin honno o wneud yr astrus a'r dyrys yn glir a dealladwy i'r gweddill ohonom. Yn bedwar deg a thair oed, gadawodd ni'n greulon o gynnar.

Bob hyn a hyn bydd cyflwynydd yn wynebu'r profiad digon di-fudd o orfod cael tynnu ei lun. Llun swyddogol sy'n eiddo'n oes oesoedd i'r Gorfforaeth. Hanfodol, mae'n siŵr gen i, ond gorchwyl syrffedus serch hynny. Nid un llun, ond ugeiniau ohonyn nhw. Fe ddigwyddodd y broses honno rai wythnosau'n ôl yn Neuadd y Penrhyn, Bangor, un arall o'r adeiladau hynny lle bu mawrion y BBC yn perfformio ers talwm, gan gynnwys criw'r sioe gomedi ITMA a adawodd Lundain yn ystod yr Ail Ryfel Byd. Wedi hynny daeth doniau'r *Noson Lawen* hefyd yn gyfarwydd iawn yn yr hen neuadd a roddwyd yn anrheg i'r ddinas gan yr Arglwydd Penrhyn ganol y bedwaredd ganrif ar bymtheg. Erbyn hyn cyfarfodydd Cyngor Dinas Bangor gaiff eu cynnal yno ac mae enwau'r cyn-feiri wedi'u rhestru'n anrhydeddus ar y muriau. Yn y cyd-destun urddasol hwnnw y tynnwyd y lluniau ohonof yn eistedd, yn sefyll, mewn siwt, heb siaced, gyda thei, heb dei, breichiau wedi'u plethu neu fel arall, coesau'n syth neu wedi'u croesi'n fwy hamddenol yr olwg, yn wên o glust i glust, neu'n syber ddifrifol fel sy'n gweddu i gyflwynydd newyddion. Yn naturiol allech chi ddim gwneud hyn oll heb ddogn helaeth o golur. Mae hwnnw wedi bod yn gyfaill defnyddiol ers imi gyrraedd y byd teledu ac yn fwy felly heddiw, yn y dyddiau HD hyn, nag erioed. Roedd angen dros awr er mwyn cwblhau'r dasg ac yn cyflawni'r gwaith, roedd ffotograffydd a gawsai ei anfon yr holl ffordd o Gaerdydd. Ta waeth, mae'r canlyniadau wedi cyrraedd, mae'r lluniau terfynol i'w gweld ar fy nghyfrifiadur ac un cwestiwn allweddol olaf sy'n cael ei ofyn. A ydyn nhw'n dderbyniol i'r cyflwynydd? Does dim rhyw lawer i'w ddweud o blaid mynd yn hŷn, ond efallai fy mod i wedi cyrraedd yr oedran hwnnw pan na fydda i'n poeni'n ormodol am luniau o'r fath bellach. Caiff eraill ddyfarnu a ydyn nhw'n ddigon da.

Yn amlach na pheidio mae fy hoff ffrwyth, banana, yn fy ymyl wrth gyflwyno'r *Post Prynhawn*. Mae'n gallu bod yn waith llwglyd. Mae gwylwyr S4C ar nosweithiau hwyr etholiadol wedi hen arfer fy ngweld â bwndel ohonyn nhw ar gyrion fy nesg. Maen nhw'n cynnig cynhaliaeth anhepgor am dri o'r gloch y bore, pan fydd angen meddwl am gwestiwn gwreiddiol arall i wleidydd sydd newydd golli ei sedd ac sy'n awchu i adael neuadd wrth iddi wagio'n gyflym, neu i ohebydd blinedig sy'n dal i obeithio clywed cyn bo hir a oes ailgyfrif i fod. Ond ar ddiwrnod arferol o gyflwyno'r *Post Prynhawn*, er cael y ffrwyth melyn, erbyn chwech o'r gloch bydd rhywun yn dechrau meddwl am ei swper, a heno mae un go arbennig wedi'i drefnu. Taith sydyn o Fangor i Fae Colwyn er mwyn swpera gydag Owain a ffrindiau agos i ni nad ydi o wedi'u gweld ers misoedd. Noson hwyliog o roi'r byd yn ei le cyn iddo'n gadael ni unwaith eto am ryfeddodau pell Dubai.

Dydd Mercher, Mai 17

Mae'n ddiwrnod datgelu ffigyrau RAJARS. Dyma'r ystadegau sy'n rhoi rhyw syniad i ni bob tri mis faint o bobl sy'n gwrando ar Radio Cymru a phob gorsaf arall. Wedi cyfnod eithaf tymhestlog, mae llong ein gwasanaeth cenedlaethol ni bellach yn hwylio ar foroedd tawelach o lawer. Mae'r ffigyrau'n dangos cynnydd graddol ers sawl chwarter ac yn ôl pob golwg mae arweiniad cadarn Golygydd diweddaraf Radio Cymru, Betsan Powys, wedi dwyn ffrwyth. Mi alla i dybio fod sawl ochenaid o ryddhad wedi'i glywed heddiw i lawr tua Llandaf. Mae'r orsaf yn gorfod gwneud ei gorau i blesio tipyn o bawb, ac mae honno'n gallu bod yn dasg bur anodd ar adegau. Doedd y ffigyrau gwylio a gwrando ddim yn arfer bod mor dyngedfennol. Yn sicr doedden nhw ddim yn cael eu mesur mor fanwl pan ddechreuais i gyda'r Gorfforaeth. Mae'n siŵr gen i nad oedd y dechnoleg ar gyfer gwneud hynny gystal ag y mae erbyn hyn.

O bryd i'w gilydd, ar y llaw arall, mae dyn yn gorfod amau eu cywirdeb. Wrth ystyried maint cynulleidfa *Pawb a'i Farn* rywdro, mi eglurodd un ystadegydd wrtha i fod honno'n cael ei mesur drwy ddilyn arferion gwylio sampl bach iawn o bobl. Pe bai dau o'r rheiny'n penderfynu mynd i'r dafarn leol y noson honno, byddai'r arolwg yn cofnodi fod wyth mil yn llai o bobl yn gwylio'r rhaglen. Does rhyfedd felly fy mod i, beth bynnag, braidd yn amheus ohonyn nhw ar brydiau. Mae gwahaniaethau daearyddol diddorol yn gallu digwydd hefyd. Mi alla i broffwydo gyda chryn sicrwydd er enghraifft, pe baem ni'n cael dwy raglen debyg iawn yn y gyfres nesaf o *Pawb a'i Farn*, y ddwy yr un mor ddifyr a bywiog a'r ddwy'n cael eu darlledu dyweder o Landysul a Threorci, yna byddai'r gynulleidfa ar gyfer y rhaglen o Geredigion yn fwy o lawer. Efallai y dylem ddilyn cyngor Owen Edwards a fu'n bennaeth ar BBC Cymru ac ar S4C. Pan mae'r ffigyrau'n dda, yna mae'n werth eu credu. Dros dri degawd yn ddiweddarach mae pobl yn cael eu cyflogi i fynd drwyddyn nhw â chrib mân.

Mae heddiw hefyd yn ddiwrnod o aros gartref i baratoi'n dawel ar gyfer rhifyn etholiadol o *Pawb a'i Farn* nos yfory. Gwaetha'r modd dydi hi ddim yn dawel. Dwi'n siŵr eich bod chi'n gyfarwydd â sefyllfa ddigon tebyg. Unwaith mae rhywun yn sylwi ar sŵn, does dim dianc rhagddo. Drwy'r dydd, does dim pall arno, yn wir mae'n ddigon i roi cur pen i rywun. A bod yn deg, roeddem ni wedi cael rhybudd fod pobl drws nesaf yn cael cegin newydd. Diolch byth nad oes gen i blant yn adolygu ar gyfer arholiadau. Mae'r cwestiynau ar gyfer yfory'n cyrraedd cyn nos, pentwr ohonyn nhw wedi'u cynnig gan gefnogwyr pob un o'r pleidiau. Rhyw bendroni oeddwn i beth oedd y pynciau amlwg pan ddaeth galwad ffôn gan Delyth, y golygydd, a oedd newydd deithio o Gaerdydd. Newyddion drwg sydd gen i meddai. Mae Rhodri Morgan wedi marw.

Dydd Iau, Mai 18

Mae'r *Post Cyntaf* yn llawn teyrngedau haeddiannol iawn i'r cyn-Brif Weinidog, gwleidydd amlycaf degawd cyntaf y Cynulliad. Bydd yn chwith iawn heb y cymeriad hoffus, lliwgar a hynod alluog a lwyddodd i sefydlogi pethau ym Mae Caerdydd ar ôl i'r sefydliad newydd gael genedigaeth ddigon helbulus. Cefais y fraint o holi Rhodri Morgan droeon, ond yng nghanol yr holl gyfweliadau am faterion pwysfawr, mae ambell dro trwstan yn mynnu aros yn y cof hefyd. Yn etholiad cyffredinol 1987 y cafodd Rhodri ei ethol yn Aelod Seneddol Gorllewin Caerdydd, y flwyddyn yr aeth ton newydd o wleidyddion Llafur Cymreig i San Steffan. Roedd Paul Flynn, Alun Michael a Paul Murphy yn eu plith. Y diwrnod canlynol daeth Rhodri i'r stiwdio er mwyn cael ei holi'n fyw ar S4C am ei fuddugoliaeth. Go brin imi holi unrhyw un blerach ei wedd erioed. Crys y byddai cowboi o Texas yn ymfalchïo ynddo a phâr o jîns. 'Ymddiheuriadau Dewi,' meddai, 'roeddwn i'n siŵr mai cyfweliad ar gyfer y radio oedd hwn i fod.'

Aeth dros ugain mlynedd heibio ac roedd cyfnod Rhodri fel Prif Weinidog Cymru newydd ddod i ben pan gafodd rhifyn o *Pawb a'i Farn* ei ddarlledu o Drimsaran ger Llanelli ym mis Ionawr 2010. Mae disgwyl i banelwyr gyrraedd rhyw awr cyn y rhaglen. Gyda chwarter awr i fynd roedd y gynulleidfa yn ei lle, a'r tri arall ar y panel, Nerys Evans Plaid Cymru, y Ceidwadwr, Paul Davies a'r dyfarnwr rygbi, Nigel Owens wedi cael colur ac yn eistedd y tu ôl i'r ddesg. Roeddwn i a'r criw cynhyrchu ar y llaw arall yn sefyll wrth ddrws y Ganolfan Hamdden yn mawr obeithio gweld car Rhodri'n cyrraedd. Doedd dim golwg ohono pan ddaeth galwad ffôn. Roedd y cyn-Brif Weinidog ar goll, a finnau'n gorfod rhoi cyfarwyddiadau iddo. Cyn hir daeth fan wen i'r maes parcio, y math o gerbyd gwaith y byddai rhywun yn ei gysylltu efallai â saer neu beintiwr. Go brin mai hwn ydi Rhodri meddwn i, pan gamodd rhywun allan yn gwisgo cap stabal. Anghywir. O fewn dau funud cyn i'r gerddoriaeth agoriadol seinio roedd un o wleidyddion Cymreig mwyaf dylanwadol ei gyfnod wedi cyrraedd y neuadd o'r diwedd. 'Wel, ble mae'r rhaglen te?' oedd ei gyfarchiad cyntaf. Mymryn o golur ac roedd Rhodri Morgan yn barod i draethu, y cyn-Brif Weinidog poblogaidd ac un a oedd hefyd yn dipyn o gymeriad.

Ddeuddeng awr wedi'r newyddion trist am farwolaeth Rhodri, roedd yn rhaid i ni ystyried a ddylid cadw at y cynllun i ddarlledu *Pawb a'i Farn* o Fangor. Fy marn bendant i oedd na fyddai hynny'n addas nac yn dangos dyledus barch. Roeddwn yn tybio hefyd na fyddai Ieuan Wyn Jones yn awyddus i fod ar y panel ac yntau wedi bod yn ddirprwy i Rhodri yn y Llywodraeth am bedair blynedd. Roedd Albert Owen hefyd yn gyfaill iddo. Fe aeth deg o'r gloch, un ar ddeg a deuddeg heibio heb benderfyniad gan y pwysigion yng Nghaerdydd. Pobl ymhell uwchlaw lefel Delyth a finnau fyddai'n trafod a phenderfynu beth i'w wneud. Roedd hi bron yn un o'r gloch pan ddaeth cadarnhad y byddai'r rhaglen yn cael ei gohirio yn y gobaith o'i darlledu hi nos Fawrth. Cyfle o'r diwedd i ddweud hynny wrth y panelwyr a oedd wedi bod ar bigau'r drain, y gynulleidfa, a'r holl weithwyr a oedd un ai eisoes wedi cyrraedd neu ar daith yr eiliad honno o Gaerdydd. Byddai tipyn o waith ad-drefnu, ond hwn oedd y penderfyniad cywir, heb os. Dair wythnos cyn yr etholiad, efallai mai'r dyddiau nesaf fyddai'r rhai prysuraf imi. *Hawl i Holi* nos Lun yn Ninbych, *Pawb a'i Farn* nos Fawrth ym Mangor ac ail rifyn o'r rhaglen honno ym Maesteg nos Iau.

Dim *Pawb a'i Farn*, felly cyfle heno i edrych ar y ddadl deledu ar ITV. Pum arweinydd sydd wedi cytuno i gymryd rhan, sef Nicola Sturgeon SNP, Paul Nuttall UKIP, Leanne Wood Plaid Cymru, Tim Farron y Democrat Rhyddfrydol, a Caroline Lucas o'r Blaid Werdd. Wrth gyfeirio at y trafodaethau Brexit honnodd arweinydd Plaid Cymru fod Gibraltar wedi cael mwy o sylw na Chymru hyd yma. Yn ystod dwy awr yn Salford, roedd digon o gyfle ganddi hi a'r pedwar arall i ymosod ar y ddau oedd yn absennol. Gwrthod y gwahoddiad i fod yno wnaeth Theresa May a Jeremy Corbyn. Mae'n anodd gwybod a oedd llawer o bwrpas i'r ddrama hon heb y ddau brif gymeriad. Ac eto, onid ydi'r dadleuon teledu wedi dod yn rhan annatod o ymgyrchoedd etholiadol yr unfed ganrif ar hugain? Efallai na ddylai hi fod mor hawdd i arweinydd wrthod ymddangos.

Dydd Gwener, Mai 19

Un o fanteision byw yn ardal Y Garth ydi bod cerdded i'r dref yn weddol hwylus, ar wahân i'r ffaith fod ceir yn gyrru'n frawychus o gyflym ar adegau ar hyd Lôn y Cariadon. Dydi'r profiad o gael eich gwasgu'n erbyn wal fawr y Brifysgol ddim yn un i'w gymeradwyo. Fwy nag unwaith dwi wedi sefyll yno'n rhyw ofni fod fy nyddiau o gyflwyno ar Radio Cymru ar fin dod i ben. Anaml iawn y daw'r cyfle na'r hawl imi gwyno'n gyhoeddus am unrhyw beth, ond oherwydd peryglon y sefyllfa anfoddhaol honno dwi wedi cysylltu â Chyngor Gwynedd. Mae ein cynghorydd lleol newydd yn addo y bydd rhywbeth yn digwydd cyn bo hir. Cawn weld.

Ar y chwith wrth fynd tua chanol y dref mae'r capel lle bu

fy nhad yn weinidog. Fyddwn i ddim yn honni am eiliad fod yr adeilad yn allanol yn ddeniadol o ran ei bensaernïaeth, ond mae'r tu fewn yn fodern groesawgar, yn drawiadol wahanol, a hynny'n arbennig, siŵr o fod yn 1952, pan gafodd y Penuel newydd ei agor am y tro cyntaf. Ar ôl derbyn yr alwad yno yn 1960, bu'r gweinidog a'i wraig yn hynod weithgar am dri degawd, er go brin y byddech chi'n disgwyl i'w mab ddweud yn wahanol. Roedd Mam yn sicr yn un o'r rheiny a oedd yn credu fod gan briod y gweinidog waith i'w gyflawni hefyd. Roedden nhw'n dîm da. Wrth iddo ymddeol yn 1989, roedd hi'n sicr yn eglwys Gymreiciach nag ar ddechrau'r chwedegau pan oedd tuedd gan rai i droi i'r Saesneg wrth i'r oedfa ddod i ben. Roedd hi hefyd yn eglwys fwy cynhwysol ac yn groes i ddymuniad rhai, roedd fy nhad wedi mynnu bod croeso i bawb o bob enwad addoli yn unig eglwys Fedyddiedig Bangor. Yn y chwedegau câi hynny ei ystyried yn flaengar.

Perthyn i'r cyfnod hwnnw hefyd mae un o'm hatgofion cynharaf o fynd i'r capel. Mi syrthiais i gysgu'n drwm yn ystod y gwasanaeth. Oedfa'r hwyr oedd hi, a chwarae teg, roeddwn i eisoes wedi bod yn oedfa'r bore ac yn yr Ysgol Sul, ond mae'n amlwg nad oedd pregeth fy nhad yn ddigon i'm cadw'n effro. Dwi'n rhyw amau fod fy mam wedi fy anfon i'r capel er mwyn cael tipyn o lonydd wrth iddi hi geisio gael trefn ar ei mab arall, Meurig, a oedd bron yn flwydd oed erbyn hyn. Cefais achubiaeth rhag fy sefyllfa anffodus, a'm llusgo i sedd gefn, gan un o ferched ifanc yr eglwys, Ann Bassett (Roberts bellach) sydd ers blynyddoedd gyda'i gŵr, Gareth, yn gymdogion ardderchog i ni yn y Garth. Mae hi hefyd yn cael blas ar f'atgoffa o bryd i'w gilydd o'r hyn ddigwyddodd y noson honno.

Sawl blwyddyn yn ddiweddarach, yr ymweliad bob nos Wener â'r clwb ieuenctid oedd un o uchafbwyntiau'r wythnos i ni blant capeli'r ddinas. Y triawd o gyfeillion a fu wrth y llyw am ran helaetha'r cyfnod oedd fy nhad a'r Parchedigion Richard Roberts a John Gwilym Jones, er bod y tri'n barod iawn i gydnabod ymhen blynyddoedd eu bod nhw wrth eu boddau'n achub ar bob cyfle i gilio i ystafell y diaconiaid am seiat, gan adael i'r bobl ifanc fwynhau eu hunain. Go brin y byddai rheolau iechyd a diogelwch yn caniatáu peth felly erbyn heddiw. Beth bynnag am hynny, hanner can mlynedd yn ddiweddarach mae pobl sydd wedi cyrraedd, neu ar fin cyrraedd, oedran pensiwn ym Mangor a thu hwnt, yn dal i werthfawrogi ymroddiad ac amynedd y tri ac eraill a'u holynodd. Dyddiau mwy diniwed efallai, ond rhai difyr heb os. Mae arwydd newydd o flaen y capel erbyn hyn. Nid Penuel sydd yno bellach ond Emaus. Wrth i gynulleidfaoedd grebachu, daeth aelodau dwy eglwys ynghyd, Annibynwyr Pendref a Bedyddwyr Penuel, gan fabwysiadu enw newydd ar gyfer cyfnod newydd. Dwi'n eithaf ffyddiog y byddai fy nhad yn frwd ei gymeradwyaeth.

Bydd y farchnad ar ddyddiau Gwener yn dod â phrysurdeb y mae mawr ei angen ar Fangor, sydd fel aml i dref Gymreig arall wedi gweld colli ambell siop ac ambell fusnes teuluol gwerthfawr, gan beri pryder y gallai pethau waethygu, yn arbennig os cawn ni ddirwasgiad arall. Mor aml ar hyd y blynyddoedd mae panel a chynulleidfa *Pawb a'i Farn* wedi trafod sut mae achub y stryd fawr. Yn ddi-ffael bydd rhywun yn siŵr o awgrymu fod yn rhaid i'r canol fod yn lle i hamddena yn ogystal â siopa. Mi alla i gofio cwyno mawr yn Aberteifi er enghraifft, ond o gymharu'r dre honno â Bangor, dw i'n gweld golwg digon llewyrchus arni. Efallai'n wir fod y stryd fawr yn rhy hir mewn lle fel Bangor ac y byddai canoli tipyn ar y gweithgareddau'n llesol iddi.

O fewn canllath i'r cloc mae caffi rydw i'n ystyried fy hun yn un o'i gwsmeriaid ffyddlon. Cyfle am baned yn y Blue Sky heddiw gyda David Gareth Jones, y cyfaill o ŵr busnes y bydda i'n teithio'n aml yn ei gwmni i Old Trafford. Nid bod hynny wedi digwydd rhyw lawer yn ddiweddar oherwydd y prysurdeb etholiadol, ond ar gyfartaledd mae'n siŵr y bydda i'n mynd i Fanceinion rhyw ddeg gwaith mewn tymor. Bydd yn siomedig o glywed yr hyn sydd gen i i'w ddweud wrtho heddiw. Mae Manchester United wedi cyrraedd rownd derfynol Cynghrair

Europa, a'r gêm honno i'w chwarae yn Stockholm nos Fercher nesaf. Mae tocynnau ar gael i'r ddau ohonom, ond mae'n weddol amlwg ei bod hi'n gwbl amhosibl imi fod yno. Gan fod gen i raglen yn Ninbych nos Lun, Bangor nos Fawrth a Maesteg nos Iau, go brin y gallwn i daro draw i Stockholm nos Fercher. Hyd yn oed pe bawn i'n graig o arian ac yn gallu fforddio awyren breifat, byddai'n bur anodd, eto mae'n gas gen i golli'r gemau mawrion. Ers chwarter canrif bellach mae'r ddau ohonom a'n meibion wedi cael pleser aruthrol yn teithio i weld y cochion mewn rowndiau terfynol yn Wembley, Moscow, Caerdydd a Rhufain, weithiau'n ennill, weithiau'n colli, ond byddwn yn mwynhau'r profiad bob amser. Y tro hwn, does dim gobaith.

Digwyddodd hynny unwaith o'r blaen. Mae pob un o gefnogwyr Manchester United yn cofio'r dyddiad, Mai 26, 1999. United yn chwarae yn erbyn Bayern München yn rownd derfynol Cynghrair y Pencampwyr yn ninas Barcelona. Doedd United ddim wedi cyrraedd yr uchelfannau hynny ers 1968, a dyddiau euraid Matt Busby. Roedd hi'n gêm fythgofiadwy ac United yn sgorio dwy gôl yn y munudau olaf er mwyn sicrhau buddugoliaeth dros yr clwb o'r Almaen. Gallaswn fod wedi bod yno. Dylswn fod wedi bod yno gyda'r mab, Owain. Gwrthododd fy mhennaeth ar y pryd, Aled Eirug, er bod gen i barch mawr iddo fel arfer, yr hawl imi gael diwrnod o wyliau. Roedd gan S4C raglen arbennig i'w darlledu ar yr union ddiwrnod, yn ogystal â rhaglen newyddion estynedig. Ar y dydd Mercher hwnnw, Mai 26, 1999, agorwyd adeilad newydd y Cynulliad ym Mae Caerdydd yn swyddogol gan y Frenhines, achlysur hanesyddol heb os, ond hyd yn oed ddeunaw mlynedd yn ddiweddarach, mi alla i gyfaddef yn onest nad oedd y cyflwynydd yn orawyddus i fod yno. Pan ddaeth y rhaglenni i gyd i ben, mi wnes lwyddo i wylio hanner awr ola'r gêm fawr ar set deledu fach mewn cwt moel y tu ôl i'r Cynulliad. Os nad oedd yr amgylchiadau'n ddelfrydol, roedd y canlyniad yn anhygoel. Maes o law cafodd Aled faddeuant ac mi ges i wobr gysur pan ddaeth yr actor

Huw Ceredig â rhaglen y rownd derfynol yn ôl i Owain o Barcelona. Llwyddodd Manchester United i gyrraedd y rownd derfynol unwaith eto naw mlynedd yn ddiweddarach. Roedd y gêm honno ym Moscow. Doedd yr un rhaglen na phennaeth yn mynd i'm rhwystro rhag mynd y tro hwnnw.

Awgrymu wnaeth David wrth imi ei adael heddiw na ddylswn ildio'r gobaith o fynd i Stockholm yn llwyr. Mae'n amhosibl meddwn i unwaith eto, ond paid â gadael imi dy rwystro di rhag mynd. Mi wna i edrych ymlaen at gael yr hanes, tros baned yn ein hoff gaffi, pan fydd yr etholiad drosodd.

Dydd Sadwrn, Mai 20

Mae i adolygiadau celfyddydol le pwysig yn fy rhaglen ar foreau Sul ond weithiau bydd yn rhaid eu recordio nhw'r diwrnod cynt. Yr wythnos hon aeth y gantores, Sian Meinir, i weld opera newydd gan Guto Puw a Gwyneth Glyn ar ein rhan ni, addasiad cerddorol o ddrama enwog Gwenlyn Parry, Y Twr, a'r cynhyrchiad gan y Theatr Genedlaethol. Roedd Sian yn fawr ei chanmoliaeth a hithau wedi'i swyno gan y gerddoriaeth a pherfformiadau'r ddau gymeriad, Caryl Hughes a Gwion Thomas. Mae hi'n flwyddyn dda i opera yn y Gymraeg. Bydd ail opera Gymraeg yn cael ei llwyfannu'n ddiweddarach eleni hefyd a'r gwaith hwnnw gan Gareth Glyn a Mererid Hopwood. I'r cerddor sy'n byw yn Nyffryn Ogwen, Beti Rhys, y rhoddwyd y dasg o adolygu cynhyrchiad diweddaraf Theatr Bara Caws. Mi gafodd hithau ei phlesio gan 'Gair o Gariad' lle roedd aelodau'r gynulleidfa'n dewis caneuon a oedd yn golygu rhywbeth iddyn nhw'n bersonol.

Ddeng mlynedd yn ôl, ar y dechrau'n deg, syniad Sian Gwynedd oedd y dylid cael adolygiadau celfyddydol o ryw fath bob Sul, boed y rheiny o lyfrau, ffilmiau, cerddoriaeth neu raglenni teledu. Droeon ers hynny mae pobl wedi dweud iddyn nhw glywed yr adolygiad a phenderfynu prynu llyfr neu fynd i weld drama. Weithiau, wrth gwrs, mae'r gwrthwyneb yn gallu digwydd wrth i'r adolygydd gynnig sylwadau sy'n cael eu lleisio'n garedig, ond sydd mewn gwirionedd yn llai na ffafriol. Beth bynnag ydi eu maes llafur nhw, mae'r pump sy'n adolygu'n gyson i ni, Catrin Beard, Sioned Williams, Elinor Gwynn, Anwen Jones a Lowri Cooke yn hwyl i'w holi, a bob amser yn deg, yn drylwyr ac yn dreiddgar. Gobeithio eu bod nhw'n mwynhau lawn cymaint â fi. Ond o edrych ar yr enwau yna eto, lle mae'r adolygwyr gwrywaidd tybed?

Allwn i ddim peidio â gwenu, a chydymdeimlo rhywfaint hefyd, wrth ddarllen erthygl ym mhapur newydd *Y Cymro*. Cyfeirio mae'r wythnosolyn at raglen echnos, y rhaglen na chafodd ei darlledu. Roedd y papur ar y llaw arall yn ffyddiog fod gwylwyr S4C wedi ei gweld hi. 'I'r rhai a fentrodd un llygad ar *Pawb a'i Farn* neithiwr, gwelsoch mai...' O ystyried yr hyn a ddigwyddodd, efallai y byddai peidio â mentro cyfeirio ati wedi bod yn ddoethach! Ond dyna ni, roedd yr amgylchiadau'n eithriadol.

Heno mi fues i'n gwylio rhaglen ar S4C am flwyddyn olaf mewnwr Cymru, Mike Phillips, fel chwaraewr rygbi proffesiynol. Wedi gyrfa ddisglair gyda thri chlwb yng Nghymru a dau yn Ffrainc, ei glwb olaf oedd Sale Sharks yn ardal Manceinion. I'w gartref yn Hale y gwnes i deithio i'w holi cyn ei ben-blwydd ym mis Awst y llynedd. Roeddwn yn hynod falch fod y sgwrs wedi'i threfnu ac yn edrych ymlaen at dyrchu rhywfaint i gefndir y mewnwr sydd wedi ennill y nifer uchaf o gapiau i Gymru, ac ym marn ambell un, ein mewnwr gorau ni ers y dihafal Gareth Edwards. Cerdded o orsaf Hale i stryd dawel, ddeiliog ei gartref. Canu'r gloch. Dim ateb. Canu'r gloch unwaith eto a churo. Roeddwn ar fin gadael heb gyfweliad pan agorodd cil y drws. Safai Mike ar y rhiniog, ei wyneb yn llawn dryswch a'i ymateb yn cyfleu'r cyfan. Doedd ganddo ddim y syniad lleiaf pam bod Dewi Llwyd a'i gynhyrchydd yn sefyll y tu allan i'w gartref. Roedd wedi anghofio popeth, ac wedi mynd am gyntun prynhawnol. Os oedd y cyfarchiad cyntaf braidd yn herciog, roedd y croeso wedi hynny'n gynnes a'r sgwrs yn ddifyr. Roedd ei gorff yn datgan yn boenus glir, meddai, ei bod hi'n bryd iddo ymddeol. Doedd y camau nesaf ddim yn hollol glir eto, ond yn dri deg a phedair oed, roedd pennod lachar ym myd rygbi'n cau, ac un newydd ar fin agor. I lawer, mae'n siŵr y byddai hynny'n destun pryder. Ar ôl ei weld ar y cae, ac yn ei gartref, dwi'n rhyw amau mai ymaflyd yn yr her nesaf fydd Mike.

Dydd Sul, Mai 21

Bore Sul arall, arolwg barn etholiadol arall, a'r tro hwn, wedi wythnosau digon disymud, mae newid pendant wedi digwydd. Mae'r bwlch rhwng y ddwy blaid fawr wedi cau cryn dipyn. Llafur y tro yma, yn ôl YouGov yn y Sunday Times, ar 35, a'r Ceidwadwyr wedi gostwng i 44. Dydi rhywun ddim am orliwio pethau, ond mewn wythnos mae'r naid yna'n lled ddramatig, a deunaw pwynt o fantais bellach wedi cau i naw. Mae'r *Mail* yn dal i'w rhoi nhw ddeuddeg pwynt ar y blaen. Mae'r papurau'n gytûn fod ambell elfen ym maniffesto'r Torïaid yn peryglu gobeithion Theresa May o ennill mwyafrif mawr. Does bosibl bod y Prif Weinidog wedi galw etholiad ac yn mynd i ymlafnio drwy saith wythnos o ymgyrch, er mwyn cael mwyafrif digon tebyg i'r hyn oedd ganddi cyn hynny?

Dau o ddarlithwyr ifanc huawdl Prifysgol Bangor sy'n adolygu'r papurau heddiw. Mi fydda i'n rhyfeddu'n aml at barodrwydd pobl i wneud hynny, ar ôl gorfod codi'n ddiflas o blygeiniol ar fore Sul. Mae'n haws i rai nag eraill. Mae gan Prysor Williams ddeugain munud o daith i Fangor o'i fferm yng Ngwytherin ger Llanrwst. Mae Rhian Hodges ar y llaw arall yn byw'n nes na fi at Fryn Meirion, a hynny'n rhyfedd iawn yn hen dŷ fy rhieni, un o bedwar o dai y bu'r ddau'n byw ynddyn nhw yn ystod hanner can mlynedd ym Mangor. Bydd gweld Rhian bob amser yn f'atgoffa fod y rhod yn araf droi o ran yr iaith yn rhai o gymoedd y de. O Gwm Rhymni y daw Rhian ac oherwydd parodrwydd ei rhieni i anfon eu plant i ysgolion Cymraeg mae hi heddiw'n darlithio drwy gyfrwng yr iaith. Doedd dim Cymraeg ar yr aelwyd ym Margoed.

Yn Rhymni, ym mhen ucha'r cwm, y cafodd fy nhad ei fagu ac mae hanes ei deulu yntau'n cynnig darlun diddorol o'r hyn ddigwyddodd i'r iaith yn yr ardal honno. I gartref fy nain a 'nhaid ar ffordd Carn-y-Tyla rhwng Rhymni ac Abertyswg y byddwn i'n mynd tua dwywaith neu dair y flwyddyn, er mwyn eu gweld nhw a'r teulu estynedig. Yno, y treuliais i rai o ddyddiau hapusaf fy mhlentyndod. Roedd gen i feddwl mawr o Nain yn arbennig. Wrth edrych yn ôl roedd hi'n gymuned dlawd heb os, ond yn un gynnes, groesawgar a charedig hefyd. Yn fuan iawn daeth 'y crwt o'r north' fel y byddai ambell un yn cyfeirio ataf, i ymhyfrydu yn y ffaith fod ganddo wreiddiau mewn lle mor hynod, a lle mor wahanol i Fangor hefyd, ond eto, heb lawn sylweddoli efallai fod y Gymraeg yn colli tir yno'n eithriadol o gyflym.

Erbyn diwedd dauddegau'r ganrif ddiwethaf roedd gan Thomas John Williams a'i wraig Naomi bump o blant, ac er mai Cymraeg oedd iaith crefydd a'r capel, Jerusalem, ar yr aelwyd câi ei disodli'n araf gan y Saesneg ffasiynol. O dipyn i beth byddai'n well gan y genhedlaeth iau siarad yr iaith honno. Gadawodd y plentyn hynaf, Mair, a'r ieuengaf, Emlyn, i fynd i goleg, y naill wedyn i ddysgu, a'r llall fel gwyddonydd i fyd diwydiant. Roedd gwaith ac arian yn brin, ac annog ei blant i adael eu bro enedigol wnaeth Taid. Ymgartrefu wnaeth Mair yn swydd Suffolk ac yn naw deg un mlwydd oed, ar ôl teithio'r byd gyda'i waith, mae fy ewythr Emlyn yn dal i fyw yn Harrogate yn swydd Efrog. Arhosodd brawd arall, Dafydd, i weithio fel glöwr yn Rhymni, ond fel y ddau a aeth i Loegr, buan y collodd yntau ei Gymraeg gan droi, o ran ei grefydd at yr efengylwyr.

Mae hanes y ddau blentyn arall ychydig yn wahanol. Priododd Morfydd â dyn ifanc o Lanymddyfri, Emrys Prytherch, gan sicrhau fod eu tri phlentyn yn siarad Cymraeg. Roedd eu cartref yn Rhymni ond bu dylanwad Sir Gaerfyrddin, mae'n amlwg, yn llesol. Yn y gwaith glo y bu fy nhad, Ifor, yn gweithio yn ystod yr Ail Ryfel Byd, ond byddai'n darllen yn helaeth er mwyn gloywi ei Gymraeg, gan ddod yn fyfyriwr

Fy rhieni ar achlysur eu priodas aur yn 2002.

Fy nhaid a nain y tu allan i'w cartref rhwng Rhymni ac Abertyswg.

Rhieni fy nhad yn ymweld â chartref y tair modryb a fagodd fy mam yn Nyffryn Conwy.

Meurig, y brawd bach direidus sydd bellach yn Archddiacon Anglicanaidd Ffrainc.

Aelodau Ysgol Sul Penuel, Bangor yn 1962.

Y cwmni drama buddugol yn Eisteddfod yr Urdd, 1964. Gyda Geraint Tudur a finnau mae Dafydd Hardy, Enid Phillips, Mair Olwen Jones, ac Elizabeth Williams.

Ennill gwobr am ysgrifennu traethawd yng nghystadleuaeth Gŵyl Ddewi y *Western Mail*, 1964.

Pêl-droed oedd gêm yr ysgol gynradd. Fan hyn mae ysgolion Bangor a'r cylch yn chwarae yn erbyn Abertawe yn 1965.

Gyda'r bêl yn fy nwylo, ym mlynyddoedd hirwallt yr ysgol uwchradd, rygbi oedd yn apelio dan arweiniad yr athro chwaraeon, Terry Lewis.

Wyn Roberts, y cyfaill annwyl a fu'n bennaeth CBAC ac a gollwyd yn rhy gynnar, gyda'i ferch Sara, ac Owain, fy mab.

Gyda'r het Rwsiaidd hanfodol, ymweliad â Moscow gydag un o brif ohebwyr y BBC, John Simpson.

Martin Bell a fu'n ohebydd yn Washington am flynyddoedd cyn dod yn Aelod Seneddol.

Yn yr '80au a'r '90au roedd Angharad Mair a finnau'n cyd-gyflwyno'n gyson.
Llun: BBC

O 1983 tan eleni, does dim wedi rhoi mwy o wefr na chyflwyno'r holl raglenni etholiadol.

Cyfarfod a chyfweld â'r Dalai Lama yng ngogledd India, yn 1990.

Na, nid y Maffia ond Guto Harri, Bethan Rhys Roberts, Vaughan Roderick a finnau'n barod ar gyfer un o'r rhaglenni mwyaf cofiadwy – canlyniad Refferendwm 1997.
Llun: BBC

Ar ddechrau'r '90au roedd gan S4C raglen frecwast o'r Eisteddfod Genedlaethol. Nia Roberts a finnau'n amlwg yn rhagweld glaw.
Llun: BBC

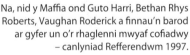

Gwyn Llewelyn, un o'r darlledwyr gorau a ddaeth yn gyfaill da.

Gydag un o'n gohebwyr gorau, Craig Duggan yn Efrog Newydd, ddeng mlynedd union wedi cyflafan 9/11.

Pawb a'i Farn o Glasgow yn 2014 ar drothwy'r Refferendwm Annibyniaeth.

Pawb a'i Farn gyda chynulleidfa o Gymry America mewn stiwdio ger Times Square yn Efrog Newydd, Mehefin 14, 2002.

Panel *Pawb a'i Farn* yn barod amdani ym Maesteg bythefnos cyn yr etholiad eleni. Cadan ap Tomos, Nia Griffith, Guto Bebb, Branwen Cennard a Ken Rees.

Y criw cyfan yn dod ynghyd ar gyfer rhaglen olaf Geraint Lewis Jones fel Golygydd y rhaglen ym Mhwllheli, 2014.
Llun: Keith Morris

Brian Jones a Cynric Hughes o Ddyffryn Nantlle, dau o gyfeillion penna'r rhaglen a fu gyda ni am flynyddoedd fel swyddogion diogelwch.

Hywel Williams a Richard Wyn Jones, dau reolwr llawr nad oes eu gwell.

Cyfarwyddwr a Golygydd *Pawb a'i Farn* ers tair blynedd, Rhys Edwards a Delyth Isaac.

Llun: Gruffydd Pritchard

Sharon Laban a Nia Lynn Jones y mae eu gwaith yn allweddol i lwyddiant *Pawb a'i Farn* a *Hawl i Holi*.

Darllledu'n fyw o ystafell wely yn Barcelona ar ddiwrnod y refferendwm yng Nghatalwnia yng nghwmni Catrin Herbert, Eirian James, Dylan Baines, Steffan Messenger, ac yn y tu blaen Begotxu Olaizola a Robert Alun Jones.

Ar fore Sul etholiad yr Almaen, a marathon Berlin, lleoliad heb ei ail ar gyfer ein darllediad byw ddiwedd mis Medi.

Gyda'r Arc de Triomphe yn y cefndir, Ceri Davies, Arwel Roberts a Sioned Puw Rowlands yn barod ar gyfer *Bore Sul o Baris* ar Fai'r 7fed.

Yn Llydaw y bûm i'n holi Derec a Kristina Stockley, Ffion Reader, Emlyn Williams ac Hervé Bihan.

Roedd prifardd yn y stiwdio ar y Sul wedi'r Eisteddfod, Aneirin Karadog ynghyd â Siw Jones, ac un o'r adolygwyr mwyaf cyson, y Parchedig Ddr Geraint Tudur.

Yr adolygwyr craff ar y Sul wedi'r Etholiad Cyffredinol, Dr Zoë Morris-Williams, a'r Athro Richard Wyn Jones. Ym mis Medi roedd y ddau hefyd ar banel *Pawb a'i Farn* yn y Cynulliad.

Un o'r adegau hynny pan fydd cyflwynydd yn sicr o wneud ffŵl ohono'i hun. Caeredin, Mehefin 2014.

Ar y ffin rhwng Gogledd Iwerddon a'r Weriniaeth ym mhentref Pettigo. Beth fydd effaith Brexit fan hyn?

Ar y ffordd i Ynys Bute yn yr Alban gyda'r Parchedig John Owain Jones sy'n gweinidogaethu yn y dref fwyaf, Rothesay.

Gwenan Lyttle, o Geredigion yn wreiddiol, ond sydd bellach yn byw ar y ffin yn Iwerddon, ei chartref yn y gogledd, a thir y fferm yn y de.

Mae rhaglen Bore Sul wedi ei darlledu o un ar ddeg o brifddinasoedd, gan gynnwys Washington D.C. yn 2008. Roedd y rhaglen dan ofal Marian Ifans bryd hynny hefyd.

Bronwen a Richard Pritchard yn eu cartref ym Mangor, Pennsylvania, yn 2008.

Cydweithwyr yn dod ynghyd yn y stiwdio ar ôl imi gyflwyno fy rhaglen newyddion olaf ar deledu ym mis Rhagfyr 2012.

Tri sy'n cynhyrchu'r *Post Prynhawn* bob dydd, a'r triawd ar y diwrnod hwn ym Mryn Meirion oedd Rhys Owen, Alwen Williams, ac Wena Alun-Owen.

Dyma'r *Tri yn y Tŷ*, triawd o wleidyddion y gwnes i raglen gyda nhw, sef Guto Bebb, Jonathan Edwards a Susan Elan Jones.

Y *Post Prynhawn* o Lundain ar y diwrnod wedi i Theresa May alw etholiad. Ein gohebydd seneddol Elliw Gwawr sy'n cael ei holi, David Davies a Nia Griffith sy'n gwrando.

Awr cyn rhaglen canlyniadau'r Etholiad Cyffredinol ar Fehefin yr 8fed, fy nodiadau'n barod, ond a fydd y tei'n plesio?

Richard, Vaughan a finnau'n aros am ganlyniad cyntaf Etholiad y Cynulliad, 2016. Cyfle da i dynnu hunlun a'i drydar!

Mae'n syndod faint o'n gwylwyr sy'n anfon barddoniaeth atom. Daeth y gerdd fach hon gan Siôn Aled ar noson y Refferendwm Ewropeaidd, yn 2016.

> " Ai gadael fydd, ai aros?
> Mae'n ornest boenus agos -
> Ond Dewi, rhwng y cŵn a'r brain,
> a'n harwain drwy yr hirnos. ,,

Dafydd Iwan yn 70.

Syr David Brailsford

Gwenno Saunders

Yr Arglwydd Wyn Roberts o Gonwy

Rhun ap Iorwerth A.C. yn ystod
yr Eisteddfod ym Môn.

Y Prif Weinidog, Carwyn Jones A.C.

Aled Pugh

Iwan 'Iwcs' Roberts

Syr Gareth Edwards a Maureen yn eu cartref ym Mhorthcawl.

Cafodd un o gefnogwyr Manchester United groeso cynnes gan Joe Allen a'i glwb yn 2014.

Mike Phillips

Capten y Scarlets, Ken Owens.

Sion Goronwy

Yr Archdderwydd Geraint Llifon

Bore Sul bendigedig yn darlledu o ddinas Bordeaux ar Fehefin 12fed, 2016, gyda Nic Parry, Seiriol Hughes, Dylan Griffiths ac Iwan Roberts. Dylan Wyn ac Emyr Evans sydd ar y chwith yn ceisio cadw trefn ar y criw hwyliog.

Gydag Owain yn Toulouse cyn i Gymru chwalu Rwsia o dair gôl i ddim.

Fydd Cymru ddim ym Moscow yn 2018, ond roedd cefnogwyr Manchester United yno yn 2008. Owain, Barry Jones, Gwyn Hughes, David Gareth, Sara Pennant a Gerallt Jones sydd ar y Sgwâr Coch.

Gyda Marian Ifans a Geraint Lewis Jones, y ddau sydd wedi fy nghynhyrchu'n amlach na neb, yn ystod noson wobrwyo yng Nghaerdydd.

Tri chyfaill yn dathlu fy mhen-blwydd yn 60, Bryn Tomos, Alwyn Ellis a Dylan Jones.

Ciniawa cyn gêm fawr Cymru'n erbyn Portiwgal yn Lyon ym mis Gorffennaf, 2016. O'r chwith, Marian, Rhys, fi, Nia, Rhydian, Manon, Gwenno a Catrin.

Ar ymweliad byr iawn ond boddhaol â Stockholm yng nghanol yr ymgyrch etholiadol.

Yr olygfa o'n tŷ ni ym Mangor na fydda i byth yn blino arni.

Y wefr o groesawu'r ŵyr cyntaf cyn y Nadolig, 2016.   Ifor Elis Bowen yn barod iawn ei wên!

Manon a'i gŵr Rhydian, Nia a finnau'n ymweld ag Owain yng ngwres llethol Dubai. Oedd, roedd angen yr het!

diwinyddol maes o law ym Mangor a phriodi un o ferched y Coleg Normal. O'r pedwar ar ddeg o wyrion a oedd gan Taid a Nain, pump ohonom oedd yn siarad Cymraeg, ac fe ddysgodd un arall yr iaith ymhen blynyddoedd. Ac eto erbyn i ni gyrraedd cenhedlaeth fy mhlant i, Owain a Manon, mae pedwar ar ddeg o'r gorwyrion yn gallu ei siarad hi. Perthyn i genhedlaeth iau fyth gyda llaw mae'r actor ifanc o Aberystwyth, Jacob Ifan, gor-ŵyr i Morfydd, chwaer fy nhad. Dyna hen ddigon o fanylion teuluol, ond weithiau, fel y dywedais i, mae'n werth nodi ambell arwydd gobeithiol fod y rhod yn troi. Yn ei chartref yn Rhymni y bu farw fy nain yn 1976, wrth imi baratoi i sefyll fy arholiadau gradd. Roedd hi wedi colli ei gŵr chwe blynedd cyn hynny. Mae'r arysgrif ar ei charreg fedd yn dweud yr 'hyn allodd hon, hi a'i gwnaeth'. Mae'n debyg mai yn y mis Mai hwnnw y gwnes i brofi galar gwirioneddol am y tro cyntaf.

Wrth iddi nosi, mae'r cwestiynau'n cyrraedd ar gyfer rhifyn yfory o *Hawl i Holi*. Mae Nia Lynn Jones wedi bod wrthi'n ddyfal yn eu casglu unwaith eto. Cawn gyfle i ddewis a dethol dyrnaid ar gyfer y rhaglen yn y bore, ond gan fod hanner y cwestiynau ar y rhestr, fwy neu lai, yn ymwneud â Brexit mewn rhyw fodd, mi fentra i mai am hynny y bydd y drafodaeth agoriadol.

Dydd Llun, Mai 22

Alla i ddim cofio cael fy siomi erioed gan gynulleidfaoedd Dyffryn Clwyd. Ganol y prynhawn, roeddwn i'n cyrraedd Dinbych yn bur hyderus y byddai hi'n rhaglen ddifyr. Ar ôl bod yno ddwy flynedd cyn hynny, yn ystod yr ymgyrch etholiadol yn 2015, roedd y lleoliad yn gyfarwydd, sef amgueddfa'r dref, y croeso'n frwd a'r bwyd yn ardderchog. Gyda llai o gyllideb ar gyfer llai o bobl dydi'r lluniaeth ar gyfer rhaglen radio fel *Hawl i Holi* ddim yn cymharu â'r hyn a gaiff ei ddarparu ar gyfer cynulleidfa deledu *Pawb a'i Farn*. Paned a chacen gri fel arfer ond yn hynny o beth mae Dinbych, am ryw reswm, yn cynnig gwledd o frechdanau a chacenni.

Ym mhen pellaf yr adeilad mae hen lys y dref, sy'n dal i

sefyll yn union fel ag yr oedd, un o nifer o lysoedd yn y gogledd y penderfynodd yr awdurdodau eu cau yn ystod y blynyddoedd diwethaf. Cael ei recordio mae'r rhaglen, er y byddai'n well gen i'n bersonol ei gweld hi'n cael ei darlledu'n fyw. Yn anffodus, dydi hi ddim yn hawdd i bobl gyrraedd erbyn chwech o'r gloch, felly recordio am saith ydi'r drefn gan amlaf. Mae'r neuadd fach yn orlawn sy'n profi unwaith eto mor barod mae cynulleidfa deyrngar Radio Cymru i gefnogi rhaglenni fel hon. Dim ond chwech *Hawl i Holi* fydd mewn blwyddyn. Gan ei bod hi'n rhaglen sy'n mynd allan i galon y gymuned ac yn ennyn ymateb ym mhob cwr o Gymru, mi fues i'n dadlau'n ofer ers blynyddoedd y dylid cael dwsin os nad ugain ohonyn nhw. Does dim arian oedd yr ateb yn ddi-ffael. Efallai ei bod hi'n cael ei hystyried yn rhaglen hen ffasiwn.

Wedi diwrnod prysur o ymgyrchu mae'r panelwyr wedi cyrraedd, dau sy'n gobeithio cael eu hethol, Guto Bebb, a'r cyn-Aelod Seneddol Llafur, Gareth Thomas, ynghyd â'r Aelod Cynulliad, Siân Gwenllian a'r Farwnes Christine Humphreys. Gydag ychydig dros bythefnos tan y bleidlais fawr, mae'n gyfle i gael clywed yn breifat i ba gyfeiriad mae'r gwynt gwleidyddol yn chwythu. Efallai mai ymateb Gareth oedd y mwyaf annisgwyl. Mae Jeremy Corbyn wedi gwneud gwahaniaeth pendant meddai, hyd yn oed yng Ngorllewin Clwyd, y sedd mae Gareth yn gobeithio ei hadennill i Lafur. 'Go brin y bydda i'n curo'r Ceidwadwr,' meddai, 'ond bydd ei fwyafrif heb os yn llai.' Roedd Siân Gwenllian yn ofni y gallai dylanwad hwyr Mr Corbyn gael effaith ar y sefyllfa yn etholaeth Arfon lle mae mwyafrif eithaf cadarn yr olwg o dair mil a hanner o bleidleisiau gan Hywel Williams.

Mewn awr danllyd, trafod pedwar cwestiwn wnaeth y panel, ond yr ail efallai lwyddodd i danio'r goelcerth: *Pe bai Theresa May yn ennill mwyafrif mawr, a oes yna berygl y byddai datganoli dan fygythiad?* Cafodd Guto ei gythruddo'n arbennig gan sylw Siân nad ydi'r Torïaid yn malio dim am Gymru na'r hyn sy'n digwydd yma. Dod â sicrwydd swyddi a phŵer i Gymru – dyna sydd wedi digwydd o dan Theresa May oedd ei ateb. Roedd yna sylw i iechyd, a chwynion am fwrdd iechyd y gogledd, gan achosi cyfyng gyngor i'r cadeirydd, fel sydd wedi digwydd droeon o'r blaen. Ai yn ystod rhaglen am yr etholiad cyffredinol y dylem ni fod yn trafod iechyd, sef maes sydd wedi'i ddatganoli i Fae Caerdydd? Pam bod y gwahaniaeth o ran cyfrifoldebau yn dal i beri penbleth i bobl ddeunaw mlynedd ar ôl sefydlu'r Cynulliad? Ai fy lle i ydi gwthio unrhyw bwnc i'r naill ochr os ydi'r gynulleidfa'n awyddus i'w drafod?

Ta waeth, rhaglen fywiog, gydag un brycheuyn o'm safbwynt i. Dim ond tair merch gyfrannodd o'r gynulleidfa. Dydi honno ddim yn broblem anghyffredin. Am gyfnod bu'n anodd argyhoeddi merched i fod yn banelwyr. Yn wir ar un adeg roedd gen i gŵyn gyson fod panelwyr benywaidd, yn y gogledd ddwyrain yn fwyaf arbennig, yn brin fel aur. Mi fues i'n meddwl yn aml beth fyddai ymateb rhywun fel Jennie Eirian Davies wedi bod i sylw fel yna, a hithau wedi byw yn Yr Wyddgrug cyhyd? Mae pethau wedi gwella'n raddol heb os, ond mewn ambell ardal, dwi'n gwybod mai'n ofer y bydda i'n cymell rhai merched i gyfrannu. Dywedodd un gwyliwr wrtha i dro'n ôl ei fod yn casáu trefn, patrwm a naws *Pawb a'i Farn* a'i fod yn ei ddiffodd yn amlach na pheidio, gan gynnwys y tro hwnnw pan ymddangosodd aelod o'i deulu ef ei hun ar y panel. Rhydd i bawb ei farn! Efallai fod aelodau ambell gynulleidfa yn rhannu'r farn honno, ond er gwaethaf hynny, am fod yn rhan o'r achlysur gan ddewis gwrando ar eraill yn hytrach na chyfrannu eu hunain. A pham lai?

Heno, wrth adael Dinbych dwi'n synhwyro am y tro cyntaf y gallai mwyafrif Theresa May fod fymryn yn llai nag roedd hi wedi'i ragweld wrth iddi grwydro llethrau Cader Idris. Cawn weld a fydd cadarnhad pellach o hynny ym Mangor nos yfory, pan fydd ymgeiswyr Ynys Môn o dan y chwyddwydr. A ninnau newydd fod yn trafod y gwasanaeth iechyd, yn ddiarwybod imi roedd Marian, y cynhyrchydd, wedi cael neges yn ystod y rhaglen yn dweud fod ei thad wedi'i gludo ar fyrder i Ysbyty

Glan Clwyd. Roedd cyfle i alw heibio ar y ffordd nôl i Fangor. Un o Bandy Tudur rhwng Llanrwst a Llangernyw ydi Marian, pentref bychan, gwledig y bydd hi byth a hefyd yn sôn am ei rinweddau, rhai ohonyn nhw'n ddirgelwch i greadur braidd yn ddinesig fel fi. Mae ei rhieni Wil ac Eurwen Evans yn dal i fyw yno, halen y ddaear ill dau, ac yn berchnogion gardd ryfeddol o ffrwythlon a hanner dwsin o ieir cynhyrchiol. Wnaeth ymweliad Marian â'r ward ddim para chwarter awr. Roedd y bwletin meddygol yn galonogol a chaiff Wil fynd adref cyn gynted ag y bydd ambell brawf wedi'i gwblhau.

Cyn mynd i gysgu, awgrym ar y radio, gorsaf 5 live, fod rhywbeth wedi digwydd ym Manceinion. Ffrwydrad efallai y tu allan i neuadd gyngerdd. Hyd yma mae'r manylion yn brin.

Dydd Mawrth, Mai 23

O Fanceinion ben bore, mae'r newydd yn ysgytwol. Hunanfomiwr wedi achosi ffrwydrad toc wedi hanner awr wedi deg neithiwr, y tu allan i Arena'r ddinas wrth i bobl adael cyngerdd gan y gantores o'r Unol Daleithiau, Ariana Grande. Y weithred wedi'i hysbrydoli gan eithafiaeth Islamaidd. Y gred ydi bod tri ar hugain o bobl, gan gynnwys y terfysgwr, wedi'u lladd, yr ieuengaf yn ferch wyth mlwydd oed. Dros ddau gant wedi'u hanafu. Plant a phobl ifanc wedi'u targedu'n fwriadol. Mae'n anodd credu y byddai rhywun wedi gallu cynllunio'r fath erchylltra dibwrpas, disynnwyr. Mae'r ymgyrch etholiadol yn sicr o gael ei hatal.

Roeddwn i ym Manceinion bedair awr ar hugain ar ôl i fom arall ffrwydro yn y ddinas. Ym mis Mehefin 1996 y digwyddodd hynny, y bom mwyaf i ffrwydro ym Mhrydain ers yr Ail Ryfel Byd a'r IRA oedd yn gyfrifol. Cafwyd rhybudd y tro hwnnw awr a hanner cyn y ffrwydrad, a chafodd neb ei ladd, er i dros ddau gant o bobl gael eu hanafu bryd hynny hefyd. Roedd y difrod i adeiladau ac eiddo'n syfrdanol, ond o dipyn i beth cafodd y ddinas fyrlymus, flaengar ei thrawsnewid gan flynyddoedd o waith adeiladu ac ailddatblygu. Maes o law bydd pobl wydn

Manceinion yn siŵr o ddygymod â'r ergyd ddiweddaraf hon hefyd.

Yn ôl y disgwyl mae'r ymgyrch etholiadol wedi dod i ben am y tro, am bedair awr ar hugain o leiaf. Wedi'r holl baratoi fydd yna ddim *Pawb a'i Farn* o Fangor heno. Am yr eildro cafodd dyrnaid o gwestiynau eu dewis, ond mae'n gwestiwn gen i a fyddan nhw'n cael eu gofyn o gwbl bellach. Fydd y rhifyn o *Hawl i Holi*, a gafodd ei recordio yn Ninbych neithiwr, ddim yn cael ei ddarlledu am ddiwrnod neu ddau ychwaith. Dydw i'n sicr ddim yn cofio ymgyrch debyg i hon, a hithau wedi'i hatal ddwywaith yng Nghymru'n barod.

Does wybod sut mae pobl eraill yn fy ngweld i, ond ar y cyfan mi fyddwn i'n disgrifio fy hun fel creadur digon pwyllog, gweddol ddibynadwy, cymharol drefnus, sy'n credu mewn paratoi gofalus beth bynnag fydda i'n ei wneud. Weithiau ar y llaw arall, mae'n siŵr o fod yn llesol i'r enaid fod rhywun yn gwneud penderfyniad byrfyfyr, yn y fan a'r lle, sydd fymryn yn eithafol os nad yn annoeth. Dwi newydd sylweddoli nad oes gen i raglen bellach tan nos Iau ac na fydd disgwyl imi fod ym Maesteg ar ei chyfer tan ganol y prynhawn. Ar hyn o bryd mae'n ddydd Mawrth ac yn amser cinio. Mi fydd yr amserlen yn dynn, yn dynn iawn, ond siawns nad ydi hynny'n ddigon o amser i deithio i Sweden ac yn ôl ar gyfer gêm fawr Manchester United nos yfory. Mi gysylltais â'm cyd gefnogwr, David Gareth. Ydi, mae hi braidd yn hwyr yn y dydd, ond mae'r tocyn yn dal i fod ar gael ac oes, mae lle'n dal i fod ar yr awyren i Stockholm. Iawn, mi wna i fentro. Gwych oedd ei ymateb. Gwallgofrwydd oedd sylw Nia. Gwell peidio â hysbysu tîm *Pawb a'i Farn* am dipyn, rhag iddyn nhw boeni'n ormodol. Twt, does dim angen poeni beth bynnag. Mi fydda i'n ôl mewn da bryd. Wedi'r cwbl, mae'n rhaid mentro weithiau.

Dydd Mercher, Mai 24

Gadael y tŷ am dri y bore er mwyn teithio i faes awyr Manceinion gyda David a'i ddau fab, Barry a Dewi. Rhwng cwsg ac effro yng nghefn y car, mae'r pen yn dal i fynnu gofyn a ydi hyn yn gall. Wel mae'n rhy hwyr bellach. Mae miloedd o grysau cochion o'n cwmpas ni'n aros am y fflyd o awyrennau a fydd yn mynd â ni am bymtheng awr, ar y mwyaf, i Stockholm. Mi fues i ar daith debyg i hon i Moscow yn 2008, ond y bore yma mae'r awyrgylch yn wahanol iawn. Mae'r cefnogwyr wedi'u brawychu gan y ffrwydrad a'i ganlyniadau difaol echnos. Y bom ac nid y gêm ydi prif destun y sgyrsiau tawel, synfyfyriol. Does neb yn mentro llafarganu unrhyw un o anthemau cyfarwydd y clwb. Efallai ei bod yn briodol ein bod ni ar ein ffordd i ddinas arall a gafodd ei hysgwyd gan weithred derfysgol ddieflig lai na deufis yn ôl.

Erbyn i ni lanio mae hi'n nesáu at hanner dydd a'r ymdrechion i dorri costau'n golygu y byddwn ni'n cychwyn am y brifddinas o faes awyr Skavsta sydd awr a hanner o'r canol. Taith ar fws fydd honno ac mae dwsinau ohonyn nhw'n barod i'n cludo ni'n ddidrafferth i Stockholm. Os ydych chi'n gyfarwydd â'r gyfres dditectif o Sweden, Wallander, mi fyddai'r golygfeydd yma'n od o gyfarwydd i chi. Ffyrdd llydan, gwastad, cymharol dawel, digon o goed, bob yn ail gar yn llythrennol yn Volvo, ambell lyn a ffermdy yma a thraw. Os ydi'r disgrifiad yn swnio fel un braidd yn ystrydebol, dyna'n union welson ni am gan cilometr fwy neu lai.

Dim ond unwaith o'r blaen y bûm i yn Sweden. Unwaith eto roedd hynny yn y dyddiau pan oedd gohebu tramor yn fwy cyffredin o bosibl ar gyfer radio a theledu Cymraeg. Erbyn hyn mae'r awydd a'r arian yn cael eu sianelu'n hytrach i geisio ymdrin yn llwyr ac yn llawn â newyddion o Gymru am Gymru. Dyna'r flaenoriaeth bwysicaf heb os nac oni bai. Ond mi fues i'n freintiedig iawn mae'n rhaid cyfaddef. Byddwn yn mynd yn gyson i'r Unol Daleithiau ac i rai o wledydd amlwg y cyfandir, fel arfer ar gyfer etholiadau neu uwchgynadleddau rhyngwladol. Yn India mi fues i'n holi'r Dalai Lama, ac yntau'n ffyddiog y byddai'n cael mynd yn ôl i'w famwlad, Tibet cyn hir. Roedd hynny dros chwarter canrif yn ôl ac mae'n dal i aros, ac i wenu'n amyneddgar. Yn Ne Affrica mi welais i Nelson Mandela'n cael ei urddo'n Arlywydd mewn seremoni fawr yn Pretoria, ar ôl i bobl dduon gael y wefr o bleidleisio yn eu miliynau am y tro cyntaf. Yn Rwsia, a hithau'n dal yn Undeb Sofietaidd ar y pryd, mi welais i dorf anferth yn rhoi croeso cynnes i Margaret Thatcher o bawb yn 1987.

Roedd y teithiau hynny gan amlaf wedi'u trefnu'n ofalus mewn da bryd. Ond roedd yr ymweliad â Stockholm yn gwbl annisgwyl. A hithau bron yn hanner nos ar Chwefror 28, 1986, cafodd y Prif Weinidog ei saethu yn ei gefn a'i ladd. Roedd Olof Palme yn cerdded adref o'r sinema gyda'i wraig Lisbet, a hwythau wedi mynd allan y noson honno'n hollol ddirybudd heb swyddog diogelwch yn eu gwarchod. Yn Sweden dawel, ddigynnwrf, roedd hi'n drosedd gwbl anghredadwy ac yn stori fawr ryngwladol ar y pryd. Pe bai hi'n digwydd heddiw go brin y byddai'n cael y fath sylw.

Ar y bws i ganol Stockholm, dros ddeng mlynedd ar hugain yn ddiweddarach, roeddwn i'n dal i synnu imi fod yno. O edrych yn ôl hefyd dros y blynyddoedd o deithio mynych, does ryfedd fod Nia wedi bod wrth ei bodd yn ymgartrefu ym Mangor, lle roedd cymorth parod ar gael pan fyddai angen gwarchod y plant. Tybed a oedd eu tad, ar un adeg, yn absennol yn rhy aml? Chwarae teg iddyn nhw, wnaethon nhw erioed awgrymu hynny.

Aeth y bws â ni at gyrion Stadiwm Friends Arena, cyn i ni ddal trên wedyn i ganol Stockholm. Bydd yn rhaid gwneud yn fawr o'r cyfle i gael pryd iawn o fwyd ac i grwydro strydoedd yr hen ddinas. Cwta bedair awr sydd yna i wneud hynny. Mae Sweden yn yr Undeb Ewropeaidd, ond y Krona sy'n frenin fan hyn nid yr Ewro. Argraffiadau cynnar y pedwar ohonom ydi ei bod hi'n ddinas ddeniadol, wedi'i gwasgaru ar hyd nifer o ynysoedd, ond yn un ddrud ar y naw. Wrth dalu am blatiad o fwyd Eidalaidd a diod i bawb, fe ddiflannodd hynny o Krona oedd gan David yn ei boced, y dyn busnes ddim mor graff â hynny, mae'n amlwg! Dydi rhywun ddim yn gallu peidio â phendroni a fydd hi'n anos teithio i lefydd fel hyn ar ôl i'r Deyrnas Unedig adael yr UE. Fydd hi'n fwy trafferthus tybed? Mae llai na dwy flynedd tan hynny ac ar hyn o bryd does neb yn gallu bod yn hollol siŵr. Mae sain ambell gân yn dechrau ein cyrraedd ni, y miloedd o gefnogwyr sydd wedi teithio draw yn dechrau paratoi at y gêm fawr. Mae'n bryd i ninnau ei throi hi am y stadiwm.

Dydi dweud imi fwynhau'r gêm ddim yn cyfleu'r union brofiad. Mwynhau'r canlyniad heb os, ond ar ôl cyfnod llachar Syr Alex Ferguson a'i dimau rhagorol, mae rhai ohonom wedi mynd yn wylwyr mwy nerfus a llai hyderus efallai. Prin ydi'r chwaraewyr presennol a fyddai wedi ennill eu lle yn y tîm ym mlynyddoedd llwyddiant mawr Manchester United. Y rheolwr newydd, José Mourinho, ddywedodd fod aml i fardd mewn pêl-droed, ond nad ydi beirdd yn ennill llawer o dlysau. Yn bersonol, am bris fy nhocyn tymor, mi fydda i'n go hoff o weld tipyn o farddoniaeth yn ogystal â llwyddiant ar y cae. Does ryfedd imi fod mor hoff o'r Ffrancwr, Eric Cantona. Mae José'n sicr wedi meistroli'r grefft o ennill y gemau mawrion, a dyna wnaeth o eto heno. Dwy gôl yn fwy na digon i guro Ajax o Amsterdam, a'r miloedd yn ein hanner ni o'r stadiwm yn gorfoleddu'n groch y byddwn ni yng Nghynghrair y Pencampwyr unwaith eto'r tymor nesaf, ac yn chwarae'n erbyn goreuon Ewrop ar nosweithiau gaeafol yn Old Trafford. 'Manchester' oedd gwaedd fwyaf cyson y dorf heno. Wedi'r hyn ddigwyddodd echnos, efallai fod hon yn fuddugoliaeth i'r ddinas yn ogystal ag i United. Mae'n bryd i ni anelu am y maes awyr, gan obeithio cael rhywfaint o gwsg ar y daith adref. Mi fyddwn yn deithwyr bodlon iawn, mae hynny'n siŵr.

Dydd Iau, Mai 25

Wrth i ni adael maes awyr Skavsta am dri o'r gloch y bore, mae'r wawr ogleddol eisoes yn torri. Mae hi'n ben-blwydd ar Manon. Anodd credu ei bod hi'n dri deg un heddiw – bydd neges destun o Sweden yn ei chyfarch yn y bore. Dydi hi ddim yn hawdd credu ychwaith y bydda i'n cyflwyno *Pawb a'i Farn* o Faesteg ymhen deunaw awr. Os ydi'r fenter hon i gael ei hystyried yn llwyddiant ymhen mis, ymhen blwyddyn, fe fydd yn rhaid i'r rhaglen fod yn un dda neu o leia'n hollol dderbyniol. Bydd yn sicr yn stori ddifyr i'w hadrodd wrth Ifor ymhen blynyddoedd, os byw ac iach. Mi gyrhaeddais fy ngwely am chwech, roeddwn ar y ffordd i'r de cyn deg.

Mae'r daith rhwng gogledd a de wastad wedi rhoi cyfle i bendroni, yn arbennig felly heddiw gan nad ydw i yn sedd y gyrrwr. Wrth feddwl am gwestiynau heno mae Delyth a finnau'n siŵr o gytuno y bydd angen dechrau gyda thrafodaeth am fom Manceinion. Cwestiwn am Brexit wedyn, ac efallai un a wnaeth ennyn cryn ymateb nos Lun yn Ninbych – y perygl i ddatganoli pe bai Theresa May yn ennill mwyafrif mawr. Bythefnos union cyn yr etholiad, a ydi hynny'n dechrau ymddangos yn llai tebygol? Cinio sydyn yn Aberaeron, a gŵr a gwraig ar y bwrdd agosaf yn dechrau sgwrsio'n glên, gan fynegi siom nad ydi *Pawb a'i Farn* yn cael ei ddarlledu'n amlach. Rhy gostus siŵr o fod meddwn i, yr ateb dwi wedi hen arfer ei roi. Fyddai'r penaethiaid byth yn fodlon datgelu imi yr union swm, (dydi cyflwynwyr ddim yn cael gwybod pethau felly), ond dwi'n barod i ddyfalu y byddai un gyfres yn costio dros chwarter miliwn o bunnau.

Ar y llaw arall mae'n rhaid bod y ceiniogau'n bur niferus yn 2002 pan gafodd y rhaglen ei darlledu o Efrog Newydd, naw mis ar ôl i ddwy awyren daro'r tyrau masnach ym Manhattan gan ladd bron i dair mil o bobl, stori fwyaf heb os fy mlynyddoedd i'n darlledu, a'r digwyddiad mwyaf ei ddylanwad. Dau banelydd oedd yno, arweinydd côr o'r enw Mari Morgan a'r gweinidog o Gymro a oedd yn swnio'n union fel Americanwr, y Parchedig I D E Thomas, Gweriniaethwr rhonc a Bedyddiwr a dreuliodd gyfnodau yn gweinidogaethu yng Nglanaman, Caernarfon a Llanelli cyn iddo ymfudo. Am ddeng mlynedd ar hugain roedd Isaac fel byddai fy nhad yn ei alw, neu IDE fel roeddem ni ddarlledwyr iau yn ei gyfarch, yn 'Senior Pastor of the First Baptist Church of Maywood' yn nhalaith Califfornia. Byddai wrth ei fodd yn dod draw atom i Efrog Newydd neu Washington pan fyddai galw, ac yn well byth o safbwynt y rhaglen, fyddai o ddim yn hawlio costau er mwyn teithio o un arfordir i'r llall. Am flynyddoedd bu'n cyfrannu'n gyson hefyd i Radio Cymru ar y ffôn, ond roedd angen gofal wrth ei holi. Dyn Reagan a Bush, nid Carter a Clinton oedd Mr Thomas ac roedd hynny'n eglur iawn. Bu farw yn naw deg a thair oed yn 2013. Mi wnaethom ni groesi'r Iwerydd eilwaith, i Washington D.C. yn 2009, pan oedd gan Gymru le blaenllaw yng Ngŵyl Werin Smithsonian. Roedd y Prif Weinidog, Rhodri Morgan yn banelydd bryd hynny, a Chymry alltud o hanner dwsin o daleithiau'r dwyrain yng nghynulleidfa *Pawb a'i Farn*. Mi alla i gofio'n iawn hefyd fod ambell aelod o Barti Cut Lloi, o Ddyffryn Banw ym Maldwyn, wedi dianc am awr neu ddwy rhag eu dyletswyddau er mwyn ein cefnogi ni, a hwythau'n canu yn y brifddinas.

Ym Maesteg, ar ôl dygymod yn rhyfeddol o dda â'r newydd syfrdanol fod y cyflwynydd wedi cael teirawr o gwsg ar ôl bod yn Stockholm, roedd Delyth yn barod am waith. Ond wnaeth pethau ddim dechrau'n rhy addawol. Am fod dwy raglen Saesneg yn cael eu recordio yn yr un neuadd, roedd tipyn llai o amser nag arfer imi gyfarfod â'r gynulleidfa cyn y rhaglen, elfen bwysig o'r noson. Llai o amser hefyd i ymarfer. Oes, mae rihyrsal bob tro, er mwyn i'r cyfarwyddwr, Rhys Edwards, un o'r goreuon, benderfynu ar beth neu ar bwy mae pob camera i fod i ganolbwyntio. Mae saith ohonyn nhw i gyd, ond efallai ei bod hi fymryn yn haws i'r cyfarwyddwr nag y bu. Bellach, bydd y cadeirydd yn eistedd y tu ôl i'r ddesg, yn aros yn ei unfan gyda'r panelwyr. Sefyll gyda'r gynulleidfa fyddwn i am flynyddoedd, ac yn aml iawn byddwn yn cael gwaedd yn fy nghlust chwith gan gyfarwyddwr y cyfnod hwnnw, Wynford Jones, 'cam i'r chwith Dewi, cam i'r dde, cam yn ôl'. Roedd meddwl am y cwestiwn nesaf yn ddigon o dasg imi heb orfod poeni lle y dylwn roi fy nhraed. Ar sawl achlysur daeth pen y cyflwynydd i ganol y llun a hynny cyn sicred â dim pan fyddai aelod o'r gynulleidfa ar fin llorio dadl un o'r gwleidyddion. Yn seicolegol roedd yn well gen i fod gyda'r gynulleidfa na'r panel. Eu cynrychiolydd nhw ydw i wedi'r cwbl. Byddwn i hefyd yn gallu edrych i fyw llygaid ambell un, gan fynnu'n dawel eu bod nhw'n cyfrannu. Mi wnes i hynny un tro, gan ychwanegu wrth rywun oedd yn amlwg yn awchu i ddweud rhywbeth, 'Dach chi'n cytuno felly?' 'Definitely,' oedd yr ateb, a dyna'r unig air a ddaeth o enau'r gŵr bonheddig hwnnw. Wedi ambell brofiad tebyg dwi'n hynod ddiolchgar i'r mwyafrif siaradus. Rhyw dair blynedd yn ôl, bu'n rhaid cytuno i symud i'r gadair ac efallai erbyn hyn fod awr o eistedd yn garedicach i'r cefn nag awr o sefyll.

Heno wrth i ni ymarfer, fe ddaeth galwad ffôn gan y panelydd Ceidwadol, Guto Bebb. Mae'r M4 wedi cau ger Port Talbot, a does dim sicrwydd y bydd yn gallu cyrraedd Maesteg yn brydlon. O leiaf mae'r cyn-ymgeisydd Torïaidd, Harri Lloyd Davies, yn y gynulleidfa ac yn barod i gamu i'r adwy os bydd angen. Gyda deng munud i fynd, mae Guto'n camu drwy ddrws y neuadd, ac mae pum panelydd yn barod am raglen arall, pump oherwydd dyfodiad UKIP. Yn ystod yr ail gwestiwn am Brexit y cafwyd tipyn o'r tân etholiadol bydd rhywun yn dyheu amdano ar raglen fel hon. Nid yn aml bydd un o'r panelwyr yn cyhuddo aelod o'r gynulleidfa o siarad drwy'i het. Ffigyrau ariannol, a maint diffyg a dyled y Llywodraeth, a'r gwahaniaeth hollbwysig rhwng y ddau, oedd asgwrn y gynnen wrth i Guto wrthod yn llwyr ddadl y sawl oedd yn ei herio. 'Roedd y blaid Dorïaidd wedi addo cael gwared ar y ddyled, ond mae wedi dyblu,' oedd y sylw beirniadol o'r gynulleidfa. 'Dach chi'n dangos diffyg dealltwriaeth sylfaenol, gwnewch eich gwaith cartref,' oedd ateb llym y Gweinidog wrth iddo ddadlau fod y ddyled yn uwch, ond y diffyg yn llai o dipyn, sef y bwlch rhwng yr hyn y bydd y Llywodraeth yn ei wario a'r hyn y bydd yn ei gasglu mewn trethi. Am chwarter munud roedd hi'n bygwth mynd yn flêr. Ar ymweliad cyntaf y rhaglen â Maesteg roedd y gynulleidfa'n sicr yn fywiog ac yn llonni calon y cadeirydd. Does wybod pam na fuom ni yma o'r blaen mewn chwarter canrif o deithio Cymru. O ran y panel, mi fyddwn i'n dweud fod angen tair nodwedd yn anad dim er mwyn bod yn banelydd da ar *Pawb a'i Farn:* gwybodaeth wleidyddol; y ddawn i fynegi honno'n weddol huawdl; parodrwydd i ddadlau. A fyddai hi'n deg imi honni tybed fod y rheiny sydd yn meddu ar y tair elfen hon yn prinhau?

Wrth i ni adael roedd gan Guto stori dda am ei gyfnod yn ymgyrchu yn ardal Maesteg yn isetholiad Ogwr yn 2002, y tro cyntaf iddo sefyll dros y Ceidwadwyr. Daeth ar draws siopwr oedd wrth ei fodd yn cyfarfod yr ymgeisydd. 'It's the first time I've ever seen a politician up here, and he turns out to be a b...y Tory!' Mae gweddill y tîm yn dechrau edrych ar Twitter – mae cyfraniadau gwylwyr i'r wefan yn gallu bod yn llawn mor ddifyr â'r rhaglen ei hun. Bellach dwi wedi dysgu fod y fath beth â pharti *Pawb a'i Farn* yn cael ei gynnal gan rai. Dwi'n dal i aros am wahoddiad! Ar ôl methu ddwywaith ym Mangor, o leiaf mae'r rhaglen wedi'i darlledu o'r diwedd. Ac mi ges fynd i Stockholm hefyd. Bydd hon yn noson felys iawn o gwsg.

Dydd Gwener, Mai 26

Mae'n ddiwrnod poeth, chwyslyd, yng Nghaerdydd, y math o ddiwrnod pan fydd rhywun yn dyheu am gael dianc o'r ddinas. O ran gwaith, mae'n ddiwrnod tawel sy'n rhoi cyfle i daro draw i Bontarddulais i weld y teulu. Mae Ifor newydd ddechrau cael bwyd llwy ac efallai'n fabi mwy bodlon o'r herwydd. Mae'n sicr wedi tyfu yn y mis ers imi ei weld ddiwethaf. Bydd yn cropian cyn pen dim. Ydi hwnnw'n gyfnod haws, dywedwch? Mae'n anodd cofio.

Yn ôl un arolwg barn heddiw mae'r bwlch rhwng y Ceidwadwyr a Llafur wedi cau i bum pwynt. Tybed a ydi argraffiadau rhai etholwyr o Theresa May yn llai ffafriol wrth iddyn nhw weld mwy ohoni hi, ond wrth iddyn nhw weld mwy o Jeremy Corbyn ar y llaw arall, a ydyn nhw'n araf ddod i'w edmygu? Mi alla i glywed ambell un o'r gwleidyddion Cymreig y bydda i'n eu holi'n mynnu nad brwydr arlywyddol mohoni, ond cyfle'n hytrach i bobl ddewis Aelod Seneddol ar gyfer eu hardal. Ar sail y bleidlais honno y bydd llywodraeth yn cael ei dewis. Ond y gwir ydi wrth gwrs fod yr elfen arlywyddol wedi bod yn ennill tir yn raddol yn ystod oes y teledu, ac yn sicr felly ers dyddiau Mrs Thatcher. Mae'r etholwyr yn dewis Prif Weinidog yn ogystal ag Aelod Seneddol.

O sôn am frwydrau arlywyddol, mae'r Tŷ Gwyn yn Washington D.C. yn ôl y *Wall Street Journal* heddiw yn ystyried penodi cyfreithwyr i gadw golwg ar drydariadau Donald Trump. Dydi hi ddim yn anodd deall pam. Yn ystod ei fisoedd cyntaf wrth y llyw mae ei swyddogion cyfathrebu wedi gorfod egluro droeon pam bod yr hyn mae'r Arlywydd yn ei ddweud ar Twitter yn bur wahanol weithiau i'r hyn sydd wedi'i lunio'n ofalus mewn datganiadau swyddogol. Mi allai'r cyfreithwyr fod yn brysur iawn yn ystod y tair blynedd a hanner nesaf. Chafodd yr Unol Daleithiau erioed Arlywydd fel hwn o'r blaen, fel mae ein cyfrannwr rheolaidd ni o America, Trefor John Williams, yn egluro'n aml wrth gynulleidfa'r *Post Prynhawn*. Yn wahanol i I D E Thomas gynt, gogwyddo i gyfeiriad y Democratiaid mae Trefor, sy'n byw yn ninas Milwaukee, ond mae ei gyfraniadau'n gyson gytbwys.

Aderyn brith o'r enw Richard Milhous Nixon oedd yr Arlywydd pan wnes i deithio gyntaf i America. Roedd hynny yn 1972 yn ystod y gwyliau hir rhwng gadael ysgol a mynd i'r coleg. Fyddai'r un wlad dramor byth yn tanseilio fy nghariad at Ffrainc, ond mae America wedi fy niddori a'm difyrru fyth oddi ar hynny. Fydda i ddim yn anghofio caredigrwydd fy ewythr Emlyn, brawd iau fy nhad. Roedd wedi'i benodi gan Courtaulds, cwmni tecstilau a chemegau rhyngwladol nad yw'n bod bellach, i fod yn bennaeth ar ei adran Americanaidd, a hynny am bum mlynedd. Roedd gan y cwmni ffatri yn Mobile, Alabama, a phrif swyddfa yng nghanol nendyrau enfawr Efrog Newydd. Mi dalodd i'w nai ddod dros yr Iwerydd i dreulio'r haf gyda'i fab, fy nghefnder Hugh. Roedd fy nhaith gyntaf erioed mewn awyren i faes awyr JFK – Boeing 747 o eiddo cwmni o'r enw TWA sydd hefyd wedi mynd i ddifancoll erbyn hyn. Roedd yn haf cystal fel imi benderfynu gwneud yr un peth yn union y flwyddyn ganlynol, a chafodd y cefndryd fodd i fyw yn teithio ar draws gwlad ar y bysiau Greyhound enwog. Bydd y plant bob amser yn gwenu, os nad yn rhyfeddu, pan fydda i'n ailadrodd yr hen stori fy mod i'n ddeunaw mlwydd oed cyn imi flasu spaghetti, gan ychwanegu fod y pryd hwnnw mewn bwyty Eidalaidd heb ei ail yn Little Italy, Manhattan.

Ddegawd yn ddiweddarach mi wnes i ddwyn perswâd ar Nia y dylem dreulio cyfnod yn byw yn Washington D.C. er mwyn imi gael astudio newyddiaduraeth am flwyddyn mewn prifysgol yn y ddinas. Dim ond pymtheng mis oed oedd Owain ac yn llond llaw a dweud y gwir. Am flwyddyn go dda roedd ein cartref ni mewn fflat fechan y tu draw i afon Potomac yn Alexandria, a'r perchnogion caredig yn byw yn y tŷ helaeth am y pared â ni. I Frank a Debra McCreery roedd yr Arlywydd Reagan yn dipyn o eilun. Bob tro y byddai'n annerch y genedl, byddwn i'n cael gwahoddiad i fynd drws nesaf i wrando ar yr araith, achlysur o bwys a oedd yn haeddu sylw hyd yn oed os mai mewnfudwr dros dro oeddwn i. Roedd Frank yn arbennig o awyddus i ddyn o'r BBC gael clywed byrdwn y neges arlywyddol. Efallai eu bod nhw'n hoff iawn o Ronald Reagan, ond pe bawn i wedi bod yno ddeng mlynedd yn ddiweddarach, pan oedd Bill Clinton yn y Tŷ Gwyn, yr un fyddai'r gwrandawiad wedi bod. Beth bynnag oedd y farn am y dyn ei hun, roedd Arlywydd yr Unol Daleithiau'n haeddu'r parch mwyaf. Mae hi'n agwedd sy'n cael ei rhannu gan lawer o Americanwyr.

Byddai gwahoddiad swyddogol i fynd drws nesaf hefyd i gael tipyn o barti pan fyddai'r Washington Redskins yn chwarae pêl-droed Americanaidd, yn enwedig os mai gornest oedd hi yn erbyn y gelynion pennaf, y Dallas Cowboys neu'r New York Giants. Y flwyddyn roeddem ni yno, cafodd y Redskins flwyddyn wych cyn cael crasfa gan y Los Angeles Raiders yn y Super Bowl. Roedd y buddugwyr, am ryw reswm, yn cael eu disgrifio fel pencampwyr y byd, 'The World Champion L A Raiders'. Wnaeth Frank erioed ddeall pam fy mod i'n mynnu herio'r gosodiad. Wedi'r cwbl, pa wlad arall oedd yn rhan o'r gystadleuaeth unigryw Americanaidd hon? Ar y pryd roeddwn i'n siŵr fod y cymal bach hwnnw'n dweud rhywbeth am natur y bobl. Yn fy mhrofiad i beth bynnag, dydi gorwelion rhai Americanwyr ddim yn ymestyn rhyw lawer y tu hwnt i ffiniau eu gwlad eu hunain. O gofio ei bod hi mor fawr efallai nad ydi hynny'n syndod. 46% ohonyn nhw, yn ôl yr ystadegau diweddaraf, sy'n berchen ar basport, ac yn hynod ddiddorol, yn y taleithiau lle mae'r ganran honno ar ei hisaf, roedd y gefnogaeth i Donald Trump ar ei huchaf yn 2016.

Yn ffodus iawn cefais fynd yn ôl yno i ohebu a chyflwyno droeon, weithiau gyda gohebwyr eraill fel Aled Huw, Craig Duggan ac Owain Clarke, neu gynhyrchwyr fel Aled Glynne Davies ac Aled Price. Mi dreuliais i bum wythnos yn Washington ar ddechrau 1991, adeg y rhyfel cyntaf yn y Gwlff, yn ddigon pell o faes y gad, diolch byth. Ond efallai mai yn 2008 y cafwyd un o'r profiadau mwyaf cofiadwy wrth i Barack Obama geisio cael ei ethol yn Arlywydd du cyntaf ei wlad. Daw cyfle ar ddiwrnod arall i sôn mwy am hynny.

Dydd Sadwrn, Mai 27

Treulio'r prynhawn yn Llandaf yn paratoi at raglen bore yfory sydd i'w darlledu o Gaerdydd. Yn ddigon dealladwy, mae'n well gan rai cyfranwyr adolygu'r papurau pan fydd y cyflwynydd yn y stiwdio gyda nhw. Mae trafod wyneb yn wyneb yn dipyn haws na cheisio gwneud hynny mewn stiwdio fach unig ar eich pen eich hun. Oherwydd hynny, bob rhyw ddeufis, bydd y rhaglen yn cael ei chyflwyno yn un o stiwdios radio helaeth y Ganolfan Ddarlledu yn y brifddinas. I ni sy'n galw heibio bob hyn a hyn, gwedd braidd yn drist sydd i'r adeilad hwnnw erbyn hyn. Bydd y mudo mawr yn digwydd o fewn dwy flynedd i bencadlys newydd sbon gwydrog y Gorfforaeth ger yr orsaf yng nghanol Caerdydd. Yn y cyfamser mae'r adeilad sydd wedi rhoi degawdau o wasanaeth a'i loriau wedi'u troedio gan genedlaethau o ddarlledwyr ers 1967 fel pe bai'n cael ei esgeuluso braidd. Yn bensaernïol, creadur ei gyfnod oedd o, ac mae hwnnw bron â dod i ben.

Mae'n rhaid gwylio'r rygbi ar y teledu heno. Y Scarlets draw yn Nulyn yn gobeithio trechu Munster, a chipio pencampwriaeth y Pro12. Dwi'n un o'r rheiny sy'n hoff iawn o bêl-droed a rygbi ac sy'n methu'n glir â deall y bobl hynny sy'n casáu'r naill gamp neu'r llall. Os mai pêl-droed aeth â'm bryd yn yr ysgol gynradd, fel arall roedd hi yn yr ysgol ramadeg. Yn anffodus roedd yn rhaid i'r disgyblion ddewis ac wrth edrych yn ôl roedd dau ddylanwad arna i. Roedd y tîm cenedlaethol ar drothwy cyfnod o lwyddiant rhyfeddol, a mewnwr disglair y tîm hwnnw, Gareth Edwards, oedd arwr fy arddegau, heb os. Athro penigamp oedd y dylanwad mawr arall arnaf, fy hoff athro yn Ysgol Friars. Rygbi oedd gêm pennaeth yr adran chwaraeon, o Bontyberem yn wreiddiol, ac roedd Terry Lewis yn Gymro glân gloyw, yn hyfforddwr eithriadol ac yn ddisgyblwr llym. Roedd y geiriau 'you horrible boy' i'w clywed yn weddol gyson ar y caeau chwarae. Mi wnes fwynhau pob munud dan ei arweiniad. Mr Lewis ydi o hyd heddiw gan fod ei alw'n Terry'n swnio'n chwithig. Byddai'n gyfrifol am drefnu ein teithiau blynyddol i weld y gemau rhyngwladol yng Nghaerdydd. Roedd y gyntaf o'r rheiny ar Ebrill 15, 1967 yn rhyfeddol. Yn ei gêm gyntaf i Gymru ac yntau'n ddeunaw mlwydd oed, mi sgoriodd y cefnwr, Keith Jarrett, bedwar pwynt ar bymtheg. Mi drechwyd Lloegr o 34 i 21. Niwlog braidd ydi manylion y gêm ei hun erbyn hyn. Yr hyn sy'n aros yn glir fel grisial yn y cof ydi'r ffaith anhygoel fod ein bws ni o Fangor yn cychwyn i Gaerdydd am hanner nos, a ninnau'n cyrraedd yn llwgu ar fore'r gêm ac yn barod am lond plât o frecwast. Mae'n amlwg fod y brifddinas hyd yn oed ymhellach o lannau Menai bryd hynny. Wedi ymddeol o fyd addysg aeth Terry Lewis yn ei ôl i fyw i Gwm Gwendraeth.

Hanner can mlynedd yn ddiweddarach, pe bawn i'n gorfod

dewis, mae'n debyg mai at bêl-droed y byddwn i'n troi. Dydi gwylio rygbi ddim yn rhoi'r un mwynhad ag y byddai ac mae'r ymweliadau â'r stadiwm yng Nghaerdydd yn llai pleserus. Dwi'n sicr fod yr awyrgylch wedi dirywio ar y cyfan. Fel gogleddwr, mi fydda i'n ddigon balch o weld pob un o'r rhanbarthau'n llwyddo, ond o'r pedwar mae'n well gen i'r Scarlets o drwch blewyn. Ddechrau'r flwyddyn mi fues i'n holi'r capten serchus, Ken Owens a chael fy nhywys ganddo o amgylch Parc y Scarlets. Bythefnos cyn hynny roeddwn i ac Owain wedi bod yn Stadiwm Liberty yn gwylio ei dîm yn colli i'r Gweilch, un o'r achlysuron chwaraeon mwyaf diflas imi fod yn dyst iddo erioed. Ond heno ar noson hanesyddol yn Nulyn, y Scarlets sy'n cipio'r tlws gyda'r math o chwarae gogoneddus o rydd mae rhywun yn ysu am ei weld yn amlach gan eraill. Does ond gobeithio y bydd hynny'n cael rhywfaint o ddylanwad ar ddull Cymru o chwarae maes o law. Fel ym mhob camp am wn i, mae angen ennill, ond mae angen tipyn o adloniant hefyd.

Dydd Sul, Mai 28

Y dasg gyntaf bob amser wrth ddarlledu ar foreau Sul yng Nghaerdydd ydi galw heibio i'r garej leol er mwyn prynu cyflenwad trwm o bapurau ar gyfer yr adolygwyr. Mae'r ddau sydd wrthi heddiw, y ddarlledwraig Angharad Mair a'r gwyddonydd Arwyn Tomos Jones, wedi hen arfer dewis a dethol straeon ar gyfer y rhaglen. Mae wastad yn braf gweld Angharad unwaith eto a ninnau wedi mwynhau cyfnod o gydweithio pan oedd y ddau ohonom yn iau o lawer. Bryd hynny fyddwn i ddim wedi dychmygu y byddai Angharad wedi datblygu i fod yn un o banelwyr mwyaf poblogaidd *Pawb a'i Farn*, un sydd yn gwybod yn union sut i ennyn cymeradwyaeth gan y gynulleidfa. Aeth bron i wythnos heibio ers y bom ym Manceinion, ond y digwyddiad brawychus hwnnw sy'n dal i gael y prif sylw. O ran yr etholiad mae arolwg diweddaraf YouGov yn y *Sunday Times* yn dangos mai saith pwynt o wahaniaeth sydd yna bellach rhwng y ddwy brif blaid, y Ceidwadwyr ar 43 a Llafur ar 36, y bwlch yn ddigon i Theresa May sicrhau mwyafrif, ond mae maint hwnnw'n bendant fel pe bai'n lleihau'n ddyddiol bron wrth i'r ymgyrch hir dynnu at ei therfyn.

Yn union wedi'r rhaglen, mae cyfarfod wedi'i drefnu gyda'r ddau gynhyrchydd ifanc, Glesni Jones a Huw Foulkes, sydd wedi'u dewis i gyflawni un o dasgau mwyaf heriol y flwyddyn, ond hyd y gwela i mae'r ddau'n hyderus ac yn barod amdani. Glesni a Huw fydd yn gyfrifol am lywio rhaglen fawr y canlyniadau ar noson yr etholiad. Dwi'n gwbl ffyddiog y byddan nhw'n gallu gwneud hynny'n iawn. Unwaith eto eleni bydd cyfraniadau yr Athro Richard Wyn Jones yn cael eu rhannu rhwng y rhaglenni Cymraeg a Saesneg. Fy nhacteg i fel arfer ydi ceisio ei gadw cyhyd ag y bo modd wrth benelin Vaughan, ond eleni, er mwyn cadw'r ddesgil yn wastad, mae amserlen dynn wedi'i threfnu ar ei gyfer. Yna pan fydd Richard yn mynd i'r ochr draw er mwyn ei holi gan fy nghyd-Fangoriad hawddgar, Bethan Rhys Roberts, fe fydd Dr Elin Royles o Brifysgol Aberystwyth yn dod i'w sedd. Yn ei dadansoddi a'i dehongli treiddgar ar gyfer ambell raglen yn y gorffennol mae Elin wedi profi ei bod hi'n fwy nag abl i lenwi'r bwlch.

Cyfweliad pen-blwydd sydd nesa gyda Sioned Wiliam a hithau bellach yn Gomisiynydd Comedi Radio 4. Fel mae'n digwydd mae hi hefyd yn hen ffrind coleg i'm brawd, Meurig. Yn wreiddiol o'r Barri, mae Sioned yn gyfrifol am dri chan awr o gomedi ar yr orsaf honno, ac fe fu un o hoelion wyth Radio Cymru ar un o'i rhaglenni'n ddiweddar gan wneud cryn argraff. Da clywed fod cynulleidfa Radio 4 yn mynd i gael cyfle arall i werthfawrogi'r hyn mae'r gynulleidfa Gymraeg yn ei wybod ers tro byd. Ydi, mae Tudur Owen yn ddiddanwr ffraeth a dawnus.

Mae un dasg fach arall i'w chyflawni'r bore yma ac mae angen siwt a thei a rhy'faint o golur. Recordio hysbyseb i deledu yn dweud y bydd gynnon ni wasanaeth canlyniadau cynhwysfawr ar y noson fawr ar S4C a Radio Cymru. Yn groes i'r hen drefn, yr un rhaglen sydd bellach yn cael ei darlledu ar y teledu ac ar y radio. Wedi bore prysur, dwi'n dyheu am ginio Sul, cyn i'r hen A470 fy nenu unwaith eto.

Dydd Llun, Mai 29

Mae'n Ŵyl y Banc a dydw i ddim yn cyflwyno'r *Post Prynhawn* heddiw. Cyfle yn hytrach i wneud yr hyn y dylwn i fod wedi bod yn ei wneud ers dyddiau lawer, sef adolygu. Dyma'r peth tebycaf i sefyll arholiad y bydda i'n ei wneud bellach. O'm blaen mae hanner dwsin o dudalennau maint A4 sy'n llawn gwybodaeth allweddol, ffrwyth gwaith ymchwil a pharatoi gofalus gan Marian Ifans ac eleni hefyd, gan ystadegydd ifanc o Fôn o'r enw Sion Gwilym. Ar noson yr etholiad bydd gen i gyfrifiadur rhyfeddol o glyfar wrth fy llaw dde, ond y cardiau hen ffasiwn hanfodol hyn sydd wrth fy llaw chwith. Mewn gwahanol liwiau maen nhw'n cyfleu enw pob etholaeth o Aberafan i Ynys Môn, enwau'r ymgeiswyr i gyd, manylion diddorol amdanyn nhw, mwyafrifoedd y gorffennol, lle bydd pob cyfrif yn digwydd, a pha ohebydd fydd yno ar ein rhan ni. Er gwaetha pob datblygiad technolegol mae hi'n drefn yr ydw i wedi glynu'n ddeddfol ati ers deng mlynedd ar hugain a mwy. Diwrnod buddiol o adolygu felly, ond nid gyda'r math o nerfusrwydd braidd yn bryderus mae rhywun yn ei gofio wrth sefyll arholiadau Lefel O ac A yn y gorffennol pell. Mae darlledu ar noson etholiad yn brofiad gwefreiddiol.

Heno, mewn rhaglen ar y cyd rhwng Channel 4 a Sky News, mae Jeremy Paxman yn cael ei gyfle i groesholi Theresa May a Jeremy Corbyn, ar wahân. Roedd Mrs May wedi gwrthod dadlau'n uniongyrchol gydag arweinydd y Blaid Lafur, gan ddweud fod yn well ganddi gyfarfod â'r etholwyr. Wrth holi Mr Corbyn, roedd cyn-gyflwynydd *Newsnight* ar ei fwyaf ymosodol, yn torri ar ei draws bron i hanner cant o weithiau, yn cyfarth ei gwestiynau bron. A ydi ei ddawn fel holwr wedi rhydu rhywfaint tybed ers iddo adael y rhaglen nosweithiol? Ai am ei bod hi'n ddynes y bu'n llai parod i ymyrryd wrth i'r Prif

Weinidog gyflwyno'i dadleuon? Wrth i'r rhaglen ddirwyn i ben, efallai y bydd Jeremy Corbyn yn fwy tebygol o gredu iddo gael noson dda. Ar un adeg roedd y gynulleidfa wedi chwerthin ar sylwadau o eiddo Mrs May. Dydi hynny byth yn arwydd da ac mae hi'n dal i edrych fymryn yn anghyfforddus ar adegau fel hyn, ond sawl etholwr fydd yn newid ei bleidlais ar ôl gwylio'r rhaglen hon? Dim llawer, mi dybia i.

Wythnos i heno mi fydda i yn Abertawe ar gyfer yr ail rifyn etholiadol o *Hawl i Holi*. Bydd yn banel da gydag Eluned Morgan, Jonathan Edwards a Harri Lloyd Davies eisoes wedi cytuno i fod arno. Yn ôl y sôn, mae digon o bobl yn awyddus i ddod i'r gynulleidfa hefyd.

Dydd Mawrth, Mai 30

Mae'n braf iawn cael bod yn ôl yn stiwdio'r *Post Prynhawn*, fel pe bawn i'n gwisgo hen faneg gyffforddus unwaith eto. Dwi'n rhyw deimlo braidd yn euog fy mod i wedi'i hesgeuluso hi braidd ers wythnos neu ddwy wrth roi fy holl sylw i raglenni eraill. Felly y bu hi erioed yn ystod cyfnod etholiadol. Nid bod y tair sy'n cynhyrchu heddiw, Wena Alun-Owen, Heledd Roberts a Ffion Lloyd-Williams yn edliw hynny imi, chwarae teg iddyn nhw. Wedi'r cwbl mae olwynion y peiriant darlledu dyddiol yn dal i droi, mae awr arall i'w llenwi, cyfweliadau i'w trefnu a phrin bod amser i fân siarad.

Efallai mai un o'r newidiadau mwyaf sydd wedi digwydd ers imi ddechrau darlledu ydi ein bod ni bellach yn holi ein gohebwyr ein hunain yn ddyddiol. Yn wir, mae'r cyflwynydd yn hynod ddiolchgar am gyfraniadau mynych a graenus rhai ohonyn nhw. Gyda llai o adnoddau mi fydda i'n aml yn meddwl sut y byddai rhai o gynhyrchwyr y rhaglen yn y gorffennol fel William Owen a'r diweddar Glyn Thomas yn dod i ben â hi. Wedi'r cyfnod trafferthus a gafodd y rhaglen foreol *Today* ar Radio 4 yn 2003 oherwydd cyfweliad dadleuol â gohebydd amddiffyn o'r enw Andrew Gilligan, mae'n ofynnol i ohebwyr bellach gynnig fframwaith i'r cyflwynydd o'r hyn sydd i'w ddweud a'i drafod. Mae'r patrwm hwnnw'n gallu bod yn llac ar y naw a diddychymyg:

a) Rhowch gefndir hyn oll i ni.

b) Pam bod hyn wedi digwydd?

c) Beth sy'n debygol o ddigwydd nesaf? Ac os oes angen ymestyn y cyfweliad,

ch) Pam bod hyn yn arwyddocaol?

Cwestiynau cyfarwydd iawn mae'r gwrandawyr yn siŵr o'u clywed ryw ben bob wythnos, yn ogystal â rhai ar ffurf digon tebyg, yr ydw i wedi'u gofyn ganwaith, ond o leiaf maen nhw'n cynnig man cychwyn diogel i'r drafodaeth.

Yn brif stori heddiw mae'r dadlau ymhlith Torïaid Cymru ynglŷn â phwy ddylai eu cynrychioli nhw heno yn nadl yr arweinwyr Cymreig. Fydd eu harweinydd yn y Cynulliad, Andrew R T Davies ddim yno nac Ysgrifennydd Cymru, Alun Cairns ychwaith. Y llefarydd addysg, Darren Millar fydd ar y llwyfan yn hytrach, arwydd o amarch tuag at bobl Cymru medd Carwyn Jones.

Sgwrs heddiw hefyd gyda Chyfarwyddwr Eisteddfod yr Urdd, Aled Sion, sy'n ateb cwynion am broblemau traffig ar ddiwrnod prysura'r Ŵyl ym Mhen-y-bont ar Ogwr. A chyn diwedd y rhaglen, mi fues i'n holi'r gantores Sioned Terry am y bwriad i gynnal cyngerdd yn fuan er cof am y rhai a gafodd eu lladd gan ffrwydrad Manceinion. Roedd Sioned a'i merch Nel yng nghyngerdd Ariana Grande wythnos i ddoe, profiad ysgytwol, a'r ddwy mor ddiolchgar na chawson nhw eu hanafu. Doedden nhw ddim yn siŵr a fydden nhw am fynd i'r Arena eto. Sgwrs dda a phrawf arall mor afaelgar mae radio'n gallu bod. Ein lleisiau ni gyflwynwyr a chyfranwyr yn cyrraedd eich clustiau chi gartref, a neb na dim yn ymyrryd â'r berthynas hyfryd honno.

Gyda'r nos mi wnes wylio'r ddadl deledu. Efallai fod y gynulleidfa'n fwy bywiog na'r panel. O gofio iddo gael cyn lleied o rybudd, mi wnaeth Darren Millar ymdrech lew.

Dydd Mercher, Mai 31

Mae angen tei newydd arna i. Nid fy mod i'n brin ohonyn nhw. Mae cannoedd ohonyn nhw'n llythrennol yn dal i fod yn y cwpwrdd acw, a hynny er imi roi dau gant i siop elusen flwyddyn neu ddwy yn ôl. Cyn i chi feddwl fod gen i ryw obsesiwn rhyfedd ynglŷn â theis, roedden nhw'n cael eu hystyried yn anrheg cyfleus a defnyddiol iawn i gyflwynydd teledu ac roeddwn i'n falch iawn o'u cael nhw. Yn wir, hyd yn oed wrth wneud gwaith ar y radio y dyddiau yma, mi fydda i'n dal i wisgo tei i'r gwaith ym Mryn Meirion, gan sicrhau fy mod i'n eithriad prin iawn yn hynny o beth. Nid ceisio bod yn wahanol ydw i gyda llaw, na cheisio gosod rhyw fath o safon ffasiynol o hen ffasiwn. Yn syml iawn, mae cymaint o deis gen i fel fy mod i'n teimlo rhyw reidrwydd i wneud defnydd dyddiol o ddilledyn a fyddai fel arall yn hongian yn llipa mewn cwpwrdd nes y daw ei dro yntau i fynd i ocsiwn neu siop elusen. Yn rhyfedd iawn gyda llaw, fydda i ddim yn gwisgo tei wrth ddarlledu ar foreau Sul. Dehonglwch hynny fel y mynnoch.

Pam felly fod angen tei newydd? Ar noson etholiad mae angen un sy'n cyfleu cynnwrf y noson, sy'n ymddangos yn weddol deg o ran lliwiau'r pleidiau, sy'n denu ymateb ffafriol gan y gwylwyr (oes, credwch neu beidio, mae cryn ymateb i'r tei bob tro), ond sydd ddim yn hawlio gormod o sylw ychwaith. Na, dydi'r tei etholiadol ddim yn cael ei ddewis ar hap a damwain. Mae'n ffrwyth gwaith ymchwil trwyadl, a dwi'n mawr obeithio y bydd un addas ar gael ym Mangor y bore yma.

Bydd ymweliad achlysurol â'r dref cyn mynd i'r gwaith yn gallu golygu paned o safon yn fy hoff gaffi. Mae'r cwmni heddiw'n safonol hefyd, un arall o gyfeillion bore oes, Dafydd Hughes. Roedd Dafydd yn fab i blismon ac yn un o gymdogion y chwedegau ar Ffordd Deiniol, a than ei ymddeoliad diweddar yn uchel yn rhengoedd gweision sifil Llywodraeth Cymru. O reidrwydd, mae'r sgwrs yn troi at yr ymgyrch etholiadol cyn i ni ganolbwyntio ar bethau llawn mor bwysig fel pêl-droed. Yn Llanfairpwll mae ei gartref, a dydi Dafydd ddim yn rhagweld y bydd Albert Owen yn colli ym Môn, er bod ei fwyafrif mor fain, ond mae rhai'n sôn y gallai'r Tori ifanc newydd wneud yn dda. Os bydd Llafur yn cadw'r sedd honno, bydd lle heb os i ddiolch i Jeremy Corbyn. Ac os bydd Albert yn fuddugol, dylai ambell aelod Llafur arall fel Susan Elan Jones fod yn ddiogel hefyd.

Mae pêl-droed wastad wedi bod yn ddolen gyswllt amlwg rhwng Dafydd a finnau, o'r dyddiau cynnar yn Farrar Road hyd at deithiau diweddar fel yr un i Awstria'n cefnogi Cymru. Roeddem ni gyda'n gilydd hefyd yn 1966, blwyddyn cystadleuaeth Cwpan y Byd yn Lloegr. Rywsut, roedd un o weinidogion eraill Bangor, (roedden nhw'n gymeriadau amlwg yn fy llencyndod!) y Parchedig Huw Walter Jones (tad John), wedi sicrhau tocynnau i weld amryw o'r gemau, ac wedi'u cynnig nhw i ddau gyd weinidog, eu meibion a dau ffrind. Ar Barc Goodison, Lerpwl, mi welson ni Brasil yn curo Bwlgaria, gyda dau o gewri'r gêm, Pele a Garrincha, yn sgorio, a Hwngari wedyn yn curo Brasil o dair gôl i un. Wnaeth pêl-droediwr enwoca'r byd ddim chwarae yn yr ail gêm; roedd wedi'i gicio'n ddidrugaredd yn y gyntaf. Mae'n bosibl mai'r drydedd gêm imi ei gweld oedd un o'r rhyfeddaf yn holl hanes y gystadleuaeth. Portiwgal, un o'r ffefrynnau, yn erbyn Gogledd Corea, yn rownd yr wyth olaf, unwaith eto ar Barc Goodison. Ar ôl pum munud ar hugain roedd Corea ar y blaen o dair i ddim a'r dorf o ddeugain mil wedi'u syfrdanu. Daeth achubiaeth anhygoel i Bortiwgal gan un arall o anfarwolion y gêm. Sgoriodd Eusebio bedair wrth i'w wlad ennill o bump i dair, gan fynd drwodd i chwarae yn erbyn Lloegr yn y rownd gynderfynol. Honno, wrth gwrs oedd blwyddyn fawr y Saeson, yr unig dro iddyn nhw ennill y bencampwriaeth. Ond i ni'r criw bach o Fangor a oedd yn Goodison ar brynhawn Sadwrn ym mis Gorffennaf, 1966, camp ryfeddol Eusebio sy'n aros yn y cof.

Wrth gyrraedd Bryn Meirion ar gyfer diwrnod arall o waith, mae'n amlwg mai dwy stori drist fydd yn cael blaenoriaeth gan y *Post Prynhawn*, angladd y cyn-Brif Weinidog, Rhodri Morgan yn adeilad y senedd ym Mae Caerdydd, a marwolaeth yr ymgyrchydd canser, Irfon Williams yn ddim ond pedwar deg a chwech oed. Yn eu gwahanol ffyrdd, ac mewn gwahanol feysydd, ymdrechodd y ddau ymdrech deg. Yn annisgwyl penderfynodd Jeremy Corbyn y byddai'n ymddangos mewn dadl deledu heno'n fyw ar y BBC, er na fydd y Prif Weinidog yno. Yr Ysgrifennydd Cartref, Amber Rudd sy'n cynrychioli'r Ceidwadwyr, wyth niwrnod cyn y bleidlais. Braidd yn flêr oedd y drafodaeth. Mae naw ar banel yn ormod o lawer, gan wneud gwaith y cadeirydd bron yn amhosibl. Weithiau mi fydda i'n meddwl bod pump ar banel *Pawb a'i Farn* yn ormod. O ran fy mharatoadau etholiadol arwynebol fy hun gyda llaw, mae'r tei wedi'i brynu!

Dydd Iau, Mehefin 1

Dyma ni o'r diwedd. Dim ond wythnos arall cyn yr etholiad. Mae'n teimlo fel marathon yn dod i'w therfyn. Does wybod sut mae'r ymgeiswyr a'r ymgyrchwyr yn dygymod. Ond a finnau'n cyflwyno'r *Post Prynhawn* am y tro olaf cyn yr etholiad, cafodd hwnnw ei ddisodli fel deunydd prif stori gan y tebygrwydd y bydd yr Arlywydd Trump yn cyhoeddi cyn nos fod yr Unol Daleithiau yn cefnu ar gytundeb newid hinsawdd Paris. Mae Rwsia a Tsieina ymhlith y gwledydd sydd wedi galw arno i beidio â gwneud hynny. Pan ddaeth y cyhoeddiad ymhen ychydig oriau, roedd hi'n amlwg mai ofer fu pob ymdrech i ddwyn perswâd arno. Yn ôl Mr Trump mae'r cytundeb yn rhoi'r Unol Daleithiau dan anfantais barhaol. Ei ragflaenydd oedd un o'r rhai cyntaf i fynegi siom. 'Mae'r Llywodraeth hon,' medd y cyn-Arlywydd Obama, 'yn ymuno â dyrnaid o genhedloedd sy'n gwrthod y dyfodol.' Ond roedd yn ffyddiog, meddai, 'y byddai taleithiau, dinasoedd a busnesau America yn gwneud mwy fyth i arwain y ffordd, gan warchod, ar gyfer y cenedlaethau a ddaw, yr unig blaned sydd gennym.'

Ei ddawn dweud heb os, ei allu i gynnig gobaith, oedd un o gryfderau mawr Barack Obama. Mi gafodd miliynau eu swyno gan ei huodledd wrth i'r seneddwr ifanc o Illinois ymgyrchu am yr arlywyddiaeth yn 2008. Penderfynodd BBC Cymru fy anfon ar daith o Cardiff-by-the-Sea yng Nghaliffornia i dref fach Bangor yn nhalaith Pennsylvania, efelychiad o ran yr enwau beth bynnag o'm taith wythnosol yng Nghymru. Braf iawn, mi alla eich clywed chi'n dweud. Oedd, ar lawer cyfrif, ond dyna'r mis caletaf o waith imi ei gyflawni erioed. O deithio fel yr hed y frân, byddai hynny wedi bod yn 2,700 o filltiroedd, ond doedd y frân ddim yn ystyried fod angen holi siaradwyr Cymraeg am yr etholiad arlywyddol mewn amryfal lefydd a oedd ymhell o fod ar linell syth rhwng y ddau le. Gyda'r cynhyrchydd Garmon Rhys, a'r dyn camera Richard Longstaff, mi wnaethom ni yrru o lannau'r Môr Tawel yng Nghaliffornia drwy Nevada, Arizona, New Mexico, Texas, Arkansas, Tennessee, Missouri, Illinois, Indiana, Ohio, ac West Virginia, cyn cyrraedd pen ein taith ym Mhennsylvania fis yn ddiweddarach. Yn y canol roedd yna daith awyren hefyd o Dallas i Wisconsin ac yn ôl. Dwi'n dal i gofio'r peiriant sat nav yn dweud wrtha i yn Texas fod yna dri chan milltir cyn y troad nesaf. Os oedd hi'n daith eithriadol o flinedig, roedd hi hefyd yn fythgofiadwy am sawl rheswm, ac yn sicr felly o ran y bobl a ddaeth yn rhan hanfodol o'r rhaglen ddogfen derfynol.

Mewn canolfan saethu ar dir anial yn Lytle Creek i'r gogledd o Los Angeles, lle roedd eirth yn crwydro ar hyd y bryniau, y cawsom ni sgwrs â Hugh Roberts, swyddog diogelwch yn L.A. ond o Ynys Môn yn wreiddiol. Roeddwn yn teimlo'n bur anghysurus wrth i Hugh ddweud wrtha i fod 'y rhan fwyaf sy'n cario gwn yn gwneud hynny er mwyn cadw'n saff... pan mae gen ti wn mae gen ti ateb iawn'. Mi gafodd yr hawl i bleidleisio am y tro cyntaf yn 2008, ac yn 2016 mi fyddwn yn synnu pe na bai Donald Trump wedi cael ei gefnogaeth. Dwi hefyd yn ei gofio'n iawn yn dweud mai Ieuan Wyn Jones fyddai'n cael ei bleidlais pe bai'n dal i fyw ym Môn. Rai milltiroedd o ganol dinas ariangar Las Vegas roedd cartref Gwenan a Keith Turner a'u plant. Un o Aberystwyth ydi Gwenan, ac er nad ydi'r teulu erioed wedi byw yng Nghymru, Cymraeg oedd iaith yr aelwyd yn Nevada. Yn 2008 tra bod Keith wrth ei waith fel uwchgapten yn llu awyr yr Unol Daleithiau, roedd Gwenan wedi ymdaflu i ddysgu ei phlant gartref, a hynny trwy gyfrwng y Gymraeg. Ar y pryd roedden nhw'n gwrthwynebu Barack Obama, ac yn gyndyn o weld milwyr America'n gadael Irac. Roedd Keith newydd dreulio saith mis yn Baghdad. Irac hefyd oedd pwnc canolog y sgwrs ges i â Gwyn Howells y tu allan i dref fach Menomonie yn Wisconsin. Flwyddyn cyn ein hymweliad ni roedd Gwyn wedi colli ei fab yn Irac, milwr ugain mlwydd oed ym myddin America. Mae carreg fedd Alun Richard Howells mewn mynwent ar fryncyn gerllaw, mae ei lwch wedi'i wasgaru ger tref enedigol ei dad, Porthmadog. 'Faswn i ddim eisiau i un teulu fynd drwy hynna,' dywedodd Gwyn wrtha i ac yntau'n dal i alaru. 'Dwi'n teimlo'n flin efo'r bobl sydd wedi anfon y plant yma i Irac.' Wrth sôn am yr etholiad, doedd ganddo ddim amheuaeth, 'neith Obama job hynod o dda'.

Ymhellach i'r dwyrain, mi gafwyd orig rhwng Somerset a Shanksville, ryw saithdeg milltir o Pittsburgh, lle plymiodd awyren United Airlines, Flight 93 i'r ddaear ar Fedi'r unfed ar ddeg, 2001, gan ladd y pedwar deg a phedwar o deithwyr oedd ar ei bwrdd. Roedd hi'n un o'r pedair awyren a gafodd eu herwgipio gan derfysgwyr Al Qaeda ar y diwrnod hwnnw. Eu cynllun, mae'n debyg, oedd ei hedfan i ganol adeilad y Capitol, cartref y Gyngres yn Washington D.C.

Ym Mangor, yn nhalaith Pennsylvania, sydd wedi denu cymaint o Gymry draw, y daeth ein siwrnai faith ni i ben. Roeddwn i wedi rhyfeddu at sawl peth ar hyd y daith, ond efallai mai ar ei diwedd hi y daeth y rhyfeddod mwyaf. Ar gyrion Bangor roedd capel, fel sawl un mewn gwahanol rannau o America, lle roedd y gynulleidfa yn arfer addoli yn Gymraeg, ond roedd iaith y gwasanaethau wedi newid ers degawdau. Dim ond 'The Presbyterian Church' oedd ar yr arwydd bellach, er bod baner y Ddraig Goch i'w gweld gerllaw. Er mawr syndod roedd yr iaith yn dal yn fyw ar wefusau'r ddau aelod hynaf. Syndod mwy fyth oedd deall na fu Richard a Bronwen Pritchard erioed yn byw yng Nghymru. Mi gawson nhw eu geni a'u magu yn America yn ystod y Rhyfel Byd Cyntaf. Mi ymfudodd teuluoedd y ddau o Fethesda, Deiniolen a Glasinfryn yn Arfon er mwyn gweithio fel cynifer yn chwareli llechi Pennsylvania. Wna i fyth anghofio'r ddau'n hel atgofion am Fangor eu plentyndod, pan oedd gafael y Gymraeg ar y dref yn annisgwyl o gryf. Mi ddangoswyd lluniau imi o'r tridegau a'r pedwardegau pan oedd yr Ysgol Sul Gymraeg yn amlwg yn dal yn llewyrchus. Yn Hydref 2008 roedd Richard a Bronwen yn eu nawdegau ond erbyn hyn, mae'r ddau wedi'n gadael ni. I ba raddau mae Bangor yn dal i barchu'r cysylltiad Cymreig tybed? Ar derfyn ein taith daeth pawb oedd yn arddel unrhyw gyswllt â'r hen wlad i'n croesawu ni, ynghyd â band yr ysgol uwchradd leol. Gyda llaw, dydi'r ddwy Fangor yn ddim byd tebyg.

Er mai dim ond unwaith yn gwnes i eu cyfarfod nhw i gyd, yn eu gwahanol ffyrdd mi wnaeth pob un argraff arna i, y Cymry diweddaraf i benderfynu y byddai dyfodol gwell iddyn nhw yn America. Ar y pryd, roeddwn yn fwy na balch o gael ffarwelio â'r car a'r peiriant sat nav, gan ddatgan yn bendant, er gwaetha'r holl brofiadau cofiadwy, na fyddwn i byth am fynd ar daith debyg eto. Ddegawd bron yn ddiweddarach, ac undonedd diflas Texas bron yn angof, dwi ddim mor siŵr ai'r un fyddai fy ymateb. Byddwn yn sicr o osod un amod. Tri mis y tro nesaf os gwelwch yn dda. Enillodd y rhaglen wobr BAFTA Cymru, ac efallai i hynny fod yn hwb bach i yrfa Garmon, ei chynhyrchydd tawel, trylwyr, sydd bellach yn Olygydd ar adran newyddion a materion cyfoes BBC Cymru ac yn bennaeth ar ddau gant saith deg pump o staff.

Cyn mynd i 'ngwely, cyfle i wylio *Question Time*, a David Dimbleby yn y gadair fel arfer. Mae ei hirhoedledd fel cyflwynydd yn destun rhyfeddod. Mae'n gwbl sicr na fydda i'n cyflwyno *Pawb a'i Farn* ar drothwy fy mhedwar ugain oed, ond mae'r gŵr sy'n llywio rhaglen BBC 1 ers 1994 yn parhau i gadeirio'n gadarn effeithiol. Mae ganddo ei feirniaid, ond dyna fy marn i beth bynnag. Yn anorfod fe fydda i'n edrych arni drwy sbectol rhywun sy'n rhan o sioe debyg, ond gyda chanran fach iawn o'r adnoddau, a chanran lai fyth mae'n siŵr o'r gwylwyr.

Dwi'n cofio Geraint Lewis Jones pan oedd yn olygydd yn mynd draw am ddiwrnod i weld pobl QT wrth eu gwaith. Roedd pymtheg ohonyn nhw'n gwneud yr hyn mae dau neu dri ohonon ni'n ceisio ei gyflawni. Eto i gyd, mi fyddwn i'n barod i ddadlau fod un wedd ar *Pawb a'i Farn* yn rhagori. Mi fydda i'n teimlo fod rhyw agosatrwydd cymunedol yn perthyn i'r rhaglen Gymraeg. Pobl a phynciau yr ardal arbennig honno ydyn nhw. Fel cyfraniad bach tuag at gynnal yr ysbryd hwnnw mi fydda i'n gwneud ymdrech i gofio rhai enwau ac yn naturiol wedi'r holl raglenni, mae amryw ym mhob cynulleidfa eisoes yn lled gyfarwydd imi. Wnewch chi ddim fy nghlywed i'n dweud, 'you over there, the man in the blue shirt and red sweater!'

Dydd Gwener, Mehefin 2

Ymweliad â'r barbwr ben bore. I'r un lle y bydda i'n mynd ers deng mlynedd ar hugain, ychydig ymhellach draw na lle roedd sinema'r City yn arfer bod ers talwm. Ar un adeg roedd tair sinema ym Mangor, y City, a'r County yn Hirael a gafodd ei thrawsnewid maes o law yn glwb nos yr Octagon, wedyn yn Peep, ac yn bur ddiweddar, yn gyrchfan o'r enw Cube. Ond i'r Plaza ym mhen ucha'r stryd fawr y bydden ni'n mynd yn blant, ac yno y gwelais i glasuron fel *Lawrence of Arabia*, *Dr Zhivago*, *The Sound of Music* a *Where Eagles Dare*, a mentro dan oed i weld *Goldfinger* a'r cyfareddol James Bond. Y dyddiau hynny sy'n dod i'r cof pan fydd y cynhyrchydd yn dewis darn gwych o gerddoriaeth gan John Barry, dyweder, ar foreau Sul. Mae'r tair wedi hen gau ac erbyn hyn mae sinema fach dderbyniol iawn yng nghanolfan newydd Pontio, ond bydd yn well gan rai deithio o hyd i'r un helaethach yng Nghyffordd Llandudno lle mae mwy o ddewis o ffilmiau. Does dim angen dweud rhyw lawer wrth eistedd yng nghadair Maxwell, y barbwr. Mae'n llawn hanesion y mis a aeth heibio, ond yn ddi-ffael bydd yn crybwyll yr hyn y bu'n ei wneud ar y Sul, yr unig ddiwrnod pan na fydd yn ei siop. Ar y bore hwnnw, cyn i'r larwm acw fynnu'n aflafar ei bod hi'n bryd imi ymlwybro draw i Fryn Meirion, mae Maxwell eisoes mewn sêl cist car ar Ynys Môn yn chwilota am fargeinion, ac yn cael y boddhad rhyfeddaf o hawlio teclyn am bunt sydd, yn ôl y we, yn werth deg ar hugain. Yn ôl pob tebyg mae ei dŷ yn llawn o bob math o hen geriach sydd wedi'u prynu wrth i'r haul godi dros gae o geir ym Môn. Does dim byd tebyg mae'n ymddangos i'r wefr o brynu rhywbeth am y nesaf peth i ddim, pan na fydd y perchennog gwreiddiol yn sylweddoli ei lawn werth. Mi fydda i'n gwrando'n amyneddgar dawel, heb allu llawn ddeall natur y wefr honno. Pawb at y peth y bo.

Dydw i ddim wedi bwrw pleidlais mewn canolfan bleidleisio ers bron i ddeugain mlynedd. Ar un wedd bydd yn braf cael y profiad corfforol hwnnw eto ar ôl ymddeol. Yn yr un modd mae rhan ohona i'n edrych ymlaen at orweddian ar y soffa gartref tan berfeddion nos yn gwylio rhaglenni etholiadol pobl eraill. Ydi'r gwylio'n well tybed ar eich pen eich hun, neu yng nghwmni teulu neu ffrindiau? Faint o fwyd a diod sydd ei angen? A beth mae pobl yn ei yfed, coffi, dŵr, gwin? Ydi hi'n well mynd i'r gwely'n gynnar a chodi tua dau neu dri o'r gloch pan fydd llif y canlyniadau'n cyflymu? Ar ddiwedd ein rhaglenni ni, efallai tua chwech neu saith y bore os nad yn hwyrach ambell dro, bydd rhywrai'n siŵr o anfon neges garedig yn dweud eu bod nhw'n dal i wylio ac wedi gwneud hynny drwy'r nos. Alla i ddim ond edmygu eu dycnwch a'u dyfalbarhad. Diolch gyfeillion. Mae pawb sydd ynghlwm â'r rhaglen yn gwerthfawrogi eich ymdrech.

Ers 1983, y tro cyntaf imi gyflwyno ar noson y canlyniadau, dwi wedi bod yng Nghaerdydd ar y diwrnod mawr. Ar gyfer etholiad dydd Iau nesaf mae fy mhleidlais bost yn cael ei hanfon heddiw. Mae ambell ohebydd neu gyflwynydd, fel y colofnydd a chyn-olygydd gwleidyddol Sky News, Adam

Boulton, yn gwrthod pleidleisio er mwyn tanlinellu'r ffaith ei fod yn gyfan gwbl ddiduedd. Mae hefyd yn dweud ei bod yn well ganddo dreulio'r diwrnod yn y gwely wrth baratoi ar gyfer noson y canlyniadau. Welais i erioed mo'r angen i wneud y naill beth na'r llall. Wedi dweud hynny, bob hyn a hyn, mi fydda i yn cael fy nghyhuddo o fod yn gefnogol, neu'n aelod o ryw blaid neu'i gilydd. Y nod wrth gwrs ydi ceisio sicrhau nad oes gan y gwylwyr y syniad lleiaf i bwy y bydda i'n rhoi fy mhleidlais bost. Bydd honno'n cael ei chyfrif nos Iau yn Arfon, yr etholaeth leiaf o ran nifer ei hetholwyr ar dir mawr Prydain.

Dydd Sadwrn, Mehefin 3

Dim ond pum niwrnod o ymgyrchu'n weddill. Ymgyrch braidd yn od rywsut fu hi hyd yma, yn enwedig gan ei bod hi wedi'i hatal ddwywaith cyn iddi ddechrau codi stêm. Cyfle'r bore yma i gael gair ag ambell un yn breifat i glywed am eu gobeithion cyn y bleidlais. Y Ceidwadwyr yn dal i fynnu ei bod hi'n mynd yn well nag mae'r arolygon barn yn ei awgrymu, ond eto'n synhwyro nad ydi Theresa May wedi cael ymgyrch dda ac anffafriol iawn oedd yr ymateb i'r maniffesto. Llafur yn weddol hyderus ar y llaw arall nad ydi'r arolygon ymhell ohoni ac yn annisgwyl i ambell aelod o'r blaid, mae Jeremy Corbyn wedi bod yn ymgyrchydd effeithiol. Mae'r de mor gadarn Lafur ag erioed, ond efallai fod rhywfaint o ansicrwydd o hyd ynglŷn â sedd neu ddwy yn y gogledd ddwyrain. Ddim yn siŵr iawn oedd sylw Plaid Cymru am eu gobeithion o gipio Ynys Môn, ond mae hi'n ddiddorol yng Ngheredigion. Pa mor ddiddorol tybed, a beth am y Rhondda, sedd darged arall y blaid? Dydi hi ddim yn edrych yn debygol. Mae'r Democratiaid Rhyddfrydol yn ffyddiog y byddan nhw'n gallu cadw eu hunig sedd yng Nghymru. Mae Mark Williams yn aelod lleol gweithgar a phoblogaidd. Ond a gafodd o her debyg i un Ben Lake cyn hyn, ymgeisydd ifanc Plaid Cymru? Un peth sy'n sicr, i ba gyfeiriad bynnag y bydd y gwynt gwleidyddol yn chwythu, mi fydd hi'n gyffrous. Nid anorac gwleidyddol mohonof o bell, bell ffordd, ond nos Iau, mi fydda i fel plentyn adeg y Nadolig. Mae'n well imi ailafael yn f'adolygu etholiadol.

Yn ogystal ag astudio'r cardiau etholaethol anhepgor, mi fydda i hefyd yn llunio rhestr hir o gwestiynau, yn barod ar gyfer y rhannau hynny o'r noson pan fydda i, Vaughan, Richard a'r holl ohebwyr cydwybodol yn gwneud yr hyn mae'n rhaid ei ddisgrifio'n hollol onest fel llenwi'r cyfnod pan na fydd canlyniadau. Llenwi'n weddol ddifyr gobeithio, ond llenwi serch hynny. Llenwi'r munudau hesb hynny pan nad oes canlyniad i'w drafod, a dim golwg fod un ar fin ei gyhoeddi ychwaith. Mae'n gyfnod braidd yn rhwystredig. Nid 'mod i'n disgwyl unrhyw gydymdeimlad ond mae hi'n waeth ar noson etholiad y Cynulliad nag ar un yr etholiad cyffredinol. O leia nos Iau, mi fydd dyrnaid o ganlyniadau i'w trafod erbyn hanner nos, hyd yn oed os mai rhai Sunderland fydd y rheiny, nid y canlyniadau mwyaf arwyddocaol o safbwynt y gwyliwr Cymraeg, dwi'n cydnabod. Weithiau yn etholiad y Cynulliad ar y llaw arall, does fawr ddim wedi'i gyhoeddi cyn dau o'r gloch y bore ac o gofio fod y rhaglen wedi dechrau am ddeg, dyna bedair awr o lenwi, o geisio gwneud yn siŵr nad ydi'r gwylwyr yn cael llond bol ac yn dewis troi am y gwely. Ar gyfer y munudau gwag hynny, bydd gen i restr o gwestiynau wrth law.

Ar nosweithiau Sadwrn, mi fydda i'n gwneud fy ngorau i fynd i 'ngwely toc wedi deg, yn y gobaith o gael o leiaf chwech awr o gwsg cyn i'r larwm ganu. Mae angen pacio heno hefyd ar gyfer aros am wythnos mewn gwesty yng Nghaerdydd. A finnau ar fin diffodd y radio, mae'r cyflwynydd yn dechrau sôn am ddamwain neu ddigwyddiad difrifol o ryw fath yn Llundain. Yn union fel y nos Lun honno pan ffrwydrodd bom Manceinion, prin ydi'r manylion hyd yma, ond mae dyfalu cynnar y gallai hwn eto fod yn ymosodiad terfysgol.

Dydd Sul, Mehefin 4

5.40, a chyn gwneud dim arall, golwg sydyn ar fy ffôn. Mae o leiaf chwech wedi'u lladd ger London Bridge, y rhai cyntaf ar ôl cael eu taro gan fan wen. Roedd eraill wedi'u trywanu. Mi wyddwn yn syth y byddai'n rhaid newid natur y rhaglen yn llwyr. Erbyn i mi gyrraedd Bryn Meirion roedd Marian eisoes yn chwilota ar Facebook rhag ofn bod cyfeiriad at rywun oedd yn digwydd bod yng nghyffiniau'r bont neu Farchnad Borough neithiwr. Wrth i sefyllfa fel hon ddatblygu mae'r cyfryngau cymdeithasol bellach yn gwbl allweddol. Yng Nghaerdydd, roedd Golygydd Newyddion Radio Cymru, Bethan Roberts, hefyd yn sylweddoli y byddai'n rhaid trawsnewid rhaglen hamddenol ei naws, ac roedd hithau'n barod i rannu'r baich o chwilio am gyfranwyr. Roeddwn yn ffyddiog y byddai dau adolygydd papurau'r bore, y newyddiadurwraig Catrin Gerallt, a'r gwyddonydd Deri Tomos, yn gallu ymdopi â'r newid.

Tybed a fyddai Dai Davies ar gael ar ben arall y ffôn? Yn gyn-Brif uwch Arolygydd yn heddlu Llundain, cyfrifoldeb Dai ar un adeg oedd gwarchod y teulu brenhinol. Roedd yn arwain pedwar cant a hanner o staff ac mae'n cael ei ystyried yn arbenigwr rhyngwladol ar ddiogelwch a therfysgaeth. Pe baem ni'n gallu dod o hyd i Gymry Cymraeg yn Llundain hefyd, byddai fframwaith y rhaglen yn ei le. Yn sicr fydd dim modd darlledu'r cyfweliad pen-blwydd hwyliog gyda Sioned Wiliam. Yn sgil yr argyfwng diweddaraf i daro un o ddinasoedd Lloegr, fyddai'r sgwrs ddim yn briodol ac ar ben hynny, gan fod Sioned yn un o Gymry Llundain, byddai'n swnio'n chwithig nad ydi hi'n sôn am yr ymosodiad.

Mae'n bum munud ar hugain wedi wyth, ac mae sgript wreiddiol y rhaglen bellach yn y bin ailgylchu. Daeth ateb gan Dai Davies sy'n dweud na fydd ar ben arall y ffôn. Yn lle hynny fe ddaw i mewn i'r stiwdio o fewn chwarter awr fan bellaf. Ar ôl hepgor y gerddoriaeth agoriadol arferol, mae'r rhaglen ar yr awyr. Erbyn hyn mae'n ymddangos fod hyd at wyth o bobl wedi'u lladd a thros ddeugain wedi'u hanafu, ugain yn ddifrifol. Saethwyd y tri ymosodwr yn farw gan yr heddlu. Yn ôl rhai oedd yno, roedden nhw wedi bod yn gweiddi, 'Mae hyn dros Allah.' Ar ôl cyrraedd â'i wynt yn ei ddwrn, roedd dadansoddiad Dai o'r dasg aruthrol sy'n wynebu'r heddlu'n drawiadol. Fe honnodd fod ugain mil o bobl ym Mhrydain bellach o dan ryw fath o amheuaeth o fod yn gysylltiedig mewn rhyw fodd â therfysgaeth. Sut mae cadw pob un o'r rheiny dan oruchwyliaeth oedd ei gwestiwn. 'Dwi mor prowd o heddlu Llundain. Mewn wyth munud roedden nhw yno, a'r tri yma wedi'u lladd. Ymateb cryf i'r terrorists sy'n rhoi neges dros y byd.'

Mae Mike Williams, cyhoeddwr cerddoriaeth yn Llundain ar y ffôn. Roedd yntau newydd fod mewn ymarfer côr ac allan am ddiod gerllaw gyda ffrindiau pan ddigwyddodd hyn oll. Mi ddywedodd yr heddlu wrthyn nhw am adael yr ardal cyn gynted ag y byddai modd. 'Yn bersonol dwi ddim yn ofni. Mae hyn yn mynd i ddigwydd rhywle arall eto. Ddylsen ni ddim gadael iddyn nhw ein rhwystro ni rhag mynd allan a mynd mlaen â'n bywydau. Dyna'n agwedd i.'

Yna, wrth i'r cloc nesáu at naw o'r gloch, cyfweliad dramatig gyda rhywun a oedd wedi edrych i fyw llygaid un o'r terfysgwyr. Gareth oedd ei enw, doedd o ddim am ddatgelu ei gyfenw, ond mi roddodd i wrandawyr Radio Cymru ddarlun brawychus o'r sefyllfa enbyd a oedd yn wynebu cannoedd o bobl neithiwr wrth iddyn nhw fwynhau noson allan mewn rhan boblogaidd o'r ddinas. Roedd Gareth mewn bwyty yn ardal y Borough. 'Mi wnes i weld y gwydr yn smashio a dyn yn cerdded i mewn efo cyllell fel machete a merched yn crio a lot o sgrechian yn mynd ymlaen. Mynd i mewn i doilet ar gyfer un person, pedwar ohonom ni a tecstio ffrindiau i gael yr armed response i'r restaurant. Mae yna terrorist attack yn digwydd. Clywed sgrechian tu allan a sŵn bang fel gwn yn mynd i ffwrdd. Roedden ni yna am awr, wedyn aeth pob dim yn ddistaw a dyma ddyn armed response yn dod i'r drws a gweiddi arnon ni i fynd allan... fe wnaethon ni gymryd siawns a dod allan efo breichiau uwch ben y pen. Roedd 'na waed yn y restaurant a gwydrau wedi smashio. Wedyn ar y stryd roedd na waed yn bob man wedyn ... roedd pum deg o armed response ar y stryd yn gweiddi "Rhedwch, rhedwch, rhedwch" a mynd â ni drwy wahanol ardaloedd o'r Borough i gael ni i le saff...Wedi byw yn Llundain am ddeuddeng mlynedd, ac o'r restaurants i gyd faswn i wedi gallu'u dewis... fues i'n andros o anlwcus. Dwi'n dal mewn sioc.' Roedd darlun Gareth o'r hyn ddigwyddodd mor ysgytwol o fyw. Mi allwn synhwyro'n glir ei ddychryn a'i ofn dros ddau gan milltir i ffwrdd mewn stiwdio ddiogel ym Mangor. Llygad-dyst heb ei ail a deunydd radio cwbl afaelgar. Diolchais iddo am fod mor barod i rannu'r fath brofiad â'r gwrandawyr. Efallai nad oedd hi'n annisgwyl, yn Llundain o bob man, fod Cymro Cymraeg yn ei chanol hi.

Wedi diolch i bawb am eu cymorth ar fore mor anodd, doedd dim amser i gael y drafodaeth arferol wedi'r rhaglen. Mae angen cychwyn i Gaerdydd a'r rihyrsal etholiadol cyntaf am bedwar o'r gloch. Bydd fy nghydweithwyr yn gwybod nad ydi ymarferiadau o'r fath ar y cyfan at fy nant i. Dydi pethau byth yn gweithio fel y dylen nhw, a mynd i'r afael â'r duedd fach annifyr honno ydi eu pwrpas nhw. Cyn sicred â dim mi fydda i'n siŵr o ofyn, gyda thinc braidd yn ddiamynedd yn fy llais – wedi'r cwbl dwi newydd dreulio pedair awr ar yr A470 – pam yn union nad ydi pethau'n gweithio fel y dylen nhw? Does ond blwyddyn ers i ni wneud rhaglen a oedd, yn y bôn, yr un fath. Ar ôl awr mae'r tri darn o'r pos etholiadol sy'n gwbl hanfodol o'm safbwynt i yn syrthio i'w lle:

Rhif 1: Mae'n rhaid i'r cyfrifiadur canlyniadau weithio'n berffaith.

Rhif 2: Mae'n rhaid i'r dyrnaid o sgriniau teledu sydd o'm blaen fod wedi'u lleoli'n berffaith. Mi synnech chi faint o amser sydd ei angen i drefnu hynny.

Rhif 3: Mae'n rhaid imi allu clywed y cynhyrchydd a'r cyfarwyddwr yn berffaith. Mi fydd eu lleisiau nhw'n barhaol yn fy nghlust chwith am faint bynnag o oriau y byddwn ni'n darlledu.

Weithiau bydd yna barablu diddiwedd, ond rhywsut mae'r ymennydd wedi'i hyfforddi i wrando ar yr hyn sy'n bwysig ac i anwybyddu unrhyw beth amherthnasol. Mae clywed y ddau lais yn gyson yn well o lawer na dim sŵn o gwbl. Awgrymu fod rhywbeth ar fin mynd o chwith mae tawelwch.

Rhaid cyfaddef fod ambell rihyrsal wedi bod yn fuddiol tu hwnt. Cyn un rhaglen etholiadol, wrth imi ymarfer fy nghyflwyniad agoriadol am y tro olaf, mi welais rywbeth tebyg i gwmwl o fwg gwyn yn araf syrthio o nenfwd y stiwdio. 'Beth ar y ddaear ydi hwn?' meddwn i wrth gyfarwyddwr y flwyddyn honno, Medwyn Parri. Dry ice oedd yr ateb. Dry ice, i ba bwrpas felly, a finnau'n pesychu wrth i'r iâ ddechrau cyrraedd fy nghorn gwddf? Wel er mwyn cael tipyn bach o gynnwrf, o steil, o razzmatazz ar ddechrau'r rhaglen. Dwi'n siŵr eich bod chi'n synhwyro fod Medwyn yn perthyn fymryn yn nes i gangen show-biz y diwydiant teledu na fi. 'Os bydd yna dry ice ar ddechrau'r rhaglen,' oedd fy rhybudd pigog braidd, 'mi fydd cadair y cyflwynydd yn wag.' Efallai fod rhew sych yn gweddu i'r dim ar raglenni adloniant, neu yng nghyngherddau pafiliwn yr Eisteddfod, ond i raglen y canlyniadau a'i gwylwyr ffyddlon, go brin. Aeth blynyddoedd lawer heibio ers hynny, ac er i'r ddau ohonon ni gael aml i sgwrs, dwi wedi anghofio gofyn i Medwyn ai ymgais i dynnu coes y cyflwynydd oedd y dry ice?

Dim ond wrth i ddiwrnod cythryblus ddod i ben y gwnes i gofio am arolwg barn olaf cwmni YouGov cyn yr etholiad ar gyfer y *Sunday Times*. Y bwlch ddim ond yn bedwar pwynt bellach, y Ceidwadwyr ar 42 a Llafur ar 38. O gofio fod y bwlch hwnnw yn dri phwynt ar hugain ar fore Sul cynta'r ymgyrch, mae'r newid yn syfrdanol ac mor annisgwyl mae'n rhaid cyfaddef. Fydd Jeremy Corbyn yn llwyddo i'w gau ymhellach yn y tridiau nesaf? Ydi hynny hefyd yn golygu na fydd y map etholiadol Cymreig yn newid rhyw lawer? Lawn cyn bwysiced, a allwn ni ymddiried yn yr arolygon y tro yma? Dyna bwnc sy'n sicr o demtio Richard Wyn Jones i neidio ar gefn ei geffyl nos Iau.

Dydd Llun, Mehefin 5

Mi fydd yr ail o raglenni etholiadol *Hawl i Holi* yn cael ei chynnal heno yng Nghanolfan Dylan Thomas, Abertawe. Mae'r cwestiynau wedi cyrraedd mewn da bryd ac unwaith eto, mae'n siŵr y bydd yn rhaid dechrau drwy drafod yr ymosodiad terfysgol. Dwi'n gweld fod un o ffyddloniaid y rhaglen, y Llafurwr Cyrus Rees, yn awyddus i ofyn a oedd angen cynnal yr etholiad hwn o gwbl, cwestiwn digon teg o weld yr arolygon barn diweddaraf. Bydd yn braf gweld yn Abertawe rai o'r cymeriadau hoffus a huawdl sydd wedi cyfrannu i'r rhaglenni droeon o'r blaen, boed nhw ar deledu neu ar y radio. Mae Cyrus a'i frawd Alban o Fancffosfelen yn sicr ymhlith y rheiny, fel mae Sian a Dai Thomas o Gastell-y-Rhingyll, Rhiannon Barrar o Gilâ, a Meirwen Powell o Aber-craf. Mae eraill o gymoedd Nedd, Tawe a Gwendraeth a fyddai wedi dod, ond maent wedi'n gadael ni gwaetha'r modd, neu wedi cilio oherwydd afiechyd. Mae'r rhaglenni'n gweld colli selogion fel Dewi Enoch, Dennis Pugh, Janice Dudley, Howard Jones, a Hywel Teifi Edwards. Ar un achlysur dros bymtheng mlynedd yn ôl, roedd y Parchedig Ddr Felix Aubel yn banelydd iau o dipyn, ond eto'n gwybod sut i gorddi'r dyfroedd. Roedd Hywel wedi'i gynddeiriogi. 'Maen nhw'n dweud eich bod chi'n weinidog. Diolch i Dduw nad ydych chi'n weinidog arna i!'

Cyn y rhaglen heno yn Abertawe, ymarferiad etholiadol arall, cymharol lwyddiannus y tro yma, efallai am fod Vaughan Roderick wedi dod i eistedd wrth y ddesg. Am ryw hyd mae ein prif sylwebydd gwleidyddol yn gallu traethu mewn rihyrsal hyd yn oed gyda'r un huodledd sydd mor nodweddiadol o'i waith ar y noson fawr. O reidrwydd fyddwn ni ddim yn gweld ein gilydd yn aml, ond pan ddaw nosweithiau hwyr y rhaglenni etholiadol, mae'r berthynas yn cael ei hailgynnau'n hwylus. Mae gan Vaughan ffydd y bydda i'n gofyn ambell gwestiwn gweddol gall. Dwi bob amser yn ffyddiog y bydd yntau'n gallu tyrchu i'r ffynnon ddihysbydd o wybodaeth sydd ganddo er mwyn ateb pob un. Ar ôl ymarfer am hanner awr go dda mae Vaughan fel arfer yn penderfynu fod ganddo bethau gwell i'w gwneud, a phwy all ei feio? Y tro yma mi ofynnais iddo oedi am funud neu ddau. Cyn hir fe ymddangosodd cacen a chriw o gydweithwyr. Mae'n ben-blwydd ar Vaughan heddiw, yn drigain oed. Wrth ddweud gair o ddiolch, rhyfeddu wnaeth o ei fod wedi para cyhyd yn y BBC. Gallwn innau ddweud yr un peth yn union amdana i fy hun.

Mae'r tywydd yn ofnadwy wrth i ni deithio i Abertawe. Fydd y gynulleidfa'n barod i ymlwybro drwy hwn? Doedd dim angen imi boeni. Maen nhw'n rhyfeddol o deyrngar. Mi ddaethon nhw'n brydlon drwy'r gwynt a'r glaw er mwyn herio'r pump ar y panel, Jonathan Edwards Plaid Cymru, Y Farwnes Eluned Morgan Llafur, y Ceidwadwr Harri Lloyd Davies, y Democrat Rhyddfrydol Cadan ap Tomos, a Ken Rees ar ran UKIP. Mi gafwyd awr fywiog, ond roedd hi'n anodd dweud a oedd Jonathan yn gwbl argyhoeddedig fod ei broffwydoliaeth yn gywir pan awgrymodd gyda chryn bendantrwydd y byddai Plaid Cymru'n cael ei chanlyniad gorau erioed. Mae'r awr o brysur bwyso yn nesáu.

Dydd Mawrth, Mehefin 6

Deuddydd o ymgyrchu ar ôl, a'r pleidiau'n paratoi i wneud un ymdrech fawr arall. Faint o etholwyr sy'n ailfeddwl tybed yn ystod yr oriau olaf? Mae hi bron yn rhy hwyr beth bynnag o ran y bobl sydd â phleidleisiau post, tua phedwar can mil ohonyn nhw yn etholiad y Cynulliad y llynedd. Diwrnod tawel o baratoi ac adolygu fydd hwn, er bod yn rhaid mynd i'r gwaith er mwyn ysgrifennu sgriptiau ar gyfer nos Iau. Fel arfer mae awr gynta'r rhaglen yn cael ei pharatoi'n ofalus, ac mae'r cyflwynydd yn cael cymorth gwerthfawr yr *autocue* sydd yng nghrombil y camera o'i flaen. Ar ôl yr awr honno, un gymharol drefnus gyda lwc, does wybod lle y byddwn ni'n mynd. Bydd llawer yn dibynnu ar ganlyniad arolwg terfynol yr Athro John Curtice a'i dîm. Yn y blynyddoedd diwethaf, mae hwnnw heb os wedi gosod cywair a chyfeiriad i'r oriau cynnar, cyn i ni ganolbwyntio ar lif y canlyniadau.

Mae pethau digon milain yn cael eu datgan ar Twitter yn aml, ond heddiw mae'n gwneud imi wenu. Daeth rhywun o hyd i hen bapur newydd o fis Mehefin 1983, gan gyhoeddi llun o hysbyseb bach oedd yn hwnnw ar y wefan. '11.35 – 3.0 am. Canlyniadau'r Etholiad,' medd y pennawd. 'Gwyn Llewelyn, Dewi Llwyd, a Rod Richards yn cyflwyno'r canlyniadau. Adroddiadau o'r cyfrif yng Nghaerfyrddin, Caernarfon, Caerdydd a Llangefni.' Fy rhaglen ganlyniadau gyntaf, a bedydd tân fel y soniais i o'r blaen. Tri dyn wrth y llyw. Mae'n dda gen i ddweud y bydd Catrin Haf Jones o gwmni ITV yn y stiwdio nos Iau yn holi'r gwleidyddion. Pam nad oedd rhaglen 1983 yn dechrau tan 11.30 tybed, ac onid oedd hi'n gorffen yn syndod o gynnar? Os ydi hi'n ymarferol bosib, mi fyddwn ni'n dal i ddarlledu bellach nes bydd y canlyniad olaf un wedi'i gyhoeddi. Adroddiadau o bedwar cyfrif, medd y frawddeg olaf, dim ond pedwar. Mae'n anodd credu maint y chwyldro technolegol ers hynny sy'n caniatáu i ni fynd i bob un yng Nghymru bellach, heb sôn am fyrdd o rai yn Lloegr a'r Alban. Digon ychydig o atgofion sydd wedi aros yn y cof am y rhaglen honno, ond mae'r hen air 'llenwi' yna'n mynnu dod i'r meddwl eto. Heb allu mynd allan yn gyson i ganolfannau cyfrif, dwi'n tybio mai trafodaeth stiwdio drom oedd yr arlwy i wylwyr S4C yn amlach na pheidio. Nos Iau mi fydda i'n hynod ddiolchgar pan fydd gohebwyr o Langefni i Lanelli'n cyfleu holl gyffro'r noson yn fyw ar y sgrin fawr o'm blaen. Fel arfer, oherwydd ailgyfrif, bydd un neu ddau ohonyn nhw'n gorfod aros ar eu traed yn hwyrach na'r gweddill. Tro pwy fydd hi eleni tybed?

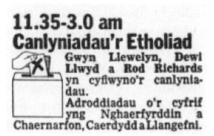

**11.35-3.0 am
Canlyniadau'r Etholiad**
Gwyn Llewelyn, Dewi Llwyd a Rod Richards yn cyflwyno'r canlyniadau.
Adroddiadau o'r cyfrif yng Nghaerfyrddin a Chaernarfon, Caerdydd a Llangefni.

Dydd Mercher, Mehefin 7

Dwi wedi cael fy llusgo'n groes i'r graen eto fyth i ymarfer yn y stiwdio fawr roedd criw *Pobol y Cwm* yn arfer ei defnyddio cyn iddyn nhw fudo i Fae Caerdydd. Yma, lle bu'r Deri Arms y bydda i'n traethu nos Iau. Mewn rihyrsal bydd rhywun yn derbyn fod yn rhaid i'r cynhyrchydd a'r cyfarwyddwr wneud yn hollol siŵr fod pob dim yn gweithio, fod pob camera yn ei le, a bod pob aelod o'r tîm mawr yn gwybod beth ydi'r disgwyliadau. Y drafferth ydi fod y cyflwynydd yn gorfod eistedd yno'n ffugio'n frwdfrydig ein bod ni ar fin clywed canlyniad Ceredigion yn fyw o Aberaeron, wrth imi siarad mewn gwirionedd â rhywun na welais i erioed mohono o'r blaen, sydd heb ronyn o wybodaeth am etholaeth ddiddorol Ceredigion, ac yntau'n sefyll o flaen camera mewn ystafell foel yn y BBC yn Llandaf. Mae isio gras fel y byddai fy mam yn ei ddweud. Wrth lwc, mae'r gyfarwyddwraig brofiadol, Heather Meurig Jones yn adnabod ei chyflwynydd yn dda. Doedd dim angen imi aros yn rhy hir. Mi fydda i'n cysgu'n dawel heno gan wybod fod y ddwy elfen bwysicaf ohonyn nhw i gyd o'm safbwynt i'n barod amdani, y naill a'r llall yn gwybod y bydd fy nibyniaeth arnyn nhw'n drwm yn ystod noson hirfaith arall. Vaughan Roderick, a'r cyfrifiadur canlyniadau.

Mae swper heno mewn bwyty Indiaidd da yn yr Eglwys Newydd. Roeddwn i'n arfer dod yma'n lled gyson pan oeddwn i'n teithio'n wythnosol i Gaerdydd. Fydd fy newis ddim yn amrywio rhyw lawer, chicken tikka biryani ydi'r ffefryn. Mae'n plesio'n ddi-ffael. Ac eto, dros chwarter canrif yn ôl, am dair blynedd, allwn i ddim mynd yn agos at fwyd Indiaidd o unrhyw fath, o ganlyniad i fy unig daith hyd yma i'r wlad gyfareddol, boblog honno. Roeddwn i yno am dair wythnos ar drywydd y Dalai Lama, arweinydd ysbrydol pobl Tibet sy'n alltud yn India ers 1959. Wrth deithio i Hubballi yn nhalaith Karnataka yn y de orllewin ac wedyn i Dharamsala yn nhalaith Himachal Pradesh wrth odre'r Himalayas yn y gogledd, doedd rhywun ddim yn disgwyl i safon y llety fod yn arbennig o dda. Doedd dim syndod pan welwn i lygoden yn llithro i dwll yn wal yr ystafell wely. Wrth y bwrdd bwyd roedd yna ymdrech i fod yn ofalus, gan ddewis yn ddoeth. Roeddem ni wedi cael ein rhybuddio. Ond ofer fu'r ymdrech. Ar ddechrau'r ail wythnos roeddwn yn sâl fel ci, a sigledig iawn fu'r stumog nes i ni deithio i'r gogledd lle roedd y bwyd yn fwy Tsieineaidd ei natur. Fu chow mein erioed mor flasus. O leia roedd profiad pawb arall yn y criw fwy na heb yr un fath, ar wahân i un ohonon ni, sef dyn y goleuadau neu'r *sparks* fel y byddai'r diwydiant teledu'n ei ddisgrifio. Roedd wedi trefnu ei fwydlen cyn cychwyn o Gymru, a honno wedi'i pharatoi gan ei fam-yng-nghyfraith. Ar ôl profiad chwerw o fwyta yn India o'r blaen, y nod y tro hwn oedd peidio â chyffwrdd yn y bwyd lleol o gwbl, oni bai ein bod ni mewn gwesty safonol mewn dinas fel Delhi. Heb air o gelwydd, roedd chwe deg o gacenni cri neu bice ar y maen wedi cael lle anrhydeddus yn ei gês, a thair o'r rheiny y dydd i fod i'w gynnal ar hyd y daith. Am bythefnos, roedd yr arbrawf yn llwyddiannus. Erbyn dechrau'r drydedd wythnos roedd y cacenni wedi'u bwyta bob un, a go brin bod angen imi ymhelaethu ynglŷn â chanlyniad anffodus hynny. Rhyw gilwenu wnaeth y gweddill ohonon ni. Am dair blynedd wedi'r daith honno, hyd yn oed wrth gerdded o fewn ugain llath i fwyty Indiaidd, roedd fy stumog yn troi wrth glywed yr aroglau cyfarwydd. Mi wellodd pethau diolch byth. Fyddwn i ddim am gael pwl o salwch heno, o bob noson.

Dydd Iau, Mehefin 8

Gwawriodd y diwrnod mawr, o'r diwedd. Cafodd yr etholiad ei alw'n gwbl annisgwyl, ond nid ymgyrch fer mohoni. Yn wahanol i ambell un yn y gorffennol, er gwaetha'i hyd anarferol, araf yn tanio oedd hon, araf yn cydio yn y dychymyg. Erbyn heno, ar y llaw arall, bydd hi fel unrhyw noson etholiadol arall, a phawb ar bigau'r drain yn disgwyl y canlyniadau. Mi fydda i'n aml yn meddwl am yr ymgeiswyr ar ddiwrnod fel heddiw, yr ofn y gallen nhw golli'n llethu rhai ac i eraill y gobaith fod buddugoliaeth nodedig o fewn cyrraedd, gan olygu y bydd yr oriau nesaf yn llusgo. Bydd yn haws o dipyn i mi. Rhaglen hir a chymhleth ar brydiau, ond wrth godi heddiw dwi'n ffyddiog y bydda i'n mwynhau. Oni bai bod rhywbeth mawr iawn yn mynd o'i le, (rhegi ar yr awyr efallai, neu ddangos rhagfarn amlwg) yn wahanol i rai gwleidyddion a'u staff, bydd gen i swydd yn y bore. A hithau'n glawio yng Nghaerdydd (cwestiwn i Vaughan a Richard – a ydi'r tywydd yn gwneud unrhyw wahaniaeth?) diwrnod o ddarllen fy nodiadau, dwy awr o gwsg yn y prynhawn, prynu bananas a siocled, swper cynnar am bump o'r gloch, ac yn y gwaith erbyn chwech.

Yn oes y cyfryngau cymdeithasol, mae natur y noson wedi newid. A hithau ddim ond yn wyth o'r gloch, mae cwestiynau eisoes yn cyrraedd. 'Cofier holi Richard,' medd un, 'beth sydd wedi digwydd i'r 20+ Aelod Seneddol Torïaidd', awgrym mymryn yn goeglyd gan un gwyliwr fod gobeithion rhai Ceidwadwyr o nesáu at y ffigwr hwnnw yng Nghymru wedi'u chwalu'n yfflon. A dweud y gwir, go brin y byddan nhw'n dod yn agos at yr 14 o seddi a enillwyd yn etholiad cyffredinol 1983, *annus mirabilis* y Torïaid Cymreig. Mae angen o leia bum munud yn fwy nag arfer yn yr ystafell goluro heno. Nid yn aml y mae Eirioes Elfyn yn gorfod paratoi gorchudd sy'n ddigon trwchus i oroesi am naw neu ddeg awr. Ymarfer arall am naw, dim golwg o rew sych! Mae'n rhaid gwneud argraff ar ddechrau'r rhaglen, gan wybod y bydd hyd yn oed ein gwylwyr a'n gwrandawyr mwyaf selog ni'n crwydro i sianeli eraill o bryd i'w gilydd. Fy neges i bob tro ydi fod yn rhaid i ni ganolbwyntio ar ein cryfderau amlwg, y pwyslais pendant ar y darlun Cymreig, ein gallu traddodiadol i fynd at ganlyniadau'n gyflym, ynghyd â dadansoddi treiddgar Vaughan a Richard, ac eleni, Elin Royles. Am chwarter i ddeg, dwi'n aros am y darn papur tyngedfennol.

21.50. Mae dwy dudalen yn cael eu rhoi ar fy nesg. Waw! Unwaith eto mae proffwydoliaeth yr Athro John Curtice wedi rhoi ysgytwad i ni. Mae Vaughan a finnau'n edrych ar ein gilydd, y ddau ohonon ni'n rhyfeddu. Pwy fyddai wedi rhagweld canlyniad fel hwn ar Ebrill 18 pan gamodd Theresa May allan o rif 10 Downing Street i wneud ei chyhoeddiad? Am ddeng munud, bydd yn rhaid i Vaughan a finnau gadw ein cyfrinach, er bod yr olwg ar ein hwynebau'n siŵr o fod yn awgrymu i eraill yn y stiwdio fod rhywbeth mawr yn yr arfaeth. Yn gryno, mae'r rhagolwg yn dweud mai'r Ceidwadwyr fydd y blaid fwyaf, ond bydd Mrs May ddeuddeg yn brin o fwyafrif. Wedi'r holl sôn ar ddechrau'r ymgyrch ei bod yn galw etholiad er mwyn sicrhau mwyafrif cadarn, mae hyn yn awgrymu y bydd dau ar bymtheg yn llai o Dorïaid ar feinciau gwyrddion Tŷ'r Cyffredin. Cafodd dros ddeng mil ar hugain o bobl eu holi wrth iddyn nhw adael y gorsafoedd pleidleisio. Mae'r Athro Curtice a'i dîm fel arfer yn weddol agos ati. Senedd grog. Bydd rhaid i Mrs May chwilio am gefnogaeth. Anhygoel.

22.00: Seiniau Big Ben. Y rhaglen ar yr awyr. Dwi'n edrych i fyw llygad y camera ac yn datgelu am y tro cyntaf ganlyniad syfrdanol yr arolwg a wnaed ar ran y BBC, ITV a SKY.

22.02: Cyfle cyntaf Vaughan i ddadansoddi. 'Mae Llafur wedi gwneud yn rhyfeddol o dda o ystyried yr hyn roedd pobl yn ei ragweld … gambl Theresa May wedi methu, ac mae'n gosod cwestiwn mawr ynglŷn â'i harweinyddiaeth hi.'

22.10: Wedi etholiad digon anodd iddi yn y stiwdio ddwy flynedd yn ôl, mae Eluned Morgan ar ben ei digon. 'Dwi'n teimlo lot gwell na'r tro diwethaf roeddwn i ar y rhaglen yma lle'r oeddwn i'n disgwyl ennill ac fe gollon ni … os ydi hyn yn wir mae'n noson eithriadol, os ydi hyn yn wir gallwn ni gael Jeremy Corbyn fel Prif Weinidog, os na fydd Theresa May yn cael help.'

22.20: Mae un o ddyfyniadau cynta'r rhaglen yn dod gan y cyn-Ganghellor, George Osborne, sy'n awgrymu y gallai fod yn noson 'catastrophic' i'w blaid.

22.25: Vaughan yn pendroni a fyddwn ni'n cael etholiad arall mewn dim o dro.

22.36: Mae gan Paul Flynn, sy'n gobeithio cael ei ailethol yng Ngorllewin Casnewydd, neges gynnar ar Twitter – heddwch i lwch arweinyddiaeth Theresa May.

22.36: Y cyn-Weinidog yn Llywodraeth Cymru, Leighton Andrews yn rhagweld diwedd ar Brexit caled os mai dyma fydd y canlyniad.

23.01: Canlyniad cynta'r noson. Llafur yn cadw Newcastle upon Tyne Central a'r mwyafrif dros ddwy fil yn fwy na'r tro diwethaf. Y canlyniad cyntaf wedi'i gyhoeddi wrth i ail awr y rhaglen ddechrau. Doedd dim rhaid llenwi'n hir. Mae'n taith ni o amgylch y canolfannau cyfri Cymreig yn parhau. Mae gohebwyr heno hefyd yn Leeds a Glasgow.

23.26: Mae Richard wedi ymuno â ni o'r ochr draw, ei fys ar byls popeth Albanaidd. Mae bron yn sicr meddai fod Alex Salmond, cyn-arweinydd yr SNP, wedi colli. Fydd hi ddim yn noson dda i'r blaid honno.

23.36: Mae ambell si'n dechrau'n cyrraedd ni. Pawb â'i ffynhonnell ydi hi, pawb â'i ffôn clyfar. Yn ôl ein gohebydd gwleidyddol, James Williams, yr awgrym gan Blaid Cymru ydi na fydd hi'n cipio sedd y Rhondda oddi wrth Lafur – yn wir fe allai Chris Bryant gynyddu ei fwyafrif.

23.50: Mi ddaw si arall gan ohebydd arall, yng Nghaernarfon y tro hwn, Ellis Roberts, sy'n dweud ei bod hi'n agos rhwng Plaid Cymru a Llafur yn etholaeth Arfon. Byddai colli honno'n ergyd enfawr i'r Blaid.

23.56: Cyfweliad ag Albert Owen yn Llangefni, sy'n swnio'n bur obeithiol y bydd Ynys Môn unwaith eto'n glynu at Lafur. 'Mae pethau wedi newid mor gyflym yn yr ymgyrch yma a 'da ni wedi cael ymgyrch positif ofnadwy'. Oedd hyn oherwydd arweinyddiaeth Jeremy Corbyn oedd fy nghwestiwn nesaf. 'A Carwyn Jones a'r tîm lleol hefyd, 'da ni wedi bod yn cydweithio – roedd neges y maniffesto'n bositif.'

Dydd Gwener, Mehefin 9

00.01: Mae dwy awr gynta'r rhaglen wedi gwibio heibio, a'r awgrym o senedd grog wedi sicrhau ei bod hi'n noson hyd yn oed yn fwy cyffrous na'r disgwyl. Heb gael unrhyw beth i'w fwyta, a ddim wedi teimlo'r angen ychwaith, hyd yma. Diolch byth, mae cyfrifiadur y canlyniadau mewn hwyliau da.

00.32: Nia Griffith, llefarydd amddiffyn Llafur ydi'r nesaf i ddod at y camera a hynny yn Llanelli. 'Roedd maniffesto da gennym ni, a gwael ganddyn nhw... Mae'n anodd i'r wrthblaid gael amser ar y teledu, ond yn ystod yr etholiad yma roedd cyfle i weld mwy ar Jeremy a'r hyn mae'n gallu ei wneud.'

00.39: Cyfle i holi fy nghyn-gydweithiwr, Rhun ap Iorwerth, Aelod Cynulliad Plaid Cymru dros Ynys Môn erbyn hyn, sydd yn neuadd y cyfrif yn Llangefni. Mae fel arfer ymhlith y mwyaf brwd o wleidyddion. Heno tinc digon digalon sydd yn ei lais. Mae hi'n amlwg na fydd ei blaid yn cipio Môn, un o'i seddi targed. 'Llafur sy'n dal y sedd yma'n barod, a hynny ers 2001, a dwi'n tybio mai Llafur fydd yn dal eu gafael ar y sedd y tro yma hefyd... dim byd wedi bod o'i le efo'r ymgyrch wych sydd wedi cael ei chynnal gan y Blaid yma, ymgyrch egnïol iawn, ac egnïol iawn gan Ieuan ei hun, a dwi'n sicr mai fo oedd yr ymgeisydd iawn ar gyfer yr etholiad yma.' Yn ôl Rhun, roedd y frwydr arlywyddol rhwng arweinwyr y ddwy blaid fawr wedi niweidio gobeithion Plaid Cymru.

00.47: Mae Golygydd Gwleidyddol y BBC, Laura Kuenssberg yn trydar, 'Labour also confident of taking Aberconwy and Gower – two gains in Wales.' A ydi Guto Bebb yn cnoi ei ewinedd?

00.57: Wrth gael ei holi, y cyn-Aelod Seneddol Llafur, Gareth Thomas, sydd wedi sefyll eto yng Ngorllewin Clwyd, yn cadarnhau fod ymweliad Jeremy Corbyn â'r ardal yr wythnos hon wedi peri cryn gynnwrf.

01.05: Ein gohebydd ni yn y cyfrif yn Aberaeron, Sara Gibson, yn dweud ei bod yn agos rhwng y pedair plaid yng Ngheredigion.

01.09: Dyma ni o'r diwedd, y canlyniad Cymreig cyntaf. Mae Nia Griffith wedi'i hailethol yn Aelod Seneddol Llafur Llanelli, ei mwyafrif bron bum mil yn uwch.

01.11: Canlyniad Wrecsam fwy na heb yr un pryd, a'r Ceidwadwyr yn methu yn eu hymdrech i gipio un o'u prif dargedau. Roedd Mrs May wedi bod yn y dref ar ddiwrnod cyhoeddi y maniffesto Cymreig.

01.30: Ailgyfrif yn Arfon.

01.40: Llafur yn cipio sedd Dyffryn Clwyd a Chris Ruane yn ei ôl yn Nhŷ'r Cyffredin.

01.43: Susan Elan Jones yn cadw De Clwyd, felly mae'r aelod cyntaf o'r tri y gwnes i raglen amdanyn nhw i Radio Cymru'n mynd i gael tymor arall.

01.57: Mewn llai na chwarter awr, cadarnhad fod yr ail o'r tri, Jonathan Edwards yn fuddugol unwaith eto dros Blaid Cymru yn Nwyrain Caerfyrddin a Dinefwr. Mae ei bleidlais yn fwy, ond ei fwyafrif yn llai wrth i UKIP golli tir yn arw.

01.59: Rhyddhad i gefnogwyr Plaid Cymru. Hywel Williams yn cadw Arfon o drwch blewyn – dim ond 92 (0.3%) o bleidleisiau rhyngddo a'r ymgeisydd Llafur.

02.05: Fydd Alun Cairns yn cadw ei swydd fel Ysgrifennydd Cymru? Ydi, mae wedi llwyddo i gadw'i sedd, Bro Morgannwg.

02.07: Felly hefyd Paul Flynn yng Ngorllewin Casnewydd, Aelod Seneddol hynaf Cymru.

02.20: Llafur yn cadw'r Rhondda. Colli tir wnaeth Plaid Cymru wrth i Chris Bryant ennill eto gyda mwyafrif o 13,746.

02.28: Fel yr awgrymodd Albert a Rhun yn gynharach, Llafur yn cadw Ynys Môn, ac er mawr syndod Ieuan Wyn Jones yn drydydd y tu ôl i'r Ceidwadwr, Tomos Dafydd Davies.

02.31: Y Ceidwadwyr yn cadw Aberconwy, ond mwyafrif y Gweinidog yn Swyddfa Cymru, Guto Bebb wedi gostwng i 635 o bleidleisiau. Bydd clywed ei ddadansoddiad yn nes ymlaen yn ddiddorol.

02.46: Llafur yn cadw Alun a Glannau Dyfrdwy. Doedd

dim bygythiad wedi'r cwbl i seddi'r blaid yn y gogledd ddwyrain.

02.49: Llafur yn cipio Gŵyr, y sedd fwyaf ymylol yn yr etholiad hwn. 27 pleidlais o fwyafrif oedd gan Byron Davies. Mae mwyafrif Tonia Antoniazzi yn 3,269.

02.52: Brechdan gaws a phaned o goffi gan y Richard Wyn Jones arall, y rheolwr llawr mae ei waith yn llai amlwg ar noson fel hon nag un yr Athro Richard, eto mae yntau hefyd yn allweddol i lwyddiant y rhaglen. Ond Dici bach, does dim gobaith cael cyfle i fwyta'r frechdan. Welais i erioed y canlyniadau'n cyrraedd mor gyflym. Mae'r llif yn ddi-baid. Mi allai'r rhaglen ddod i ben yn gynt na'r disgwyl medd llais yn fy nghlust. Am eiliad, ond dim mwy, roedd llun o wely yn fy mhen.

02.54: Y Ceidwadwyr yn cadw Gorllewin Clwyd. Gareth Thomas yn colli, ond bydd yn fodlon ei fod wedi haneru mwyafrif David Jones. Mae'r cyn-Ddirprwy Brif Weinidog, Nick Clegg, wedi colli ei sedd yn Sheffield Hallam.

03.04: Sara Gibson yn Aberaeron yn dweud y bydd ailgyfrif llawn yng Ngheredigion. Fydd Sara'n sicr ddim adref cyn toriad gwawr.

03.09: Llafur yn cipio sedd Gogledd Caerdydd.

03.09: Guto Bebb yn ymuno â ni o Venue Cymru yn Llandudno, yn flinedig ei wedd, yn falch o'i fuddugoliaeth yn Aberconwy, ond yn sicr y bydd gwersi i'w dysgu. 'Dwi'n credu ei bod hi braidd yn gynnar i mi gynnig atebion i chi. Yr oll galla i ddweud ydi mi fydd angen cwest go ddifrifol. Mae'n sicr yn noson hynod siomedig, dwi wedi gweld ffrindiau da ac Aelodau Seneddol o safon yn colli eu seddi. Mae yna gwestiynau i'w codi, oherwydd mi ddaru ni alw'r etholiad yma gan ddisgwyl y bydden ni'n gallu cael canlyniad cadarn fyddai'n rhoi'r gallu i'r Prif Weinidog gyfaddawdu yn y trafodaethau Ewropeaidd, ac oherwydd camgymeriadau eithaf difrifol yn ystod yr ymgyrch, mi gollon ni ein gafael ar yr agenda a 'da ni wedi cael canlyniad hynod siomedig.' Yn groes i Vaughan a Richard, barn Guto ydi y bydd canlyniad fel hwn yn atgyfnerthu Brexit caled.

03.11: Drwy'r nos mae'r prifardd Llion Jones wedi bod yn trydar ei farddoniaeth. Mae newydd wneud eto yn sgil canlyniad Dwyrain Caerfyrddin a Dinefwr, lle cafodd ymgeisydd UKIP, Neil Hamilton, 985 o bleidleisiau.

Llai na mil i Neil yn wir
A dweud y mae'r deheudir
Taw kaput i UKIP yw
Taw adeg ta-ta ydyw.

03.22: Anerchiad byr gan Theresa May ar ôl iddi gadw'i sedd yn Maidenhead. Sylw gan Laura Kuenssburg ar Twitter. 'Only one way of saying this – May looks gutted.'

03.57: Sara Gibson yn dweud fod llai na 150 o bleidleisiau rhwng Plaid Cymru a'r Democratiaid Rhyddfrydol yng Ngheredigion wrth i'r ailgyfrif fynd rhagddo. Y tu allan i'r ganolfan yn Aberaeron mae cefnogwyr ymgeisydd Plaid Cymru wedi dechrau ymgasglu, yn ffyddiog y bydd y sedd yn newid dwylo. Yn eu plith, medd Sara, mae rhieni a thad-cu Ben Lake. Gyda lwc mi gawn ni ganlyniad o fewn hanner awr.

04.00: Trosglwyddo'r awenau i Catrin ym mhen arall y stiwdio am ychydig. Cyfle o'r diwedd i fynd i'r tŷ bach.

04.06 Dim ond dau ganlyniad Cymreig sydd i ddod. Mae Richard yn ysu i ddweud rhywbeth. 'Dwi'n gwybod y bydd pawb yn gyndyn iawn o glywed hyn, pobl sydd wedi aros efo ni cyhyd, ond mae'n bosib iawn y cawn ni etholiad cyffredinol arall.' Dwi'n meiddio torri ar ei draws – 'Mae pobl sydd wedi bod gyda ni cyhyd yn mwynhau etholiadau, Richard. Os ydyn nhw dal yma, maen nhw'n arwyr!' Ar ôl chwe awr o ddarlledu, mae'n braf cael cyfle i chwerthin.

04.24 Fel y proffwydodd Richard oriau'n ôl, y Ceidwadwyr yn cipio sedd Alex Salmond yn Gordon.

04.37: Yn Aberaeron mae Sara'n gwneud gwaith gorchestol. Mae trydydd cyfrif i fod. Yr awgrym clir ydi mai Plaid Cymru sydd ar y blaen, ond polisi ein rhaglen ni ydi na fyddwn ni byth yn datgan yn bendant nes bod y cyhoeddiad terfynol wedi'i wneud o'r llwyfan.

04.58: Mi ddaeth tro'r rhaglen Saesneg i hawlio amser Richard. Wrth ffarwelio, mae'n dweud y bydd yn rhaid i dîm Theresa May 'gymryd cyfrifoldeb am benderfyniad i alw etholiad sydd wedi profi'n gamgymeriad trychinebus o safbwynt ei phlaid, ac o bosib o safbwynt y wladwriaeth 'da ni'n byw ynddi'. Dweud go fawr. Diolch am dy gwmni, Richard.

05.00: Powlen o uwd yn cael ei rhoi ar fy nesg. Mi allwn fwyta uwd ar unrhyw adeg, ddydd a nos. Medal i'r person sydd wedi'i baratoi imi.

05.11: Y Ceidwadwyr, a Stephen Crabb yn cadw Preseli Penfro. Ei fwyafrif yn ddim ond 314 o bleidleisiau. Dim ond un canlyniad i ddod, Ceredigion. Hir yw pob ymaros.

05.25: Y newyddiadurwr a'r darlithydd, Ifan Morgan Jones yn trydar. 'Dw i'n byw 15 munud o Aberaeron. Galla i ddod lawr i'w helpu i gyfri os oes angen.'

05.58: Mae'r hyn a gafodd ei broffwydo am 10 o'r gloch yn swyddogol bellach. Senedd Grog yw'r canlyniad.

06.05: Clywed trafodaeth yn fy nghlust y dylem ni ystyried dod â'r rhaglen i ben. Fydda i ddim yn symud o'r gadair nes i ni gael canlyniad Ceredigion.

06.20: O'r diwedd, maen nhw'n ymgasglu ar y llwyfan yn Aberaeron. Dewch i ni wrando ar y canlyniad. Plaid Cymru wedi cipio Ceredigion gyda mwyafrif o 104 o bleidleisiau. Yn bedair ar hugain oed, Ben Lake fydd Aelod Seneddol ieuengaf Cymru. Yn ei araith mae'n cyfeirio at y ffaith fod chwarter canrif ers i Cynog Dafis gael ei ethol. Mae bod yn yr olyniaeth honno'n fraint. Mae Ben wedi disodli yr unig Aelod Seneddol oedd gan y Democratiaid Rhyddfrydol yng Nghymru. Roedd hon yn noson sigledig ar lawer cyfrif i Blaid Cymru, ond bydd ganddi bedair sedd yn y senedd newydd.

06.25: Cwestiwn gan wyliwr: Yr ochr yma i Glawdd Offa, ai buddugoliaeth Corbyn oedd hon neu i Lafur Cymru? Y ddau medd yr arbenigwyr yn y stiwdio. Y canlyniad terfynol yng Nghymru: Llafur 28, Ceidwadwyr 8, Plaid Cymru 4.

06.30: Yn Aberaeron, wrth i bobl y tu allan i'r adeilad orfoleddu, mae Ben Lake yn ymuno â ni'n fyw o'r ganolfan gyfrif. Roedd cefnogaeth a bwrlwm pobl ifanc wedi bod yn allweddol meddai, gan ei gwneud hi'n ymgyrch gadarnhaol, egnïol.

06.42: Wel dyna beth oedd noson. Bellach mae'n bryd i ni ffarwelio. Wyth awr a thri chwarter o ddarlledu, nid y rhaglen hiraf erioed ond yn hen ddigon hir. Mae ambell neges o ddiolch yn cyrraedd, gan y dewrion hynny sydd wedi dewis aros gyda ni. Cyfle cyn cloi i ni gloriannu. Ym marn Vaughan, 'y noson fwyaf cyffrous 'da ni wedi'i chael ers sbel hir. Dyma'r canlyniad mwyaf annisgwyl i mi gofio.' Mae Richard yn ei ôl, y rhaglen Saesneg wedi hen orffen. Roedd am gyfeirio at Jeremy Corbyn. 'Llwyddiant rhyfeddol, personol, i ddyn sydd wedi cael ei golbio'n ddidrugaredd ers dau fis.' Dal i ryfeddu at y canlyniad mae Elin, 'Dwi'n edrych ymlaen at ddeall mwy am be' sydd wedi digwydd. 'Da ni wedi gweld shifft yn y bleidlais Lafur, a shifft yn y ffordd mae pobl ifanc yn pleidleisio.'

06.44: Mae'n bryd i ni eich gadael chi meddwn i wrth gloi'r rhaglen. Mae'n fwy na thebyg y bydd yn rhaid i'r Ceidwadwyr geisio llunio rhyw fath o bartneriaeth gyda phlaid y DUP o Ogledd Iwerddon. Gan gyflwyno lluniau o uchafbwyntiau'r noson gofiadwy, mae fy nawfed etholiad cyffredinol drosodd. Roeddwn ar fin dweud nos da, ond na, mae'r wawr eisoes wedi torri dros Gaerdydd.

07.00: Cyfle i ddiolch o galon i bawb fu wrthi. Mae teledu'n waith tîm bob amser, ond ar noson y canlyniadau, does dim gobaith i'r dyrnaid yn y stiwdio wneud eu gwaith, heb gymorth parod yr ugeiniau o bobl eraill y mae eu cyfraniadau'n amhrisiadwy. Mae brecwast ar gael i'r rhai sydd wedi bod yn ymlafnio drwy'r nos. Does gen i fawr o awydd bwyd. Dim ond un lle sy'n apelio. Y gwely.

12.00: Am ryw reswm dydi rhywun byth yn cysgu'n hir

wedi noson ddi-gwsg yn y gwaith. Mae'r meddwl yn rhy effro, a dydi'r corff ddim yn deall beth ddigwyddodd. Nid yn annhebyg i jet lag. Onid oes cymaint i'w drafod hefyd yn ogystal ag ysfa i wrando ar eraill yn gwneud hynny ar deledu ac ar y radio? Yn union fel yn y Refferendwm Ewropeaidd y llynedd, mae etholwyr yn gallu cyflawni'r annisgwyl ar brydiau, gan herio'r arolygon barn yn aml. Er gwaethaf ei llwyddiant yng Ngheredigion roedd yn etholiad anodd i Blaid Cymru, heb sôn am y Democratiaid Rhyddfrydol ac UKIP. Tybed ai camgymeriad mwya'r Ceidwadwyr oedd llunio ymgyrch arlywyddol, a honno'n canolbwyntio ar bersonoliaeth Mrs May ei hun? Yn hynny o beth, yn groes i'r hyn a gâi ei ddweud cyn yr ymgyrch, mae'n amlwg fod miliynau wedi penderfynu fod gan Lafur arweinydd mwy credadwy.

Beth bynnag am hynny, mae gen i raglen arall i ddechrau meddwl amdani. Fore Sul meddwn i wrth Marian, y cynhyrchydd, a fu hefyd yn gweithio drwy'r nos, beth am ofyn i Aelod Seneddol profiadol roi cyngor i newydd ddyfodiad? Sgwrs rhwng Ben Lake a Jonathan Edwards.

Dydd Mercher, Medi 20

I ble'r aeth yr haf? Roeddwn i wedi bwriadu dirwyn y dyddiadur hwn i ben drannoeth yr etholiad, cau pen y mwdwl wedi'r noson ryfeddol yna ym mis Mehefin a fydd yn aros yn y cof tra bydda i. Mi wnes ailfeddwl wedi diwedd Medi a dechrau Hydref prysur, llawn digwyddiadau, un ohonyn nhw'n ysgytwol, hyd yn oed i ddarlledwr â bron i ddeugain mlynedd o brofiad. Wedi cael blas ar gadw dyddiadur yn ystod saith wythnos yr ymgyrch etholiadol, roedd yna ysfa i ailddechrau ysgrifennu am deithiau i Berlin, Dulyn, Caerdydd ac yn fwyaf arbennig i brifddinas Catalwnia, Barcelona.

Rai wythnosau cyn hynny, yn agos at adref, ym Modedern ar Ynys Môn, y gwnes i dreulio wythnos gyntaf Awst fel miloedd o eisteddfodwyr eraill, wythnos sydd fel arfer yn cynnig seibiant i mi, beth bynnag, rhag gwrthdaro'r byd gwleidyddol wrth gael cyflwyno cystadlaethau'r corau a'r bandiau pres, y llefaru a'r canu cerdd dant, y seremonïau a'r beirniadaethau o gadair freichiau gyfforddus y stiwdio deledu ar y maes. Mi fydda i'n cael dianc oddi yno o bryd i'w gilydd, ond ddim yn hanner digon aml. Ar un o'r adegau prin hynny eleni mi ges i ddymuno penblwydd hapus o flaen cynulleidfa fechan i'r Aelod Cynulliad lleol, Rhun ap Iorwerth, mewn sgwrs hamddenol braf rhwng dau sydd yn adnabod ei gilydd yn eithaf da. Nid bod hynny'n fy rhwystro rhag gofyn ambell gwestiwn digon amlwg. Wedi canlyniad yr etholiad cyffredinol, noson anodd braidd fel y dywedais i ar y pryd i Blaid Cymru, a fyddai Rhun yn barod i gynnig am yr arweinyddiaeth?

'Dydi o ddim yn rhywbeth dwi wedi'i gynllunio, dwi wastad wedi dweud 'mod i'n hapus i weithio o fewn Plaid Cymru ar ba lefel bynnag.'

'Felly pan fydd Leanne Wood yn gorffen, fyddwch chi'n cynnig?' 'Bosib iawn, pwy a ŵyr, ond dydi o ddim yn rhywbeth dwi ar frys i'w wneud.'

'A bod yn Brif Weinidog o bosib y tu hwnt i hynny?' oedd fy awgrym nesaf.

'Mae'r cwestiwn wedi cael ei ofyn imi lawer gwaith wrth gwrs, hynny ydi, ti isio bod yn arweinydd ar y Blaid, a dwi'n deall pam bod y cwestiwn yn cael ei ofyn. Mae yna bethau sy'n anrhydeddau anhygoel fel cael cynrychioli Môn. Mi fyddai cael bod yn Brif Weinidog ar fy ngwlad fy hun wrth gwrs yn rhywbeth y byddwn i wrth fy modd yn ei wneud, pwy fyddai ddim, ond mae yna wahaniaeth rhwng hynny a rhywun sydd wedi gosod llwybr sut i gyrraedd yno, a sut i arwain y Blaid. Dydi hynny ddim yn rhan o be dwi'n ei wneud.'

Mi ddatblygodd yr ychydig frawddegau yna i fod yn brif stori wleidyddol Gymreig yr wythnos ac mae sawl cyfeiriad wedi'i wneud ati ers hynny. Yr adran newyddion wedi gwneud môr a mynydd o bethau, meddai Rhun wrtha i'n ddiweddarach. Wythnos dawel yn wleidyddol meddwn i! Ar ôl i'r pwnc godi mewn cyfweliad anffurfiol, hwyliog, ar faes yr Eisteddfod

Genedlaethol, mae Rhun wedi gorfod delio â'r mater droeon, sy'n profi weithiau fod y dull cynnes o holi, digon tebyg i un y diweddar David Frost, dyweder, yn gallu bod llawn mor effeithiol ar adegau â'r dull mwy ymosodol Paxmanaidd.

Mi ges i ddymuno pen-blwydd hapus yn ystod yr haf i amrywiaeth eang o westeion, ond yn eu plith, un roedd ei lun ar wal fy llofft yn blentyn, yr athrylith o Wauncaegurwen a oedd yn gwisgo'r crys rhif 9 i dîm rygbi Cymru. Naw oedd fy rhif innau wrth chwarae i dimau ysgolion yn y gogledd ac i glwb Bangor. Eleni, roedd Syr Gareth Edwards yn saith deg mlwydd oed, ac roedd yna wahoddiad caredig i'w gartref ym Mhorth-cawl. Yn hynny o beth, efallai fod dylanwad Rhys, mab Gareth a Maureen, a chyfarwyddwr *Pawb a'i Farn*, wedi bod o fantais. Doedd ganddo ddim dewis ond cytuno i'r cyfweliad, meddai Gareth â'i dafod rhyw fymryn yn ei foch. Roedd hi'n sgwrs ddifyr yn hel atgofion am uchafbwyntiau'r gorffennol, ac yntau'n methu'n glir â deall pam bod miloedd ar filoedd o bobl wedi bod ar wefan Facebook yn gwylio Gareth yn gwylio gemau cyfres y Llewod yn Seland Newydd. Beth oedd apêl hynny? Roedd lle i Maureen yn y ddrama fach hon hefyd, ond doedd hi ddim yn hapus fod rhywun wedi meiddio anfon neges yn cwyno am gyflwr eu soffa. Am funud neu ddau roedd Gareth dan deimlad wrth iddo bendroni beth fyddai ymateb ei rieni wedi bod i'r hyn mae wedi'i gyflawni.

Y trafod ar ben, roedd yna gyfle i ryfeddu at yr ystafell arbennig yn y tŷ sydd wedi'i neilltuo i'w holl gampau, yn gapiau, yn lluniau, yn dlysau ac yn anrhydeddau di-ri. Mi ges gyfle i ddweud wrtho mai ei gais enwog yn y mwd yn erbyn yr Alban ar Barc yr Arfau yn 1972 oedd fy hoff gais i. Yn ddisgybl chweched dosbarth, roeddwn i'n gallu ymfalchïo fy mod i yno. Nid hwn oedd y tro cyntaf imi holi Gareth, ond hwn oedd yr ymweliad cyntaf â'i gartref. Mae rhyw foddhad anghyffredin i'w gael wrth sylweddoli fod y gŵr y buoch yn ei edmygu o hirbell, er yr holl sylw a chlod, yn ŵr bonheddig, dirodres a diffuant.

Ar wyliau am ychydig ddyddiau i Ffrainc yr aeth Nia a finnau eto eleni: Ffrainc gwyliau plentyndod, Ffrainc y dyddiau coleg yn Aix-en-Provence a Nantes, Ffrainc y mis mêl, a'r Ffrainc sydd wedi swyno Meurig hefyd. Fydd y ddau frawd ddim yn gweld ei gilydd yn aml bellach, gan fod Meurig, wedi cyfnodau yn esgobaethau Bangor a Llandaf, bellach yn byw ar gyrion Brwsel ac fel Archddiacon yn gyfrifol am eglwysi Anglicanaidd Ffrainc yn fwyaf arbennig. Ganol Awst mi drefnwyd i ni gyfarfod mewn man gweddol ganolog o'r enw Montauban, tref o drigain mil o bobl ar lan Afon Tarn yn y de orllewin. Ar ddiwrnod crasboeth, y math o wres creulon, cyfandirol, canol dydd, sy'n gorfodi rhywun i ymlonyddu, roedd yna hen sgwrsio dros bryd o fwyd a gwydraid o win. Fues i erioed ym Montauban o'r blaen, dewis y lle ar hap a damwain wnaethon ni, ond dyna rywsut ydi apêl oesol Ffrainc, yn ein teulu ni beth bynnag. Pa mor gyfarwydd bynnag mae dyn â'r wlad, mi all rhywun ddarganfod, yn annisgwyl, perl fach o bentref neu dref sy'n cynnig cefnlen berffaith i ddiwrnod cofiadwy.

Mi ddiflannodd yr haf, a hwnnw mor symol ei dywydd Cymreig. Mae'n hen bryd imi ddechrau paratoi at yfory. Ugain mlynedd ers i bobl Cymru bleidleisio mewn refferendwm gyda 6,721 o fwyafrif dros gael Cynulliad Cenedlaethol, mi fyddwn ni'n darlledu rhifyn arbennig o *Pawb a'i Farn* o adeilad y senedd ym Mae Caerdydd. Bydd Llywydd diweddara'r sefydliad hwnnw, ynghyd â'r Prif Weinidog ar y panel.

Dydd Iau, Medi 21

Pan fydd llaw yn codi mewn cymdeithas neu gyfarfod o Ferched y Wawr i ofyn a oes yna hoff raglen wedi bod, un sydd wedi codi i dir uwchlaw'r gweddill, greddf rhywun ydi dweud yn syth ei fod yn gwestiwn amhosibl ei ateb. Mae cyfeiriad eisoes wedi bod yn y dyddiadur hwn at ambell un a fyddai ar y rhestr fer. Mae deigryn yn dod i'r llygad wrth feddwl am y genhedlaeth o bobl arbennig iawn y cefais i'r fraint o'u holi gyda Marian ar gais Aled Glynne Davies bymtheng mlynedd yn ôl. Roedd y gyfres radio *Cenhedlaeth y Rhyfel* yn nodi trigain mlynedd ers yr Ail Ryfel Byd, a bu rhai pobl yn adrodd hanesion dirdynnol wrtha i am y cyfnod enbyd hwnnw nad oedd eu teuluoedd hyd yn oed yn gwybod amdanyn nhw. Mae'r lleisiau hynny yn yr archif. Gobeithio y daw cyfle rywdro i wrando arnyn nhw eto.

Dwy raglen deledu oedd *Gwynfor: Yr Aelod Dros Gymru?* yn sôn am fywyd a gwaith Gwynfor Evans, cynhyrchiad hynod ddadlennol Dinah Jones wedi'i seilio ar gyfrol ardderchog fy nghyfaill, Rhys Evans, sydd bellach yn un o benaethiaid BBC Cymru. Y rhaglen mae llawer yn mynnu sôn amdani'n aml, ar y llaw arall, ydi'r un a gafodd ei darlledu ugain mlynedd yn ôl ar noson ddramatig y Refferendwm ar ddatganoli. Mi allech chi dyngu bod o leia chwarter miliwn yn ei gwylio hi'n hytrach na'r ychydig filoedd sy'n aros gyda ni fel arfer tan oriau mân y bore. Mi wna i ddod at ymateb nid anenwog fy nghydweithiwr, John Meredith, yn y man.

Roedd hwnnw'n nes at bedwar o'r gloch y bore, ond am dri roedd y darlun yn edrych yn bur wahanol. Ar fy mhanel o bedwar yn y stiwdio, roedd dau o gynrychiolwyr mwyaf tanbaid y ddwy garfan. Erbyn tri o'r gloch roedd mwyafrif y cynghorau wedi cyhoeddi eu canlyniadau ac roedd y Ceidwadwr Rod Richards yn wên o glust i glust wrth iddi ddechrau ymddangos y byddai'r rhai oedd yn erbyn datganoli'n ennill. Cyn hynny roedd Dafydd Iwan ar ran Plaid Cymru wedi cydnabod nad oedd pethau'n edrych yn dda. Ond erbyn tri roedd Dafydd dan deimlad, ac yn derbyn bellach na fyddai ei freuddwyd fawr yn cael ei gwireddu. Mi adawodd y stiwdio. Wrth weld ei gadair wag, roeddwn i'n ofni na fyddai'n dod yn ôl. Mae'n rhaid bod rhywun y tu allan wedi cael gair ag o.

Erbyn i John Meredith ymuno â ni o Gaerfyrddin dri chwarter awr yn ddiweddarach, roedd Dafydd yn gwrando'n astud ac yn fwy gobeithiol o lawer. 'Mae'n bosib iawn,' meddai John wrtha i, 'y bydd y sefyllfa'n newid ar ôl i ni glywed canlyniad Caerfyrddin.' Tybed allwch chi ddychmygu fy sefyllfa i fel cyflwynydd am eiliad? Roedd hyn ymhell cyn dyddiau

Twitter, a chamerâu ar ein ffonau symudol. Wedi blynyddoedd o gyflwyno rhaglenni o'r fath, roeddwn yn ymwybodol fod rheolau digon diflas yn cyfyngu'r hyn y gallai gohebydd ei ddweud yn fanwl gywir o ganolfan y cyfrif. Dim ond rhyw led awgrymu'n ochelgar y gallai wneud. Caerfyrddin fyddai'r canlyniad olaf, tyngedfennol. Rywsut, mewn hanner eiliad, mi benderfynais ei bod hi'n hen bryd i ni roi'r gorau i falu awyr. Roedd ein gwylwyr am gael gwybod y canlyniad doed a ddelo. Anwybyddais bob rheol. 'Mae'n rhaid imi ofyn i chi'n blwmp ac yn blaen, hynny yw, yn ôl fy mathemateg i John Meredith ... mae gan yr ochr NA un fil ar bymtheg, fwy neu lai, o fwyafrif ar hyn o bryd. Ydach chi fwy na heb yn trio dweud wrtha i mewn rhyw fath o cod annelwig yn y pen yna, fod y mwyafrif yn debyg o fod yn fwy na hynny i'r IE yn sir Gaerfyrddin?'

'Wel yr ateb syml i hynny Dewi ydi – ydwyf!' Efallai fod y gair 'ydwyf' rhyw fymryn yn ffurfiol, ond roedd ateb John yn glir a diamwys y tro yma, ac mi gafodd gwylwyr S4C wybod beth oedd canlyniad Refferendwm 1997 cyn pawb arall. Golwg wahanol iawn oedd ar Dafydd Iwan pan adawodd ei gadair yr eildro, toc wedi pedwar. O blith rhaglenni o'r math yna, mae'n siŵr mai hi oedd y fwyaf cofiadwy o dipyn.

Wrth gyrraedd Bae Caerdydd ar gyfer rhifyn heno o *Pawb a'i Farn*, mae'n braf gweld y criw ffyddlon sy'n fy nghynnal i o gyfres i gyfres. Richard Wyn Jones a Hywel Williams, y ddau reolwr llawr sy'n gwmni da'n ogystal â bod yn dda wrth eu gwaith, Eirioes Elfyn â'i cholur sy'n fwy gwerthfawr wrth i'r blynyddoedd fynd heibio, a'r criw cynhyrchu rheolaidd, Delyth, Rhys, Sharon a Nia. Mae'r criw technegol mawr eisoes yn brysur wrth i ni hawlio rhan helaeth o adeilad y senedd ar gyfer yr achlysur. Yn araf bach mae'r gynulleidfa'n dechrau cyrraedd, amryw wedi teithio o wahanol ardaloedd gan fod rhaglen heno'n nodi digwyddiad cenedlaethol. Mae cefnogaeth dda hefyd gan ysgolion uwchradd Glantaf, Plasmawr a Garth Olwg – ar hyd y blynyddoedd mae lleisiau pobl ifanc wedi cyfoethogi'r rhaglenni, ac yn amlach na pheidio, i'r athrawon mae'r diolch am eu hannog nhw i ddod. Gan amlaf, y panelwyr ydi'r olaf i gyrraedd, ac mae dau o bwysigion y Gymru sydd ohoni yn eu plith heno, y Prif Weinidog Carwyn Jones, a Llywydd y Cynulliad, Elin Jones. Tybed a oes rhywfaint o ymgynghori wedi bod ymlaen llaw er mwyn sicrhau na fydd gormod o gecru, y math o gecru na fyddai'n gweddu efallai i ddau mewn parchus, arswydus swyddi? Mae'r ddau wrth gwrs yn gyn-Weinidogion Amaeth neu Faterion Gwledig, a phan oedd Carwyn ac Elin yn y swyddi hynny y cawsom ni gwmni'r heddlu wrth i ni ddarlledu *Pawb a'i Farn*. Ddiwedd Mawrth 2001 roedd Carwyn wedi wynebu protestwyr ym Mhont Senni ym Mhowys adeg argyfwng clwy'r traed a'r genau. Wrth iddo ymuno â ni ym Mhontardawe rai wythnosau'n ddiweddarach, fe ddaeth criw o blismyn cyn y rhaglen i archwilio'r set ac i holi'n drylwyr pwy'n union fyddai yn y gynulleidfa. Roedd swyddogion diogelwch arbennig yn gwarchod Elin pan ymunodd hi â ni yn Llanfair Caereinion ar ddechrau 2009, ac yna'n ddiweddarach yn yr un flwyddyn, yn Sir Benfro. Protestwyr hawliau anifeiliaid oedd yn peri pryder bryd hynny, ac yng Nghrymych roedden nhw'n mynnu cael gair ag Elin ei hun wrth i ni adael y ganolfan hamdden. Er mawr siom iddyn nhw roedd y Gweinidog a'i gwarchodwr eisoes wedi ymadael drwy'r drws cefn. Fel arall dim ond eira sydd wedi peryglu'r sioe. Bu ond y dim iddi gael ei gohirio yn Y Bont-faen yn Chwefror 2007, yn Y Bala yn Chwefror 2009, ac yn Llanbedr Pont Steffan yn Rhagfyr 2010, ond mi gafodd ei darlledu bob tro, gyda chynulleidfaoedd ychydig yn llai. Heno, ar noson fwyn o fis Medi yn y brifddinas, dwi ddim yn rhagweld unrhyw drafferthion.

Ar ôl i bawb gael cyfle i sôn am eu hatgofion am noson y Refferendwm ugain mlynedd yn ôl, dim ond tri chwestiwn a gafodd eu trafod, gan fod cymaint o'r gynulleidfa'n awyddus i gyfrannu. Nid yn annisgwyl, roedd dylanwad Brexit ar un drafodaeth a'r pryder y gallai hynny wneud Cymru'n dlotach fyth. Gwrthod y ddadl honno'n llwyr wnaeth y Ceidwadwr, David Davies, Aelod Seneddol Mynwy ac yntau mor falch o gael gwahoddiad am y tro cyntaf i fod ar y panel. Er mawr syndod, hwn hefyd oedd ymddangosiad cyntaf yr Athro Richard Wyn Jones, yr academydd sydd wedi cyfrannu mor aml i gymaint o raglenni. Dro ar ôl ar tro mae wedi gwrthod cael ei ddenu i fod yn aelod o banel *Pawb a'i Farn*, fel pe bai fymryn yn gyndyn efallai o fynd i ddadl. O gornel fy llygad mi alla i weld ei fod yn mwynhau i'r eithaf ac yntau wedi cytuno gan fod hwn yn achlysur arbennig.

Tybed ai seren y noson oedd y meddyg teulu ym Mhontypridd, Dr Zoë Morris-Williams, y ferch o ardal Aberystwyth sydd â gwreiddiau yn Nwyrain Ewrop, ei rhieni'n fewnfudwyr i Geredigion, a hithau'n siarad am ei phryderon ynglŷn â Brexit? 'Go Zoe' medd neges iddi ar Twitter. Roeddwn yn gwrando mor astud nes imi anghofio am eiliad mai fy mhriod waith oedd cadeirio. Yn ddi-os, bob hyn a hyn, boed gan y panel neu'r gynulleidfa, mae angerdd didwyll ambell gyfraniad yn codi safon y rhaglen. Dagrau'r busnes teledu yma ydi bod y cyfan drosodd bron mewn amrantiad ac aelodau'r garafán fawr gyfryngol yn symud ymlaen, ar wahân gan amlaf, i weithio ar raglen arall. Fydda i ddim yn gweld criw *Pawb a'i Farn* eto tan y flwyddyn newydd.

Dydd Gwener, Medi 22

Brecwast cynnar yn y gwesty yng Nghaerdydd. Mae'r A470 yn galw ac mae gen i awyren i'w dal heno o Fanceinion. Eisoes mae'r rhaglen ar fore Sul wedi bod yn Rhufain, Belfast a Pharis eleni ac mae taith arall wedi'i threfnu ar gyfer y penwythnos hwn i un o brifddinasoedd mawr eraill Ewrop, y fwyaf dylanwadol ar hyn o bryd yn yr Undeb Ewropeaidd, sef Berlin. Ddydd Sul bydd tua hanner can miliwn o etholwyr yr Almaen yn dewis llywodraeth ar gyfer y pedair blynedd nesaf. Fyddan nhw'n barod i gynnig pedwerydd tymor wrth y llyw tybed i'r Canghellor, Angela Merkel, y gwleidydd yn anad yr un a fydd yn penderfynu pa fath o gytundeb y bydd Prydain yn ei gael wrth iddi droedio llwybr Brexit?

Cafodd y rhaglen ei darlledu o Berlin o'r blaen, bedair blynedd yn ôl, a finnau'n ei chyflwyno yn un o'r lleoliadau mwyaf dramatig posib. Yn syth o'm blaen roedd Porth Brandenburg sy'n dwyn i gof gyfnodau cythryblus yn hanes yr Almaen ac Ewrop ac a fu'n symbol cyhyd o'r ffin rhwng dwyrain a gorllewin. Yno y daeth yr arlywyddion Kennedy a Reagan yn y chwedegau a'r wythdegau i alw ar yr Undeb Sofietaidd i agor y porth er mwyn caniatáu rhyddid i bobl y tu draw iddo. Y tu ôl iddo wedyn mae adeilad y Reichstag, cartref senedd y wlad, ac ar y dde i'r man darlledu, stryd enwog Unter den Linden. Ar unrhyw ymweliad â Berlin, mae hanes yr ugeinfed ganrif fel pe bai'n gafael ynoch chi gerfydd eich gwar. Roeddwn i wrth fy modd yn clywed mai yn ôl i'r un safle y byddem yn mynd eto eleni. Wedi dweud hynny roedd gen i un pryder ac roeddwn wedi lleisio hwnnw wrth Marian, y cynhyrchydd, ers rhai wythnosau, sef fy mod i'n tybio nad yn Berlin ond yn Barcelona y byddai stori fawr yr Hydref ac mai yno y dylai'r rhaglen fynd os oedd yn rhaid dewis. Am resymau cyllidol a thechnegol yn fwy na dim, taith i Berlin a drefnwyd. Byddai adnoddau canolog y BBC eisoes yno ac ar gael yn gymharol rad i Radio Cymru, fel roedden nhw wedi bod ym Mharis yn y gwanwyn. Yn ninas Barcelona, mi fyddai'n rhaid i ni ein hunain ysgwyddo'r baich ariannol yn llwyr. Ar y pryd doedd y stori am ddyfodol Catalwnia, a'r refferendwm annibyniaeth ar Hydref y cyntaf, ddim wedi cydio yn nychymyg y BBC yn Llundain. Berlin amdani felly ar fore Sul, nid Barcelona.

Cyn diwedd y prynhawn, a finnau ar fin cychwyn o Fangor i'r maes awyr, mi gysylltodd Delyth Isaac, golygydd *Pawb a'i Farn* i drafod rhaglen neithiwr. Roedd hi wedi'i phlesio ac roedd y ffigyrau gwylio'n galonogol mewn cyfnod pan fo llai o bobl yn gwylio rhaglenni S4C. Eto i gyd, fy nadl gyson i ydi nad oes pwynt amserlennu rhaglen wleidyddol neu faterion cyfoes ar yr union adeg y bydd Newyddion 10 yn cael ei ddarlledu ar y BBC ac ITV. Os nad ydi'r gwylwyr eisoes ar eu ffordd i'r gwely, yna mae carfan gref ohonyn nhw'n mynd i droi at Huw

Edwards neu Tom Bradby am ddeg o'r gloch. Comedi, cwis neu chwaraeon ar bob cyfrif bryd hynny, ond nid *Pawb a'i Farn* nac unrhyw raglen debyg iddi. Wedi dweud hynny, yn nyddiau'r iPlayer, efallai nad ydi amserlennu lawn mor bwysig ag y bu.

Mae'r awyren o Fanceinion i Berlin yn orlawn. Ar nos Wener ym mis Medi, efallai nad ydi hynny'n annisgwyl. Mae prifddinas yr Almaen yn lle mor ddeniadol i dreulio diwrnod neu ddau. Dwi'n rhoi fy nhrwyn mewn llyfr am rai munudau cyn synhwyro'n sydyn fod amryw o'r bobl o'm cwmpas yn trafod yr un pwnc. Nid teithio i Berlin maen nhw am benwythnos hamddenol. Nid pobl ydyn nhw ychwaith sydd â rhyw ddiddordeb ysol yng ngwleidyddiaeth yr Almaen. Mae tua chwarter y bobl ar yr awyren hon o Fanceinion ar eu ffordd i redeg ym marathon Berlin.

Dydd Sadwrn, Medi 23

Pan fyddwn ni'n mynd i wlad dramor, mae'r rhaglen fel arfer yn gyfuniad o sgyrsiau sydd wedi'u recordio yng Nghymru cyn teithio ac ambell un fel heddiw, yn y fan a'r lle. Yn naturiol fyddem ni ddim yn dod i Berlin o gwbl oni bai fod ambell siaradwr Cymraeg ar gael i gyfrannu. Cymro Cymraeg o Faesyfed ydi Gwydion ap Dafydd sy'n byw yn yr Almaen ers diwedd y nawdegau, ac yn Berlin ers pymtheng mlynedd. Erbyn hyn mae Gwydion a chyfaill iddo'n cyflogi ugain o bobl ac yn cynhyrchu teclyn sy'n edrych yn debyg iawn i oriawr ac sy'n cyfoethogi'n wyrthiol rywsut y profiad o wrando ar gerddoriaeth. Dydi hyd a lled fy ngwybodaeth wyddonol i ddim yn caniatáu imi roi disgrifiad llawnach mae arna i ofn, ond mi alla i dystio ei fod yn effeithiol iawn. Basslet ydi ei enw ac yn ôl y disgrifiad ar wefan y cwmni, '… delivers bass directly to your body'.

Cyn teithio roeddwn i wedi cael sgwrs â dau o'r Almaenwyr niferus hynny sydd wedi meistroli'r Gymraeg. Yn y gorffennol byddai rhai o brifysgolion yr Almaen yn cael eu hystyried yn flaenllaw iawn ym maes astudiaethau Celtaidd. I Brifysgol

Freiburg yr aeth T H Parry-Williams i astudio. Dros ganrif yn ddiweddarach mae'n syndod bod cynifer o Almaenwyr wedi dod i'r cyfeiriad arall gan ddysgu'r Gymraeg yn rhugl, y cerddor Jochen Eisentraut a'r hanesydd Marion Löffler yn eu plith. Yn nwyrain yr Almaen y cafodd Marion ei magu, yn union fel Angela Merkel. Mewn sgwrs yn ei swyddfa yn Aberystwyth mi soniodd wrtha i sut y byddai rhai Cymry'n arfer gofyn iddi'n dosturiol am ei magwraeth anodd o dan yr hen drefn gomiwnyddol. Roedd ei hateb, meddai hi, bob amser yn bendant. 'Dwi'n ystyried 'mod i wedi cael addysg well na llawer iawn o blant yng Nghymru a Phrydain, roedd digon o fwyd i gael a hefyd roedd popeth diwylliannol yn rhad gan ei fod yn cael ei sybsideiddio gan y Llywodraeth.' Ar ôl i'r hen ddwyrain gael ei lyncu gan yr Almaen unedig yn 1990, doedd Marion ddim yn or-hoff o'r greadigaeth newydd. Erbyn heddiw, wedi Brexit, byddai'n barod i ystyried mynd yn ôl i'w mamwlad. Mae ymdrechion pobl fel Marion ac Jochen i ddysgu Cymraeg wedi'i chyfoethogi, does dim dwywaith.

Wrth iddi ddechrau nosi yn Berlin, mae trefn y rhaglen yn barod. Bydd Sabine Asmus, darlithydd mewn ieithoedd Celtaidd ac un o bobl y brifddinas, yn ymuno â ni ben bore i drafod yr etholiad a chynnwys y papurau. Cyfle am swper sydyn. Maen nhw yma eto o'm cwmpas i. Pobl o bobl lliw a llun sy'n edrych yn rhyfeddol o fain, heini ac iach. Mor fain yn wir fel eu bod nhw'n gallu claddu llond plât o pasta heb boeni'n ormodol am y calorïau. Ymhen pymtheg awr, dyma'r bobl a fydd yn ymlwybro ar hyd strydoedd hanesyddol y ddinas hon er mwyn cwblhau marathon Berlin, un o'r enwocaf a'r cyflymaf o'i bath. Mae yna fymryn bach ohona i'n genfigennus ohonyn nhw. Dim ond y mymryn lleiaf.

Dydd Sul, Medi 24

Tacsi o'r gwesty i'r adeilad lle byddwn ni'n darlledu. Yn anffodus, dydi o ddim yn gallu mynd yn agos iawn am fod y strydoedd eisoes wedi'u cau mewn da bryd ar gyfer y marathon.

Fydd y rhedwyr tybed yn croesawu'r glaw ysgafn sy'n disgyn ar y lonydd hynny? Wedi sicrhau fod pob cyswllt technegol â Bangor yn gadarn, mae hi bron yn hanner awr wedi wyth, (awr yn hwyrach yn Berlin er mawr foddhad i'r cyflwynydd) ac yn bryd i ni fynd ar yr awyr. 'Draw at Dewi Llwyd a'i westeion,' medd John Roberts, cyflwynydd *Bwrw Golwg*, y rhaglen sy'n cael ei darlledu cyn ni.

'Croeso cynnes iawn aton ni, wrth i ni ddarlledu'n fyw heddiw o ddinas Berlin, ar Sul etholiad yr Almaen.' Ychydig eiriau ydyn nhw, ond wedi'r holl flynyddoedd, mae rhywun yn dal i gael rhyw bleser diniwed yn eu llefaru. Wrth i ohebwyr di-ri ddarlledu oddi yma mewn amryfal ieithoedd, mae i'r Gymraeg, un o'r hynaf o ieithoedd Ewrop, ei lle hefyd, ac mae hynny'n destun balchder.

Wrth i'r rhaglen ddirwyn i ben roedd y rhedwyr cyntaf yn nesáu at y llinell derfyn ac yn mynd trwy Borth Brandenburg er mwyn cyrraedd yno. Roedd y goreuon wedi gobeithio curo record y byd ar gyfer y marathon ond aflwyddiannus fuon nhw. Erbyn i ni ddechrau cerdded yn ôl tua'r gwesty, roedd cannoedd ar gannoedd o bobl yn dod i'n cyfeiriad, y filltir olaf yn rhyddhad aruthrol i lawer, wrth i eraill geisio dygymod â'r math o boen nad ydi rhywun fel fi'n gallu ei amgyffred. Mi fu Marian a finnau'n sefyll am gryn ddeng munud yn eu gwylio, gan ddechrau dod i ddirnad rhywsut y wefr o gyflawni camp o'r fath. Am eiliad ar gornel stryd yn Berlin, roeddwn yn gresynu na wnes i redeg mwy pan oeddwn i'n iau. Byddai rhedwraig o fri fel fy nghyn-gydgyflwynydd, Angharad Mair, yn siŵr o ddweud wrtha i nad ydi hi byth yn rhy hwyr. Mae arna i ofn ei bod hi, ond o hyn ymlaen, bydd fy mharch at redwyr marathon yn fwy o dipyn.

Unwaith eto, Angela Merkel fydd yn arwain Llywodraeth yr Almaen, ond rhoddodd yr etholwyr dolc i'w hawdurdod wrth i'r asgell dde eithaf ennill tir ar ôl dadlau nad oedd angen agor y drysau led y pen i fewnfudwyr. Wrth i sawl neges gyrraedd yn diolch am raglen bur wahanol i'r arfer, roedd ambell un hefyd yn holi'n daer a fyddwch chi yn Barcelona y Sul nesa, Dewi? Os ydach chi'n gallu mynd i Berlin, siawns na fyddwch chi'n mynd i Gatalwnia hefyd? Yr awgrym pendant oedd y dylwn i fod yno. Byddwn wrth fy modd, oedd fy ateb gonest, ond nid cyflwynwyr sy'n gwneud penderfyniadau o'r fath. Ateb didwyll, ond hawdd gan rywun sydd ddim yn gorfod gwneud y penderfyniadau ariannol anodd.

Mae'r awyren yn llawn ar ei ffordd yn ôl i Fanceinion hefyd. Dwi'n sylwi bod un newid amlwg o'i gymharu â nos Wener. Mae gan amryw o nghyd-deithwyr addurn ychwanegol. Y fedal lachar sy'n profi iddyn nhw gwblhau marathon Berlin.

Dydd Llun, Medi 25

Wedi'r bwrlwm yn Berlin, roedd gen i newyddion trist i'w gyhoeddi ar y *Post Prynhawn* heddiw, sef marwolaeth yr artist o Aberteifi, Aneurin Jones. Roedd ei luniau o bobl a golygfeydd cefn gwlad yn drawiadol a phoblogaidd. Un o ardal y Mynydd Du, ar y ffin rhwng siroedd Caerfyrddin a Brycheiniog oedd o'n wreiddiol, ond i'w gartref yn Aberteifi y ces i wahoddiad am sgwrs rai blynyddoedd yn ôl. Yn ŵr addfwyn a diymhongar, roedd y croeso'n gynnes ar yr aelwyd ac Aneurin wrth ei fodd yn sôn am y bywyd syml gwledig a fu'n ysbrydoliaeth amlwg i'w ddarluniau. Penderfynodd y tîm cynhyrchu ddarlledu rhan o'r sgwrs honno.

Wedi'r rhaglen, anfon neges sydyn at Marian. Oes yna unrhyw arwydd o newid agwedd tuag at ddarlledu rhaglen o Barcelona?

'Nac oes. Dim gobaith. Beth bynnag, oni bai fod adnoddau sain ar gael, anghofia fo.'

Dydd Mawrth, Medi 26

Mae'n gyfnod y cynadleddau gwleidyddol, sy'n golygu bod ein gohebydd seneddol gweithgar ni, Elliw Gwawr ar daith am rai wythnosau. Mi fyddwn i'n arfer mwynhau ymweld â nhw'n achlysurol, ond mae Elliw wedi bod yn mynd iddyn nhw'n rheolaidd ers sawl blwyddyn bellach ac mae'r oriau o ddarlledu o fore gwyn tan nos yn gallu bod yn dreth ar y corff a'r meddwl. Mae sgwrs ag Elliw yn un o gonglfeini dyddiol y *Post Prynhawn* ac mae hi'n swnio mor hwyliog ag arfer. Heddiw mae'n trafod awgrym gan Ganghellor yr wrthblaid, John McDonnell y gallai gwerth y bunt ostwng pe bai Llafur yn ffurfio Llywodraeth.

Er gwaetha'r stori honno a marwolaethau'r actorion Liz Dawn (Vera Duckworth yn *Coronation Street)* a Tony Booth (un o sêr *Till Death Us Do Part* a thad-yng-nghyfraith Tony Blair), mae'n debyg mai sgwrs ddiddorol â chyn-gydweithiwr oedd uchafbwynt y rhaglen i mi heddiw. Mae refferendwm annibyniaeth newydd ei gynnal yn y rhan o ogledd Irac sydd o dan reolaeth y Cwrdiaid. Yno'n gohebu i wasanaeth newyddion rhyngwladol yn Nhwrci, mae Iolo ap Dafydd, a fu am flynyddoedd yn un o ohebwyr mwyaf egnïol adran newyddion BBC Cymru. Efallai mai Iolo oedd y mwyaf anturus yn ein plith, yn barotach na'r rhelyw i fentro i diroedd tramor peryglus. Heddiw, ac yntau yn ninas Erbil, roedd llywodraethau Irac, Twrci, ac Iran eisoes wedi mynegi gwrthwynebiad chwyrn i'r bleidlais. Mewn sefyllfa ansicr, fregus, fygythiol, roeddwn i'n eithaf ffyddiog fod Iolo wrth ei fodd.

Diwrnod arall drosodd, a neges arall eto fyth at Marian. Oes yna unrhyw bwynt imi ofyn am Barcelona? 'Nac oes.' A ydi'r cyfeillion yn Llandaf yn sylweddoli pa mor fawr fydd y stori hon ac y dylai Radio Cymru fod yno ar ddiwrnod y refferendwm? 'Dwi'n siŵr eu bod nhw,' oedd ateb y cynhyrchydd pwyllog. O wel, wna i ddim mynd i'r drafferth o ofyn eto felly.

Dydd Mercher, Medi 27

Roedd hi'n ganol prynhawn prysur i dîm y *Post Prynhawn.* Y gwir amdani ydi nad oes modd i brynhawn fod yn unrhyw beth arall wrth baratoi ar gyfer awr o newyddion am bump o'r gloch. Araith Jeremy Corbyn ar derfyn cynhadledd y Blaid Lafur ydi'r brif stori heddiw. Mae'r blaid bellach yn barod i lywodraethu oedd ei neges i'r ffyddloniaid. Adeg yr etholiad ym mis Mehefin, roedd hi'n dechrau ymddangos fel pe bai ei gyfle i fod yn Brif Weinidog ar fin dod yn gynt na'r disgwyl. Ond mynd heibio mae'r misoedd, ac yn groes i awgrym Vaughan a Richard yng ngwres noson yr etholiad, does dim golwg bellach y cawn ni bleidlais arall yn fuan. Mae Theresa May yn dal ei thir. Mi allai Mr Corbyn orfod aros am flynyddoedd eto.

Yng nghanol y prysurdeb prynhawnol, mi ddaeth galwad ffôn gan Marian. Anaml iawn y bydd hi'n cynhyrfu. Heddiw roeddwn yn gallu synhwyro'r mymryn lleiaf o gynnwrf yn y llais. Maen nhw am i ni fynd i Gatalwnia ar gyfer bore dydd Sul y refferendwm. Gwych, meddwn i. Y penderfyniad cywir heb os. Doedd hi ddim mor siŵr. Oni bai eu bod nhw'n barod i dalu am dechnegydd sain i ddod gyda ni, fyddwn ni ddim yn mynd.

Awr yn ddiweddarach, mae'r cyllid wedi'i ddarganfod. Mae profiad y blynyddoedd wedi fy nysgu, ar rai adegau, y daw arian annisgwyl i'r golwg o rywle, fel pe bai gan y penaethiaid ryw storfa ddirgel, gudd ar drydydd llawr y pencadlys yn Llandaf. Mi ddylwn i ychwanegu fan hyn fod unrhyw gynllun fel hwn sy'n ymwneud â radio yn rhesymol o rad o'i gymharu â chynlluniau tebyg yn y byd teledu. Dod o hyd i rywun i wneud y gwaith gyda chyn lleied o rybudd fydd y gamp nesaf.

Dydd Iau, Medi 28

Mae'r diwrnod yn dechrau'n addawol. Bydd gennym gyddeithiwr i Gatalwnia. Y profiadol Dylan Baines o Ddyffryn Ogwen fydd yn gyfrifol am sicrhau bod yr holl gynnyrch o Barcelona'n cael ei ddarlledu'n ddi-fai ac yn ddi-fwlch. Roedd digon o dechnegwyr yn Berlin i ffurfio tîm pêl-droed pump bob ochr, ond bydd Dylan ar ei ben ei hun. Lai na thridiau cyn y rhaglen, does ganddo fo na ninnau'r syniad lleiaf lle byddwn ni'n darlledu. Does dim angen poeni. Mae hyblygrwydd radio yn gryfder arbennig. Pe bai rhaid, mi allem ddarlledu o ystafell mewn gwesty. Mi wnaethom hynny yn Athen dair blynedd yn ôl a hefyd gyda Craig Duggan yn Efrog Newydd rai blynyddoedd cyn hynny. Dewch i ni gyrraedd Barcelona ac mi gawn ni ddelio ag unrhyw broblemau bryd hynny, meddwn i. O leia bydd ambell un o'm dilynwyr ar Twitter yn fwy na bodlon. Ar ôl bod yn Berlin, roedd yn rhaid mynd i Barcelona hefyd.

Yr awyren a'r gwesty wedi'u trefnu. Heb fod wedi gallu paratoi fawr ddim cyn teithio, mi fydd hon yn rhaglen wahanol iawn i un dydd Sul diwethaf. Bydd yn rhaid ceisio dod â chymaint o bobl atom i'r man darlledu ag y bydd modd. Roeddwn yn weddol sicr y byddai yna gyfeirio'n ôl dros y Sul at ddyddiau'r Cadfridog Franco, a hyd yn oed at y Rhyfel Cartref yn Sbaen yn niwedd y tridegau. Gyda hynny mewn golwg, aethom i holi am leisiau yn archif gyfoethog BBC Cymru. Daethpwyd o hyd i ddau, Jac Roberts o Abertridwr, a Tom Jones neu Twm Sbaen fel y'i gelwid, o'r Rhos yn wreiddiol, y ddau wedi brwydro gyda'r gweriniaethwyr yn y rhyfel ac wedi llwyddo i ddod adref i adrodd yr hanes. Tybed a fydden nhw wedi gweld adlais o'r gorffennol yn nigwyddiadau 2017?

Mae darllediad arall ar y gorwel hefyd. Bydd yn rhaid hedfan o Barcelona'n syth i Ddulyn lle mae'r rhaglen gyntaf mewn cyfres newydd o *Hawl i Holi* wedi'i threfnu ar gyfer nos Lun. Fydd dim llawer o gyfle i baratoi ar gyfer honno ychwaith, ond wrth lwc mae digon o Gymry yn Iwerddon eisoes wedi dangos diddordeb, rhai'n aelodau o gymdeithas y Ddraig Werdd draw yno. Wedi prysurdeb etholiadol y Gwanwyn, roeddwn wedi llwyr ddisgwyl i'r Hydref fod yn dawel a threfnus. Nid felly y mae, ac mae rhan go fawr ohona i'n diolch i'r drefn am hynny.

Dydd Gwener, Medi 29

Yn bedair ar bymtheg oed mi dreuliais i chwe mis yn byw ym Madrid yn ceisio gloywi fy Sbaeneg fel myfyriwr yn y brifysgol. Mi wnes fwynhau'n aruthrol. Heb os, roedd yn gyfnod ffurfiannol yn fy hanes. Erbyn hyn mae Sbaen a'i holl atyniadau mor gyfarwydd i ni. Bryd hynny, roedd hi'n wlad dlotach o lawer a phrin fy mod i'n adnabod unrhyw un oedd wedi bod yno, heb sôn am fod wedi byw yno. Ar ôl chwe mis, roeddwn yn gyndyn iawn o adael. Mewn hostel yn y brifddinas roedd amryw o'm cydletywyr yn bêl-droedwyr ifanc gyda chlwb Atletico Madrid, ac roedd hen ddigon o gyfle i drafod a mynd i wylio pêl-droed. Ym mis Chwefror 1974, roeddwn i yn stadiwm Santiago Bernabéu yn gwylio tîm enwoca'r ddinas, Real, yn chwarae yn erbyn y gelyn mawr, Barcelona ac yn llinell flaen y tîm o Gatalwnia roedd un o sêr disgleiriaf ei gyfnod, ac unrhyw gyfnod o ran hynny, Johan Cruyff. Mi sgoriodd yr Iseldirwr gôl wych wrth i Barça ennill o bump i ddim. Crasfa go iawn. Roedd torf y Bernabéu yn fud. Yn fuan mi ddechreuodd canlyniad y flwyddyn honno yn El Clásico fagu ystyr ehangach, fel pe bai'n fuddugoliaeth dros awdurdod canolog ffasgaidd Madrid ac yn hwb gwerthfawr i'r Catalaniaid. Yn ôl gohebydd y *New York Times* ar y pryd, roedd Cruyff wedi gwneud mwy i godi ysbryd y genedl mewn naw deg munud yn y Bernabéu nag roedd aml i wleidydd wedi'i gyflawni mewn blynyddoedd. Gorliwio siŵr o fod, ond digon dealladwy ar un wedd. Nid am y tro cyntaf yn hanes Sbaen a Chatalwnia, roedd hwnnw'n gyfnod o ansicrwydd ac o ddeffro gwleidyddol.

Roedd y Cadfridog Francisco Franco yn dal i fod wrth y llyw, ei afael ar Sbaen wedi llacio rhywfaint wrth iddo heneiddio, ond yn achlysurol byddai dwrn dur ei lywodraeth i'w weld yn ddigon amlwg. Mae gen i gof byw o fod ar gampws y brifysgol yn gweld degau o blismyn arfog y Guardia Civil yn rhuthro i mewn i un o'r adeiladau am y rheswm syml bod tua dau ddwsin o bobl wedi bod yn cynnal cyfarfod a oedd yn cael ei ystyried gan yr awdurdodau fel un gwleidyddol ei natur. Bum niwrnod cyn y Nadolig, 1973, cafodd y Prif Weinidog, Luis Carrero Blanco, ei ladd filltir o'r hostel lle roeddwn i'n byw. Roedd newydd fod mewn offeren yn un o eglwysi lu'r brifddinas pan ffrwydrodd bom a oedd wedi'i adael gan bedwar aelod o fudiad ETA o Wlad y Basg. Roedd y bom mewn twnnel o dan y stryd lle byddai car Carrero Blanco yn teithio ar ei hyd yn ddyddiol.

Efallai fod cyfnod Franco'n araf ddirwyn i ben, ond oherwydd hynny o bosib, roedden nhw'n ddyddiau cythryblus. Bu farw ddeunaw mis ar ôl imi adael Madrid, wyth wythnos ar ôl i'r gosb eithaf gael ei defnyddio am y tro olaf yn Sbaen. Cafodd dau aelod o ETA eu dienyddio gan arwain at brotestio mawr yn rhyngwladol.

Mi fues i yng Nghatalwnia sawl tro yn ystod y cyfnod hwnnw hefyd, ond wedi blynyddoedd lawer o gael ei gwahardd, fel yr ieithoedd rhanbarthol eraill, roedd y Gatalaneg yn sicr i'w chlywed, ond doedd dim statws cyhoeddus o fath yn y byd iddi. Mewn deugain mlynedd mae'r sefyllfa honno wedi'i thrawsnewid wrth i Gatalwnia a'i hiaith ennill hawliau newydd ac yn wir wrth i Sbaen ddatblygu'n ddemocratiaeth Ewropeaidd fodern, lewyrchus, mor wahanol i'r un y treuliais gyfnod yn byw ynddi. Ar yr awyren draw o Lerpwl, alla i ddim llai na phendroni beth fydd dylanwad refferendwm dydd Sul ar agweddau pobl, nid yn unig yn Barcelona, ond ym Madrid hefyd. Dydi'r cof am yr hyn a fu ddim wedi diflannu o bell, bell ffordd, yn y naill le na'r llall.

Dydd Sadwrn, Medi 30

Bedair awr ar hugain cyn y rhaglen, mae'r darnau'n dechrau disgyn i'w lle. Ar ôl i ni ddechrau tyrchu, mae'n syndod cymaint o Gymry sydd yn byw yn Barcelona a'r cyffiniau. Mae amryw wedi dod draw hefyd yn arbennig ar gyfer penwythnos y refferendwm, ond nid newydd ddyfodiad sydd wedi dod i'r gwesty i 'nghyfarfod i'r bore yma. Un o bobl Barcelona ydi Alwena Castel bellach, Alwena Hughes gynt, ond o Bentre-dŵr ger Llangollen y daw hi'n wreiddiol. A hithau'n athrawes ar y pryd, mi ddaeth draw i Gatalwnia ar wyliau dros hanner canrif yn ôl, a chyfarfod â'i darpar ŵr. Mae hi'n dal yma. Mi ddaeth â Deborah, ei merch hynaf gyda hi i'n gweld ni. Roedd hi'n ddeuddeng mlwydd oed pan ddechreuodd pethau newid yng Nghatalwnia yn sgil marwolaeth Franco. Wrth i'r Gatalaneg ennill statws newydd, mi benderfynodd ei rhieni y byddai'n rhaid i'r teulu addasu hefyd a byth oddi ar hynny, yn yr iaith honno y bydd y plant yn siarad â'u tad.

"Da ni ddim yn sicr gawn ni fynd i mewn i fotio yfory,' meddai Alwena wrtha i, 'ond mae'n rhaid i ni fynd yna, mae'n rhaid i'r byd weld ein bod ni isio fotio.'

Am fod y refferendwm ar annibyniaeth yn cael ei ystyried yn anghyfreithlon gan Lywodraeth Sbaen, mae yna bryder gwirioneddol y gallai'r heddlu geisio atal pobl rhag pleidleisio.

Draw yma am y penwythnos mae criw o fyfyrwyr o Brifysgol Bangor, ac wedi ymuno â nhw'r prynhawn yma mae'r Aelod Cynulliad, Adam Price, ac Emyr Griffith o Gaerffili a fu'n byw yng Nghatalwnia am gyfnod. Recordiwyd sgwrs gyda'r ddau ohonyn nhw, ynghyd â dau o'r myfyrwyr, Mirain Llwyd a Dewi Wyn Jones. Pawb yn edrych ymlaen yn eiddgar at weld beth fyddai'n digwydd yfory, ac yn gytûn i'r profiad hyd yma fod yn dipyn o agoriad llygad.

Yn ôl yn y gwesty mae Dylan, y technegydd sain, bellach wedi dewis lleoliad ar gyfer yr awr a hanner o ddarlledu byw yfory. Ystafell wely Marian. Allai'r gwrthgyferbyniad â chyfleusterau heb sôn am olygfa Berlin ddim bod yn fwy, ond os bydd popeth yn gweithio'n iawn, fydd y gwrandawyr ddim yn gweld blewyn o wahaniaeth. Bydd yn rhaid mewnforio ambell gadair o'm llofft i ac os daw mwy na'r disgwyl i ymweld â ni, eistedd ar y gwely fydd yr unig ddewis arall. Yn ogystal â Marian, Dylan a finnau, dwi'n siŵr y gallwn ni wasgu pedwar neu bump arall yn yr ystafell ond gwell i ni gadw hynny'n gyfrinach rhag i reolwyr y gwesty ddod i wybod. Does ond gobeithio y bydd Dylan yn cysgu'n iawn. Roedd fy ngeiriau olaf wrtho heno fymryn yn fygythiol. Gan fod cymaint o waith wedi'i wneud ar gyfer y rhaglen hon, allwn ni ddim fforddio i unrhyw beth technegol fynd o chwith. Roedd Dylan yn ffyddiog y byddai popeth yn iawn. Does gen i ddim rheswm i'w amau.

Dydd Sul, Hydref 1

Mae'n hanner awr wedi wyth – awr yn hwyrach yn Barcelona er mawr foddhad unwaith eto i'r cyflwynydd.

'Bore da, sut dach chi heddiw? O un o ddinasoedd mwyaf cyffrous, bywiog a llwyddiannus Ewrop, bon dia i chi gyd. Mae'n braf iawn cael eich cwmni chi ar ddiwrnod tyngedfennol yn hanes Catalwnia, ac wrth i ni ddarlledu'n fyw yn ystod yr awr a hanner nesa o westy yn ninas Barcelona.'

Dydi'r wefr o ddarlledu'n fyw o rywle anghyfarwydd, ar achlysur o bwys, byth yn diflannu. Mae cael gwneud hynny unwaith eto yn Gymraeg yn fraint arbennig. Mae Dylan Baines yn gwenu arna i. Ydi, mae'r dechnoleg yn gweithio'n berffaith. Doedd dim angen imi boeni. Dibynnu'n llwyr ar y gwyrthiau technolegol fydda i, ac wrth gwrs ar bobl fel Dylan. Mae fy nyled yn fawr i hanner dwsin o beirianwyr tebyg iddo ym Mryn Meirion er nad ydi hynny ddim o reidrwydd yn golygu fy mod i'n deall beth yn union sy'n digwydd. Ond mae'n siŵr y bydd gan bawb sydd â ffôn symudol ddiddordeb yn y pwt bach nesa yma o eglurhad. Mae modd darlledu o westy yng Nghatalwnia i Gymru drwy gyfrwng y we. Doedd safon y we yn ein gwesty ni ddim yn ddigon da. Mae modd defnyddio teclyn o'r enw BGAN sy'n anfon y darllediad o'r gwesty i loeren ac yna yn ôl i Fangor. Doedd cysylltiad y peiriant â'r lloeren rhywle yn y nen uwchlaw Barcelona ddim yn ddigon dibynadwy. Mae meddalwedd arall o'r enw LUCI Live ar gael, ond doedd dim sicrwydd y byddai hwnnw'n dal ei dir am awr a hanner. Ar adegau, yng Nghymru, mae munud a hanner yn gallu bod yn drech na'r hen LUCI annwyl. Cafodd y rhaglen ei darlledu heb nam, na bwlch, na chlindarddach ar ei chyfyl, drwy gyfrwng yr hyn sydd gan y mwyafrif llethol ohonon ni ar ein ffôn symudol, 3G. Pe bawn i wedi sylweddoli hynny ddoe, efallai na fyddwn wedi bod mor dawel ffyddiog!

Cyn pen dim roedd ystafell wely'r cynhyrchydd yn llawn wrth i westeion y bore gyrraedd fesul un. Pawb â'i stori, pawb â'i ddehongliad. Mae'r lluniau cyntaf yn ein cyrraedd ni o'r canolfannau pleidleisio. Lawr yn harbwr y ddinas, mae cerbydau'r heddlu'n dechrau symud. Wrth i bobl fynd i fwrw eu pleidlais, a fydd plismyn Sbaen yn mentro ceisio eu hatal? Bron na allwch chi deimlo'r cyfuniad peryglus o gynnwrf, gobaith a gofid. Fy nghydweithiwr diwyd, Steffan Messenger sy'n dod â'r wybodaeth ddiweddara i ni ac yntau wedi diosg het gohebydd yr amgylchedd, er mwyn gohebu o Barcelona. Yma hefyd mae Robert Alun Jones ac Eirian James, ill dau wedi dewis ymgartrefu yn y ddinas ers sawl blwyddyn. Mae'r sefyllfa'n destun pryder i'r naill a'r llall. O Zarautz yng Ngwlad y Basg y daeth Begotxu Olaizola i ymuno â'r sgwrs, a hithau ar dân o blaid annibyniaeth ond yn ofni y gallai Sbaen fod yn llawdrwm ei hagwedd. Mae ei Chymraeg mor raenus, un o'r dyrnaid o ieithoedd y mae'n eu siarad yn rhugl.

Mae'r ystafell yn orlawn wrth i bumed gwestai'r bore gyrraedd, y gantores a'r cyflwynydd teledu, Catrin Herbert, sydd bellach yn dysgu Saesneg yma. Ar ben arall y ffôn wedyn, mewn rhan arall o'r ddinas, mae'r Aelod Seneddol, Hywel Williams, sy'n aelod o dîm rhyngwladol o sylwebwyr a fydd yn ceisio sicrhau fod popeth yn digwydd yn deg ac yn dryloyw. Mae sôn eisoes fod gwrthdaro wedi digwydd mewn ambell orsaf bleidleisio. O fewn eiliadau i ni glywed hynny mae'r lluniau cynta'n codi braw, pobl yn cael eu hyrddio i'r naill ochr ac i lawr y grisiau ac yn cael eu llusgo gerfydd eu gwalltiau gan blismyn a oedd wedi cael gorchymyn i rwystro pobl rhag bwrw pleidlais. Mae gwaed yn llifo o glwyf ar ben un person. Mae'r cwmni yn ein stiwdio dros dro yn y gwesty wedi dychryn. Yr argraff gynnar ydi y bydd hyn yn niweidio delwedd Sbaen yn rhyngwladol, ac y gallai hybu achos annibyniaeth ymhlith carfan go fawr o bobl yng Nghatalwnia, carfan y bu eu hagwedd tuag at y syniad hwnnw yn llugoer.

Mae Dewi Wyn Jones, un o fyfyrwyr Bangor hefyd ar y ffôn yn cyfleu'n effeithiol bopeth sy'n digwydd o'i gwmpas ac yntau y tu allan i un o'r canolfannau pleidleisio. Yn ôl yn y saithdegau, pan oeddwn i'n byw ym Madrid, roedden nhw'n arfer dweud bod yna ddwy Sbaen, yr un eangfrydig, fodern, ryddfrydol a'r Sbaen geidwadol, Gatholig, awdurdodol roedd y Cadfridog Franco yn ei chynrychioli. Yn y lluniau a gawn ni heddiw, onid oes adlais pendant o'r ail yn ymddangos? Daeth y rhaglen i ben a ninnau wedi ceisio codi cwr y llen ar ddigwyddiadau ysgytwol bore refferendwm annibyniaeth Catalwnia. Am funud wedi deg roedd Betsan Powys ar y ffôn yn diolch am y gwaith caled. Roedd hi a'i thîm golygyddol wedi bod yn ddigon doeth i sylweddoli y dylai Radio Cymru ddarlledu o Barcelona heddiw. O weld yr ymateb ar Twitter i gynnwys y rhaglen, roedd y penderfyniad yn un cywir.

Rhyw gyfuniad od o flinder a bodlonrwydd sy'n nodweddu'r munudau wedi rhaglen fel yna ac o'r ddau y blinder sydd amlycaf fel arfer. Gan fynd â Catrin Herbert gyda ni, mi wnaethon ni ymneilltuo i'r caffi agosaf. Nid dyma'r amser i fynd i chwilio am le ac iddo fwy o gymeriad. Ymddiheuro wnes i'n gyntaf, a finnau wedi codi ofn braidd ar Dylan neithiwr drwy sôn am fy nisgwyliadau o ran y dechnoleg. Ond dyna ni, fel y byddai Nain yn arfer dweud, os ydi o'n werth ei wneud, mae'n werth ei wneud yn iawn. Mae Dylan yn mynnu na chollodd o eiliad o gwsg. Tawedog iawn oedd Marian. Gan fod cymaint o waith paratoi, dim ond teirawr o gwsg gafodd hi a hynny wedi wythnos eithafol o brysur. Drwy ambell frawddeg, a hynny'n achlysurol iawn, y bu'n cyfathrebu yn ystod gweddill y dydd.

E-bost diolchgar yn cyrraedd gan wrandäwr. Tybed a fyddwn i'n gallu cynnig goleuni pellach ar un peth ddywedais i? Wrth gwrs y galla i. Am y refferendwm, am agwedd heddlu Sbaen, am gyflwr y Gatalaneg? Nage. Yng nghanol holl drybestod y bore, cafwyd ambell foment dawelach. Mae gan un o gyfansoddwyr enwocaf Catalwnia, Isaac Albéniz, ddarn hyfryd o'r enw Asturias, ac mi wnaethon ni chwarae fersiwn gan y Gipsy Kings. Dwi'n cofio gweld y grŵp hwnnw meddwn i yn Wolverhampton o bobman, rai blynyddoedd yn ôl. Anrheg Nadolig gan Owain, y mab. Roedd y gwrandäwr am gael gwybod beth yn union oedd y cysylltiad rhwng Albéniz a Wolverhampton! Prawf pendant am wn i nad gwrando'n astud ar bob eiliad o bob rhaglen y mae gwrandawyr radio. Weithiau mae ei sain yno fel rhyw gefndir cysurus, diddan, difyr i weithgarwch gwahanol, a dyna un arall o gryfderau'r cyfrwng.

Cyn ymlwybro tuag at y maes awyr ar gyfer y daith i Ddulyn, mi fues i'n ymweld â gorsaf bleidleisio lle roedd tua dau gant o bobl yn sefyll y tu allan. Roedden nhw wedi clywed bod yr heddlu wedi galw heibio i ambell ganolfan, nid er mwyn ei chau, ond er mwyn mynd â'r blychau pleidleisio oddi yno. Fyddai'r bobl yma ddim yn symud tan i'r orsaf gau rhag ofn i hynny ddigwydd. Doedd dim dewis, meddan nhw. Beth bynnag ydi natur gyfreithiol y refferendwm, dydi atal pobl rhag pleidleisio, gan ddefnyddio pastynau i wneud hynny, ddim yn syniad da mewn unrhyw ran o'r byd, ond pan fydd hynny'n digwydd yn un o wledydd yr Undeb Ewropeaidd yn 2017, mae'n rhaid cyfaddef ei fod yn destun syndod.

Wrth i ni gerdded tuag at yr awyren i Ddulyn, un o'r teithiau, yn hynod ffodus i ni, nad oedd cwmni Ryanair wedi'u diddymu, daw'r awgrym cyntaf fod tua 90% o'r rhai a bleidleisiodd yn y refferendwm o blaid annibyniaeth. Ar y llaw arall dim ond 42% o'r etholwyr wnaeth fwrw eu pleidlais. Ar sail y gefnogaeth honno, a fydd Llywodraeth Catalwnia yn barod i ddatgan ei bod yn wladwriaeth annibynnol, datblygiad mae Llywodraeth Madrid yn sicr o wneud popeth posibl i'w atal. Faint o ystyriaeth fydd yn cael ei rhoi hefyd i'r ffaith fod carfan gref o Gatalaniaid am weld hawliau eu cenedl yn cael eu gwarchod, ond sydd yn gadarn yn erbyn annibyniaeth? Yn hanesyddol mi fyddai rhai'n dadlau fod Sbaenwyr ar y cyfan, a'u llywodraeth yn Madrid yn benodol, wedi'i chael hi'n anodd deall y Catalaniaid a'u dyheadau. Os am osgoi argyfwng difrifol yn y misoedd nesaf, efallai y bydd yn rhaid iddyn nhw wneud llawer iawn mwy o ymdrech yn hynny o beth. Mae pobl ar y ddwy ochr yn holi pam nad oes modd trafod.

Dydd Llun, Hydref 2

Mor braf ydi cael cerdded unwaith eto ar hyd strydoedd Dulyn. I ni, bobl y gogledd orllewin, hi ydi'r brifddinas agosaf atom o ddigon. Mor agos yn wir fel bod rhywun yn gorfod holi weithiau pam nad ydi'r berthynas rhyngom ni'n agosach nag y mae. Beth tybed fydd effaith Brexit ar y berthynas honno ac ar borthladd Caergybi'n benodol? Os bydd croesi oddi yno i Ddulyn ac yn ôl yn fwy trafferthus, a fydd y degau o lorïau sy'n mynd a dod yn ddyddiol ar hyd yr A55 yn dal i wneud hynny? Ta waeth, cyfle heddiw i fwynhau ychydig oriau yn Iwerddon, gan ddechrau mewn caffi ar O'Connell Street. Dwi ddim yn siŵr ai Dulyn neu Gaeredin ydi fy hoff ddinas yn yr ynysoedd hyn. Caeredin efallai o ran ei hanes a'i phensaernïaeth urddasol, ond o ran yr awyrgylch a'i phobl, efallai mai Dulyn sy'n ennill o drwch blewyn.

Nid yn annisgwyl, does dim prinder cwestiynau am Brexit wedi'u cynnig ar gyfer *Hawl i Holi* heno. Wedi golygfeydd ddoe, bydd yn rhaid rhoi sylw i Gatalwnia hefyd. Ond mae cwestiwn yn apelio ata i gan Gareth Llwyd Jones, y daearegwr sy'n ysgrifennydd Côr Meibion Cymry Dulyn:

Mae Iwerddon ar hyd y blynyddoedd wedi'i chyfoethogi gan y miloedd ar filoedd o Wyddelod sy'n byw dramor. Pam nad yw Cymru wedi llwyddo i wneud yr un peth?

Llawen gwrdd â hen gyfeillion ac mae ambell wyneb cyfarwydd yn y gwesty lle mae'r rhaglen yn cael ei recordio. Nid mewn llofft y tro hwn, ond mewn ystafell eang a digon o le ynddi i'r gynulleidfa o ddeg ar hugain o Gymry Dulyn a'r cyffiniau. Mi fues i'n cydweithio am flynyddoedd gyda'r newyddiadurwraig ddeallus Bethan Kilfoil, un o'r panelwyr heno. Mae hi bellach yn olygydd newyddion i gwmni RTE ac fe ddaw cyfle ar y *Post Prynhawn* i'w holi'n bur aml ar faterion Gwyddelig. Mae un o gyn-ddisgyblion Ysgol Bro Myrddin hefyd ar y panel. Darlithio yn Ysgol Saesneg Coleg Prifysgol Dulyn mae Nerys Williams. Yn y gynulleidfa mae Gwenan Morgan Lyttle, o Geredigion yn wreiddiol ond sy'n byw'n llythrennol ar y ffin rhwng y gogledd a'r de ym mhentref Pettigo. Wrth ymweld â'i chartref rai misoedd yn ôl, mi ges i ddarlun personol o'r hyn y gallai Brexit ei olygu iddi hi a'i theulu o amaethwyr. Mae ei chartref yn y gogledd yn Swydd Fermanagh, a thir y fferm yn y Weriniaeth yn Swydd Donegal. Wedi teirawr o daith i Ddulyn mae Gwenan yn barod iawn i sôn am yr angen i gadw'r ffin yn union fel ag y mae.

Mae dau banelydd o Gymru wedi'u mewnforio ar gyfer yr achlysur, yr Aelod Seneddol, Guto Bebb, a'r academydd Simon Brooks sydd hefyd yn gadeirydd ar Gyngor Tref Porthmadog, y ddau'n mwynhau gwrando ar safbwyntiau ychydig yn wahanol Cymry Iwerddon ar y byd a'i bethau, a'r ddau hefyd yn cael blas ar gytuno i anghytuno ar ambell bwnc. Nid felly roedd hi pan ddaethon ni at y cwestiwn olaf. Dylan Edwards, yn wreiddiol o Lanrwst, yn gofyn a fyddai'r panelwyr yn fodlon cefnogi Iwerddon pe bai Cymru'n colli yn erbyn y Gwyddelod yn Stadiwm Dinas Caerdydd ymhen yr wythnos. Doedd dim llwchyn o amheuaeth yn lleisiau Guto na Simon. Yn naturiol, fydd Cymru ddim yn colli.

Awr yn ddiweddarach, yn gwmni diddan wrth far y gwesty, roedd awgrym o gytundeb yno hefyd. Mae Guinness yn bendant yn blasu'n well yn Iwerddon.

Dydd Mawrth, Hydref 3

Os ydi Môr Iwerddon yn dawel fel y mae heddiw, yn fwy fel llyn na môr, mae dod adref ar y llong fferi i Gaergybi yn ffordd fendigedig o deithio, ac o ymlacio'n braf wedi cyfnod prysur. Yn wahanol i feysydd awyr lle mae'r trefniadau diogelwch wedi mynd yn ddiflas ond yn ddealladwy o drylwyr, cafwyd cip sydyn ar y tocyn gan swyddog ym mhorthladd Dulyn, a dyna ni i bob pwrpas. Doedd dim angen dangos pasbort nes i ni gyrraedd Caergybi. Yr un hen gwestiwn sy'n codi eto, a fydd Brexit yn tarfu ar yr hwylustod hwnnw? Gorau po gyntaf y cawn ni atebion. Yn weddol fuan ar ôl i'r llong gefnu ar Fae Dulyn mae Ynys Enlli a Phen Llŷn yn dechrau dod i'r golwg draw i'r dde, ac yn syth o'n blaenau ni mae goleudy Ynys Lawd yn fflachio'i olau'n groesawgar. Ymhellach i'r dwyrain wedyn mae amlinell amlwg mynyddoedd Eryri yn ein denu tuag adref.

Wrth bendwmpian yn y gadair esmwyth, dwi'n teimlo'n fodlon fod cynulleidfa o Gymry Iwerddon wedi cael yr *Hawl i Holi*. Yn hynny o beth roedden nhw'n olynu Cymry Llundain, Cymry Caeredin, a choeliwch neu beidio, y Cymry yn Derby a Nottingham. Beth am Gymry Patagonia tybed? Bydd rhaid imi gynnig y syniad! Alla i ddim peidio ag edrych yn ôl heibio i Ddulyn ac at ddigwyddiadau tymhestlog echdoe yng Nghatalwnia. Dim ond am dridiau y buom ni yno, ond roedd hynny'n fwy na digon i ddarbwyllo rhywun nad refferendwm dydd Sul fydd diwedd y stori. Mae rhai am weld yr Undeb Ewropeaidd yn cynnig arweiniad. Yn sicr does neb o'r naill garfan na'r llall am weld gwrthdaro ar y strydoedd, ond wedi penwythnos mor gythryblus, pwy all ddweud yn bendant na fydd hynny'n digwydd? Yn hamddenol braf mae'n mordaith ni'n dirwyn i ben wrth i'r llong nesáu at Ynys Cybi. Llai na hanner awr o daith wedyn i Fangor.

Dydd Llun, Hydref 9

22.00. Mae'r dyddiadur yn dod i ben wrth imi gerdded yn benisel braidd o Stadiwm Dinas Caerdydd. Yn groes i obeithion Guto a Simon yn Nulyn, ynghyd â miloedd ar filoedd o gydgefnogwyr, colli wnaeth Cymru o gôl i ddim yn erbyn Iwerddon. Wnaiff y Gwyddelod byth ennill gwobr am chwarae pêl-droed atyniadol, ond roedd ganddyn nhw gynllun ar gyfer ein trechu ni, ac mi lwyddodd hwnnw. Pe bawn i'n bod yn hollol onest, dwi ddim yn siŵr a oedd taith i Rwsia yr haf nesa'n apelio rhyw lawer beth bynnag! Fyddai dim byd yn cymharu â'r mis gwefreiddiol y llynedd yn Ffrainc.

Mae Ifor erbyn hyn yn ddeng mis oed, newydd ddysgu cropian ac yn berchen ar o leia bedwar dant. Dydi hi ddim yn anodd ei gael i chwerthin, a dydi chwarae'n wirion â'r ŵyr ddim yn dod yn anodd i'w daid ychwaith, dawn o fath, y gwnes ei hetifeddu heb os gan yr Ifor arall, fy nhad. Ymhen blynyddoedd, pan ac os daw cyfle i'r ŵyr ddarllen yr hyn a ysgrifenwyd gan ei daid yn ystod blwyddyn gyntaf ei fywyd, pa mor berthnasol tybed fydd y cynnwys, faint o ddiddordeb fydd yna yn y llu o bynciau trafod sydd wedi codi mewn dyddiadur am gyfnod cymharol fyr ond cynhyrfus yn 2017? Lle byddwn ni arni o ran Brexit, datganoli, newid hinsawdd, Catalwnia, yr A470, Radio Cymru ac S4C? Beth fydd y farn erbyn hynny am ymdrechion Theresa May a Jeremy Corbyn, Carwyn Jones a Leanne Wood? Fydd tîm pêl-droed Cymru wedi llwyddo i gyrraedd rowndiau terfynol Cwpan y Byd? Does ond gobeithio y bydd rhywrai'n dal i ofyn y cwestiynau, i hawlio atebion, i annog y Cymry i ddweud eu dweud, ac yn anad dim, y bydd gwahanol lwyfannau ar gael i wneud hynny yn Gymraeg. Mae'n rhaid bod yn hyderus y bydd. Does dim dewis arall. Ond fy nadl i ydi honno, ac yn yr hen fyd yma, pawb a'i farn ydi hi.

Hefyd o'r Lolfa:

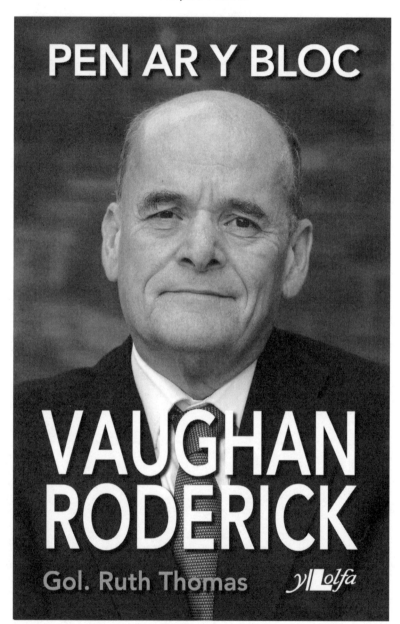

PEN AR Y BLOC

VAUGHAN RODERICK

Gol. Ruth Thomas

y Lolfa

£14.99

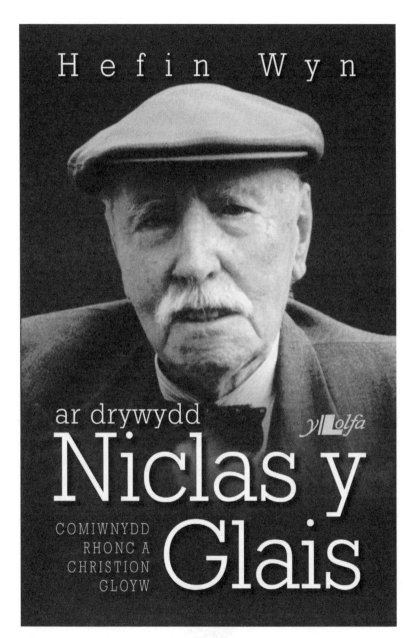

Hefin Wyn

ar drywydd
Niclas y Glais

COMIWNYDD
RHONC A
CHRISTION
GLOYW

y Lolfa

£14.99

Am restr gyflawn o lyfrau'r Lolfa, mynnwch
gopi am ddim o'n catalog
neu hwyliwch i mewn i'n gwefan

www.ylolfa.com

lle gallwch archebu llyfrau ar-lein.

TALYBONT CEREDIGION CYMRU SY24 5HE
ebost ylolfa@ylolfa.com
gwefan www.ylolfa.com
ffôn 01970 832 304
ffacs 832 782

13/03/18

Newport Library and
Information Service